U0477863

梦山书系

新 编
叶圣陶论语文教育

叶圣陶——著　杨　斌——选编

海峡出版发行集团 | 福建教育出版社

图书在版编目（CIP）数据

新编叶圣陶论语文教育/叶圣陶著；杨斌选编. —福州：福建教育出版社，2024.8. —ISBN 978-7-5758-0013-6

Ⅰ. H19

中国国家版本馆 CIP 数据核字第 2024SS7659 号

Xinbian Ye Shengtao Lun Yuwen Jiaoyu

新编叶圣陶论语文教育

叶圣陶 著　　杨 斌 选编

出版发行	福建教育出版社
	（福州市梦山路 27 号　邮编：350025　网址：www.fep.com.cn
	编辑部电话：0591-83726908
	发行部电话：0591-83721876　87115073　010-62024258）
出 版 人	江金辉
印　　刷	福建东南彩色印刷有限公司
	（福州市金山工业区　邮编：350002）
开　　本	710 毫米×1000 毫米　1/16
印　　张	20.75
字　　数	287 千字
插　　页	2
版　　次	2024 年 8 月第 1 版　2024 年 8 月第 1 次印刷
书　　号	ISBN 978-7-5758-0013-6
定　　价	55.00 元

如发现本书印装质量问题，请向本社出版科（电话：0591-83726019）调换。

目　录

导言——1

辑一　性质：人生工具和发展心灵

1. 小学国文教授的诸问题（节选）——9
2. 对于小学作文教授之意见——14
3. 新学制初级中学国语课程纲要（草案）——21
4. 关于《初中国语教科书》的陈述——25
5. 说话训练（节选）
　　——产生与发表的总枢纽——28
6. 小学高级学生用《开明国语课本》编辑要旨——35
7. 教育总目标与国文教材的取舍
　　——《中学精读文选》前言——37
8. 思想—语言—文字——40
9. "良辰入奇怀"——41
10. 读《经典常谈》——43
11. 重印《经典常谈》序——48

辑二　任务：语文独当之任

1. 国文科之目的——53
2. 关于《国文百八课》——55
3. 国文教学的两个基本观念——59
4. 略谈学习国文——66
5. 认识国文教学
   ——《国文杂志》发刊辞——69
6. 中学国文教师——74
7. 语言与文字——81
8. 《国文教学》序——84
9. 中学国文学习法（节选）——88

辑三　阅读：文字是一道桥梁

1. 《精读指导举隅》前言——97
2. 《略读指导举隅》前言——109
3. 论国文精读指导不只是逐句讲解——124
4. 国文随谈（节选）——133
5. 文艺作品的鉴赏——139
6. 读《五代史·伶官传叙》——153
7. 揣摩——165
8. 小学高级学生用《开明国语课本》课后练习举隅
   ——169
9. 《开明文言读本》练习举隅——171
10. 《开明新编高级国文读本》讨论和练习举隅——173
11. 关于禁止读小说（《给教师的信》之四）——175

辑四 写作：诚实的自己的话

1. 诚实的自己的话
　　——《作文论》节选之一—— 183
2. 写作的源头
　　——《作文论》节选之二—— 187
3. 文章的组织
　　——《作文论》节选之三—— 192
4. 作自己要作的题目—— 195
5. 《文章例话》序—— 199
6. 文章例话（节选）—— 203
7. "通"与"不通"—— 208
8. "好"与"不好"—— 213
9. 论写作教学（节选）—— 219
10. 写作是极平常的事（节选）—— 223
11. 谈文章的修改—— 228
12. 和教师谈写作—— 231

辑五 方法：养成习惯和教为不教

1. "教师下水"—— 243
2. 阅读是写作的基础—— 246
3. 评《读和写》，兼论读和写的关系—— 249
4. 养成两种好习惯
　　——《学习国文的新路》序—— 261
5. 语言和语言教育—— 264
6. 文艺写作必须依靠语言—— 270
7. 关于编教材（节选）
　　——跟江苏农村教材编辑人员的讲话—— 275

8. 为了达到不需要教——279

9. 语文教学二十韵——280

10. 自力二十二韵——282

11. 大力研究语文教学　尽快改进语文教学（节选）
　　——284

辑六　师道：语文教师的素养和"本钱"

1. 答曹承德（1959年11月17日）——295

2. 答陈敬旭（1961年6月19日）——297

3. 答×××（1961年7月）——299

4. 答孙文才（1961年11月21日）——301

5. 答孙文才（1962年1月4日）——303

6. 答梁伯行（1962年7月23日）——305

7. 答孙文才（1963年1月15日）——307

8. 答王承辉（1963年1月22日）——309

9. 答张自修（1963年7月27日）——311

10. 答孙文才（1964年1月2日）——312

11. 答滕万林（1964年2月1日）——314

12. 答朱泳燚（1964年7月15日）——316

13. 答江亦多（1972年9月10日）——318

14. 答李业文（1973年3月19日）——320

15. 答吴海发（1978年1月11日）——322

16. 答田稼（1978年12月20日）——324

导 言

　　1980年8月，由中央教科所选编、教育科学出版社出版的《叶圣陶语文教育论集》问世，这在百废待兴、青黄不接的特殊年代，有如久旱之甘霖，对于语文教育改革起到了极大的促进和推动作用，也开启了全国学习、实践和研究叶圣陶语文教育思想的帷幕。语文教育家叶圣陶从此走进广大语文教师心中，发挥了巨大引领作用，产生了极其广泛的影响。可以说，20世纪80年代以来涌现出的几代语文教育名家名师，无一例外，都是在叶圣陶语文教育思想滋养哺育下成长起来的。叶圣陶语文教育思想的普及和研究，这本《论集》厥功至伟，从这个意义上说，《论集》的出版可说是一件功德无量的事情。

　　然而，历史常常有其吊诡之处。世纪之交，包括语文教育在内的教育现实，与飞速发展的时代之间，出现不相适应之处，于是，课程改革应运而生。这本是社会发展的正常现象。穷则思变，教育的确有"病"，语文岂能幸免？非但无法独善其身，而且往往表现得比其他学科愈加乱象丛生，因为，现代语文教育尚是一门年轻学科，不成熟不完善在所难免，加之人文学科特有的内在弹性与外在张力，可能出现的问题更多，病症更为复杂。然而，意想不到的是，反思中有人将语文"病因"追溯至叶圣陶，一时间，噪声四起；当然，更多的是辩护。但无论是"讨伐"还是"辩护"，却又存在一个共同问题：误读。是的，论战双方都对叶圣陶语文观存在严重的"误读"。而这一"误读"既有其现实原因,也有其历史背景,概言之,就是与1980年版《叶圣陶语文教育论集》之间有着剪不断理还乱的关系。因为,社会大众理解的叶圣陶语文教育思想,庶几就是由这本《论集》形塑出来的。对这一现象,我在《语文的旗帜——叶圣陶语文教育思想传承与创新研究》①中有专文论及,此不赘述。

编选,其实是一种阐释,这是常常被人们忽略的。中国古代文论有多种体式,譬如论文体、专著体、书信体、评点体等,另有一种重要的文论体式叫编选体。《诗经》是编选体,《论语》也是编选体。编选本身代表了编选者的趣味,内隐着编选者的观点,当然也考量着编选者的眼光。哲学家李泽厚在《论语今读》中引康有为之语指出:"由于《论语》一书多是曾子学派的弟子所辑录,所以只反映了孔子思想的一个并非主要的方面,这个主要的方面,毋宁其他学派特别是子张学派传承得更忠实一些。"自汉代以来,"《论语》和孔子就以这样的面貌流传至今。《论语》本就只生存在这种解释学之中,只是人们未曾自觉罢了"。② 意思是如果让子张学派来编《论语》,今天烙印在人们心中的孔子,就会是另一种模样。这便是编选的力量,也是阐释的力量。对叶圣陶的研究也是这样。叶圣陶不同于一般教育家,他很少有学究式的高头讲章和书斋式的坐而论道,其思想主张散见于各式各样为教育现实服务的文字之中,譬如课本编辑大意、编辑要旨、教学举隅、课程纲要、讲话、书信、序跋、答问等等,内容特别丰富广博,可谓体大精深而又体系阙如,而且,往往在不同历史时期,针对不同的现实问题,会着重地强调某一方面。因此,编选什么、如何编选就显得尤为重要,譬如一堆五颜六色的珍珠,从不同的视角,用不同的眼光,选出来的可能就是不一样的模样。何况,任何编选总有其特定时代的印痕。1980年,正是要在一片废墟之上重建语文秩序,重视"双基"提高

---

① 杨斌、巴瑶等:《语文的旗帜——叶圣陶语文教育思想传承与创新研究》,陕西师范大学出版社2023年3月版,第92-102页。
② 李泽厚:《论语今读》,安徽文艺出版社1998年10月版,第16页。

效率成为全社会对语文教育的强烈呼求,突出强化语文工具导向这一面也就在情理之中,选目旨趣以及序言对叶圣陶语文教育思想的概括,都和这样的时代背景有着密不可分的关系。这一点是不该受到苛责的;人,总不能抓着自己头发离开地球。

今天,随着语文教育改革的不断深化,随着对叶圣陶教育思想研究的持续深入,尤其是,经过承担江苏省基础教育教学改革前瞻性项目"叶圣陶语文教育思想传承与创新研究"的理论探索和实践洗礼,重编一本新的"叶圣陶语文教育论集",以反映我们最新认识和成果,其条件自忖已经基本成熟。同时,飞速变化着的语文教学实际,又出现了新的挑战和问题;事实上,这许多年的语文教育总是在此起彼伏、此消彼长的"荡秋千"状态中摇摆,这也正印证了如前所说语文教育作为一门学科之"年轻",由此,可以说本编也是为了回应语文教改实践的召唤和企盼。这本《新编叶圣陶论语文教育》全书共选文70篇,其中和1980年版《论集》相同的有37篇,另从《叶圣陶集》(25卷本,江苏教育出版社2004年版)、《叶圣陶教育文集》(5卷本,人民教育出版社,1994年版)中选入33篇。至于本编是否能给大家带来一种全新的阅读印象和认识,能否有助于语文界尤其是一线老师完整、准确掌握叶圣陶语文教育思想精髓,进而校准语文教学改革的航向坐标,则有赖于广大读者朋友自己去评判,编者在此不便饶舌。

那么,我们这一本《新编叶圣陶论语文教育》体现出怎样的思考和考量呢?

首先,也是最突出的特点,就是通过选文表达我们的阐释,辩证全面认识叶圣陶语文教育思想,还原其本来历史面目,准确把握叶圣陶的语文教学性质观。这与我们20多年来的研究思路、研究历程以及研究成果有关。我们认为,叶圣陶首先是一位伟大的教育家,我们的研究也是从研究叶圣陶教育思想起步的。从建立叶圣陶教育思想展馆开始,经过编选叶圣陶教育思想读本,组建叶圣陶教育思想研修班,邀请专家对叶圣陶教育思想进行研究性解读以及一系列相关课题研究等,如此循环往复,沉潜含玩,钩深索隐,追本溯源,我们形成了属于自己的一份研究体会。在此基础上,把叶圣陶语文教育思想置于其整体教育思想视域下重新考察,我们发现,仅仅用"工具性"概括叶氏语文观是不完整的,叶圣陶对语文性质的判断应该包括两点:一、语文是人生的工具;二、语文是发展儿童心灵的学科。这才是叶圣陶语文教育观的本来历史真相。在《小学国文教授的诸问题》(1922年)一文中表述得明明白白,在语文教育史上第一个课程标准《新学制初级中学国语课程纲要(草案)》(1923年)中也有明确宣示,而这两篇重要文献,1980年的《论集》均未收录;毋庸多言,其他选文的倾向性也就可想而知了。明乎此,你会发现,世纪之交的那场对叶圣陶语文教育思想的讨论,质疑也好,辩护也罢,都没有完整准确地把握言说的对象。由此我们也深切认识到,在涉及重大理论问题研讨时,阅读原著是多么重要,原原本本读全部原著是多么的不可或缺。

其次,如果说我们这个选本还有什么特点的话,按照一定逻辑关系分辑编排,以此彰显叶圣陶语文教育思想结构体系,似乎也可以算上一点;其依据,当然只能是遵循叶圣陶语文教育思想的内在逻辑。本书共分六辑,每辑都有一个鲜明主题如标题所示,合起来便是一座语文教育思想大厦,恢宏而辉煌,彰显出叶圣陶对现代语文教育事业的不懈求索和杰出贡献。"性质"如前所述,不再重复;其他如"任务""精读""略读""方法"各项,无不凝聚着叶圣陶对语文教学的精深思考和实践智慧;显然,本书的体系编排正是试图努力凸显这些贡献。时代造就了叶圣陶。自1904年《奏定学堂章程》正式颁行,语文作为一门现代学科从传统蒙学中独立出来,然而,这门学科连个统一的名称都没有,教学内容五花八门,形形色色,更遑论方法策略。语文何为?语文如何为?语文何不为?这些问题成为所有语文教育工作者必须面对的难题。叶圣陶1912年走上小学语文教师岗位,起步就注定要在筚路蓝缕中探索前行。譬如语文教学的任务究竟是什么,其时并无共识,各行其是。叶圣陶提出:"国文教学自有它独当其任的任,那就是阅读与写作的训练。"① 独当其任之"独",说得多好,堪称一字千钧!因为,这个任务别的学科是不负责任的,唯有语文学科担之,叶圣陶用"全在国文教学的肩膀上"予以强调。别小看这一个小小的"独"字,在 20 世纪的苍黄风雨中,这个"独"字在为语文学科争取独立地位、排除形形色色的外在干扰等方面,作出了无与伦比的卓越贡献。而这段话,也是在叶圣陶从事语文教学和教科书编辑 30 年之后的 40 年代才作出的,凸显出叶圣陶对语文学科任务认识的清澈理性和执着坚守。当然,这份贡献不独属于叶圣陶一个人,而是整整一代语文教育家赠予时代的献礼。

再如"精读""略读"的科学区分,揣摩、诵读、涵泳、品味等阅读方法的典型示例,"修辞立其诚"写作根本原则的确立,语言规律须在阅读中习得而不能靠知识传授的创造性发现,以及对精心设计讨论和训练的重视等等,也是极具智慧的实践经验总结(这份经验不仅指语文教学,还包括教材编写、刊物编辑、汉语言文学创作等多个领域,以及从微观到中观、宏观多重视角,具有这种多领域多视角综合体验的,叶圣陶乃百年语文教育史上第一人),体现出叶圣陶对汉语文学习规律的深刻认知,非个中人反复摸索潜心思虑而无法得之。至于把语文教育根本方法提炼为"习惯养成""教为不教"的教育智慧,则更是超越语文学科,而成为具有教育普遍规律的思想结晶,从而完成了从语文教育家到教育家的跃进和升华。由此,叶圣陶毫无愧色地跻身于中外伟大教育家之列。

先生之风,山高水长。叶圣陶一生与普通语文教师通信数百封,本书精选若干单列一辑,不仅因为其中包含诸多语文教育真知灼见,也可真切感受叶圣陶的胸襟人格和师表风范。而叶圣陶一向认为,在语文教育的诸多因素中,关键问题是教师主体素质问题。叶圣陶认为语文教师最重要的是要有"本钱",增加"本钱""最为切要"。具体来说,"一则自己善读善

---

① 叶圣陶:《叶圣陶教育文集》第 3 卷,人民教育出版社 1994 年版,第 51 页。

作，心知其所以然，二则能真知语文教学之为何事（如何以须教学生阅读，何以须教学生作文之类），而不旁骛耳"。① 叶圣陶被誉为一代师表，其人格风范从这些通信中可见一斑。阅读这些信札，可收思想、人格和专业素养等多重教益。

为便于读者阅读，本次选编的文章，俗体字、异体字及与现行规范不一致的文字和标点符号，均做了相应处理。

以上就本书编选旨意作若干说明。当此语文教改风起云涌之际，无标新立异之心，有赓续前贤之意，非敢唐突，实为当下和未来语文教育发展计，乃不揣谫陋，以一己之见贡献于方家。嘤其鸣矣，求其友声；见仁见智，一任诸君。舛误之处，恳请读者朋友不吝赐教。

杨　斌
于江苏省叶圣陶教育思想研究所，2024年新春

---

① 叶圣陶：《叶圣陶语文教育论集》下卷，教育科学出版社1980年版，第744页。

辑一

性质：人生工具和发展心灵

1. 小学国文教授的诸问题（节选）

第一须认定国文是儿童所需要的学科；第二须认定国文是发展儿童的心灵的学科。

二、小学国文教授应当怎样改革呢？

国文教授要有成功之望，先要教者将谬误的观念改正。第一须认定国文是儿童所需要的学科。在家庭教育尚被视为稀世奇珍的时候，儿童大半是被损害的，要待他们自然地需求，实是难遇的事。国文教授常与失败为缘，这也是多种原因之一。然而不足虑；教育所以可贵，乃在能为儿童特设境遇使他们发生需求，努力学习。所以国文教授也须为学童设备一种境遇，引起他们的需求。我常有一种空想，以为科的分开独立，不适宜于小学教育。因为分开独立，易于忘却何所需此科；全部所习，复难得有统贯的精神；徒使学童入于偏而不全、碎屑而遗大体之途。理想的办法，最好不分学科，无所谓授课与下课的时间，唯令学童的全生活浸润在发生需求、努力学习的境遇里。这个境遇，范围自然很广，不仅为欲达某一学科的目的而设。可是分析地考查它的结果，则各科的目的无不达到。因为人才与劳力经济的关系，这种理想的办法尚不能实现于现时。不过教师应知道这是较善的一个理想，因而引起一种觉悟，就是教师当为学童设备一个普遍适应各科的境遇。国文是各科之一，教授上所需要的，正就是这种普遍适应的境遇。此说看似空泛，细思却无以易。倘若没有境遇，何需一切学科。一切学科所以有学习的必要，就因为吾人处于必要那些学科的境遇里。担任国文教授的教师呀，你们为儿童全生活着想，固当特设一种相当的境遇，即为国文教授的奏功着想，也当特设一种相当的境遇。儿童既处于特设的境遇里，一切需要，都从内心发出。教师于这个当儿，从旁导引，或竟授与。这个在儿童何等地满足，安慰，当然倾心领受，愿意学习。单言国文教授，教师决不欲勉强教学童以国文，须待他们有记录、发表、诵读、参考的需要时，然后教他们以国文。果真如此，成功的把握已有十之六七。我前文言，优良家庭的儿童，国文成绩恒属于优良一面，便足为此说之证。所谓优良家庭，便是比较完好的境遇，足以引起向上进取的需求的。

第二，须认定国文是发展儿童的心灵的学科。文字所以表声音，声音所以达情思，那是人人知道的。没有情思，就没有发出声音的必要，更何需文字？可见情思为声音的泉源，而文字为声音的符号。学童所以需要国文，和我们所以教学童以国文，一方面在磨炼情思，进于丰妙；他方面又在练习表出情思的方法，不致有把捉不住之苦。这两方面，前者为泉源，为根本，所以从事开浚和栽培，最为切要。切要的一步既然做到，自然联带及于后者，才研究到种种形式的问题。倘若观念颠倒，以为一切讲习作述，就是国文教授的出发点。于是种种功夫都成空渺的劳力；在学童唯感这是并非需要的学科，即不努力亦无甚损害。到此地步，国文教授当然失败。所以欲求成功的教师，当从为儿童特设的境遇里，发展儿童的心灵，务使他们情绪丰富，思想绵密，能这么做，才是探源的办法。顺次而训练学童的语言，使其恰当所思，明显有序，最后乃着力于记录写述等形式的方法。读者不要说这是全部教育的事，我所负的是国文教授，是一部分的责任。也不要说这话太虚空，我所需的是明确可行的实施法。要知全部教育和一科教授是不能分开的。国文两字，不过立个名目，以便称说而已，实即负全部教育一部分的责任。何况小学功课，国文实占最多数，又须知一切实施法，都以理论为本，而理论大都可随意谥以实虚之名。况且拘泥了实施法，易使远大的目的缩为微小；唯以理论做引路之灯，即随时有适切的实施法自然地产生。此等自然产生的实施法，恒为最能收效的方法。

　　以上两节，是教授国文的必须认定的两个观念。我人做什么事，本着里面的观念变为外面的态度。观念与态度不变更，则一切改革方法，转换材料，都成空话。所以我说国文教授的改革，在教者观念与态度的变更。本着第一个新观念，则知不为学校有国文科而教授国文；宜为学童特设境遇，引起他们的需要、他们学习国文的动机，而后教授国文。本着第二个新观念，则知教授国文不以教授形式为目的，这不过是附带的目的；宜为学童开发心灵，使他们视学习国文如游泳于趣味之海里。至于实施之方，将于后幅说明。

……

五、国文教授之方法

　　往昔所谓教授法，殆可谓全属阶段之研究。教授倘拘于阶段，将整个的事件判析为零星死物，很有弊害。并且不论何种教材，必使经过同程度的阶段，岂是可通之理？但阶段的区分，并非全属不必要。倘能相机活用，务求保存所教授的为整个的事件，则旧时阶段之节目，正不妨应用，或且更生新义。以下略述教授法的大旨；因为阶段非重要的全部，所以不复分述，但说可以达到国文教授的目的之方法。

　　前文言教师当为儿童特设境遇，目的在使其自生需要，不待教师授与。设备简陋的学校，什么东西都没有，即比不良家庭，亦觉干枯百倍。儿童处这等境遇里，聪明闭塞，心无所注。然而先生所授的书本，偏要天天相亲。试想，就是书本里满盛着有味的故事，好玩的花鸟，在儿童有什么趣味？所以授与书本之先，必定要有可以引起需求这书本的境遇。有了听故事的习惯,玩花鸟的嗜好,自然想寻求故事,记述花鸟。这个当儿,教师与以相当的书本,最是自然凑拍的事。儿童止觉满足,并不觉我是学习功课。然而功效却比由教师特授的为大。在初学年儿童,才习文字,尤当纯用直观教授。从前授课,也曾有直观教授的方法,教师特取一事物,提示学生,然后教以书篇。这也似是而实非。事物出于提出,可知不与周境相和,而必突入儿童意境。虽然也能引起需求,若论动机,已属被动。倘若境遇里面已足引起需求,则不必提示,便达目的。譬如儿童早从园庭里审知鸟的一切,教授"鸟"字便算不得一回事。可见要行直观教授,首须设备的周密。所以学校里宜有会场、农园、工室、博物室、图书室等等设备;而教师也是儿童境遇里一要件,切不可远远隔离,授课时才相见。果能设备这等完备的境遇,当然不仅国文教授独享其利。可是要国文教授成功,非有这等境遇不可。国文教授并非是限于教室以内的教科啊!

既然引起儿童的需求,则此后的事,如观察、试验、批判、欣赏等,可以全归儿童,教师偶或帮助而已。经过这许多功夫,结果便是心灵的发展。这心灵的发展便是国文教授的重要目的。倘若并没有教师所预备的教材,儿童所怀的也就是这些教材;所以他们诵读之际,仿佛就是自己发抒情思。这多么快活呀!根据这层意思,则诵读的练习,不仅要在理解以后,更要采用表演的方法。我尝听小学生读国语教科书,一顿一歇,首尾莫定,竟不辨是什么话。又闻教师说,语体文不能读。这都错了,声音足以表情思,便叫作读。不能读语体文的学生和嫌语体文不能读的教师,他们都将情思和声音分离了。所以学童读书,须使完全理解内容,更须注意其音节,使声音恰与内容一致。如表演故事,儿童处个中人的地位说话,情思与声音易于一致,既多兴趣,复收练习之效。其他若演讲、谈话、辩论,都是练思且练习达思的方法,均须常用。国文教授并非是限于书本以内的教科啊!

儿童既有说话的练习,进于写作,实是自然联络的事,并不烦难。因为写作的本质是情思,本质的符号是许多声音,由本质化为符号,须遵社会的律令，差一点人家便不懂。练习语言的重要意义，实在模仿这社会的律令。律令既明，以下不过写录这些声音出来的功夫罢了。昔人往往说，古文的通不通竟难明其理；熟读书篇，一旦豁然，谁也不知道究竟是什么缘故。这个疑问正可以说明我义。古文是古人的语言，别有一种律令；熟读古文，犹如练习说话，在模仿其律令；律令学成，写古文自然通顺了。

命题作文，人人知道不对。我以为定期作文，也不很自然。果真儿童心灵充分发展，则随时有丰妙的情思，便随时可以作文。即如阅览书籍，笔记所得，也是一种作文的练习。总之，简单干枯的生活里，一切不能着手，趣味的生活里，才可找到一切的泉源。

以上标称方法，但仍不外乎议论。实因我国教育太过幼稚，顾及一端，便牵动全体。前提之前更有前提，所以不得不为统合的议论，以求全体的改善，前提的确定。本篇绝无深义，语又芜杂，是我的惭愧！

1922年1月20日发表，原载于《教育杂志》第14卷第1号，署名叶绍钧。

2. 对于小学作文教授之意见

著者认为小学作文之教授，当以顺应自然之趋势而适合学生之地位为主旨。

此篇就著者平日之经验之理想撰述之。篇中多为平易朴实之理论，少陈类似教案之方法。盖理论乃根本，乃原则，根本定，原则立，自能左右逢源，自由肆应。方法则随事而变，难以隅反也。著者见解具如此篇所述。但欲期一事之进于优善，尤贵多人之共同讨究。著者颇抱此种期望。深望教育界诸君子审查一过，或将此种理论付诸试验而评其成绩。于此或为赞许，或加匡正，务请不吝赐教。（通讯处吴县甪直镇县立第五高等小学校。）

处今日之时势，小学生所需智识至多。若以悠久之岁月而练习不可限程收效之作文，实非今日所应有之事。宜以最经济之时间练成其最能切实应用之作文能力。

小学作文教授之目的在令学生能以文字直抒情感，了无隔阂；朴实说理，不生谬误。至于修词之工，谋篇之巧，初非必要之需求。能之固佳，不能亦不为病。（按文字大别，不出抒情论叙二类。故但言抒情及说理。）

目的既如上述，则选择读物殊为必要。必与以模范，始得有着手之方。其不能学及不必学之读物亟当屏绝，而选读古文自亦属不可能。古文于现时代小学生扞格颇多。请胪举之：

（一）陈义过高，所关至大，或学问家之所事，或谋国者之所究，与小学生现时处境绝不相关。

（二）时代不同，即思想互异。诵而习之，或且为推究事理之障碍。境遇不同，即感想各殊。在彼以为真切有味者，在此未必一一领略。若强令诵习，必然无益。（以上二端犹指古文之无谬点者。）

（三）古人持论，喜为联想，少事归纳。究其结果，赘词累幅。效此推理论事，谬误必多。

（四）牢愁写恨，避地鸣高，实居抒情之古文之大部分。此于学生孟晋之气必生障碍。

（五）古文中每有不落边际，不可捉摸者。读之终篇，唯觉文字缴绕，茫无所得。苟取法于此，其弊为徒好虚论，语无实质。

或谓诵习古文，盖欲辨别历代文学之变迁，推究各种体制之沿革，反今人于古人，而体其著作之旨趣耳。殊不知此乃文学家事，而非小学生事。且文学家下此功夫，亦不过证古察变，以为自创新文学地步，并非欲舍弃自身态度，步趋古人也。令今日之小学生而模仿古人之文，决无是处。

今日小学作文之教授殊无把握。毕业而去者，或已臻通顺，则由于学生之努力与习性，未必果为教授之效；或尚未通顺，则教者学者俱已殚精竭力，咎亦均非其所愿任。其实根本解决此问题，还当改换读物选择之方针。著者前已言小学作文教授之目的及古文之不宜选读矣。总之，小学生作文，初不欲求其高雅典丽，肖于古文。然则但避古文不读，遽即收效耶？此殊未必。国人习惯，酷好摹古，有所撰述，其结体琢句，亦喜力追古人。小学生得此种读物，自好者便力思仿效，不知功力未到，转成牵强不通；自弃者惮仿效之多艰，径自舍去，任意挥洒，既无独立撰述之力，而类乎自身思想之文字又无从得而仿效，其结果亦成浅陋不通。我国文字之难习，言文之异致实为其主因。方为文之际，初则搜索材料，编次先后，其所思考固与口说一致；然欲笔之于纸，则须译为文言。于是手之所写非即心之所思。其间迻译之手续殊为辛苦。求胜摹古之心弥炽，则辛苦弥甚。颇有一种人，亦尝识字，亦能运思，亦富情感，而不能下笔成文者，即此手续为之障碍。欲去此障碍，唯有直书口说，当前固尚难能，而将来终当期其达到。为今之计，使之较近口说，俾易练习，则未始不可。试思口之所说，其故为雕琢，几经烹炼者几何？即凤擅文学之人，吾知其寥寥也。然则小学生之读物亦唯求其为较近口说之文字耳。至其内容，固不因此而有所改易也。教者果能随处留意，于学生之读物，或自编，或修改，务使十分平易，有类口说，则学生临文之际，得此模范，但就情意所至，举笔照录，不必迻译，便成文字矣。或谓如此为教，则学生为文必无典丽乔皇峭拔奇突之观。则答之曰：此言似是而实非。盖思想正确，情感真挚，实质上未始不堂皇正则，初不关文字间之典丽乔皇峭拔奇突也。诚著者之说，持之勿懈，则限程收效，目的必达，固敢自信也。

作文之形式为文字，其内容实不出思想情感两端。以言思想，则积理必富而为文始佳。若但读物得宜，便令仿其词句，握管撰作，则收效犹薄。夫文无本体，必附丽于事物而后成其为文。读物之实质固亦为种种之事物；而读物之外，事物正多，尤贵实际探求。宜令学者随时随地探求事物之精蕴，且必经己之思考而得答案。然后陈事说理自能确切而畅达。以言情感，则因人而异，岂能强求其同。他人抒情之作，以为酣畅淋漓者，自我视之，或竟索然。又或言过其分，转为饰伪，读者对之亦不生情感。是以选择抒情之读物，须真切有味，确具至情，可以激发学生情感者。而于平日训练能注意学生个性，因势利导而陶冶之，收效自必更巨。

心有所思，情有所感，而后有所撰作。唯初学作文，意在练习，不得已而采命题作文之办法。苟题意所含非学生所克胜，勉强成篇，此于其兴味及推理力摧残殊甚。是以教者命题，题意所含必学生心所能思。或使推究，或使整理，或使抒其情绪，或使表其意志。至于无谓之翻案，空泛之论断，即学生有作，尚宜亟为矫正；若以之命题，自当切戒。

文题取材应广博。不特学校中之所诵习所闻见可以命题，即家庭社会之事，苟学生能思议及之者，亦无不可命题。事事物物，与学生接触而引起其思想情感者，均可为文题之材料。如是，既能收各科联络之效，亦能练随遇肆应之才。不知此义，弊即随生。学生遂以为作文乃国文科中独有之事，其作用但在虚理缴绕，修词琢句，而于应用转不甚措意。迨夫事物当前，宜有所撰录，斯正应用之机会矣，而欲求应用之具竟不可得。庸讵知向以为独有之事者，正普通应用之利器耶？犯此弊者正夥，初非好为过言也。能史论不能书札，能拟古写景不能就眼前景物曲曲为之传神，即缘受此流毒。习染益深，其弊益甚，虚而无实，文字之功用失矣。

总之，作文命题及读物选择，须认定作之者读之者为学生，即以学生为本位也。教者有思想欲发挥，有情感欲抒写，未必即可命题，因学者未必有此思想有此情感也。教者心赏某文，玩索有素，未必即可选为教材，因学生读此文，其所摄受未必同于我也。必学生能作之文而后命题，必学生宜读之文而后选读，则得之矣。

教者或于学生作文之际示以意义，此最非所宜。教者之言动恒有一种暗示性质，势将予学生以限制。虽不强学生必从，而学生往往从之。意义既先讲出，则作文之效果充其量不过复述师言而止。甚者，学生于师意未能领解，更不免强为牵合。此习既成，其论事也，可以反无理为有理，我矛我盾萃于一篇。此于期望学生思考自由推理正确之初愿大相刺谬矣。但须讲题明白，使学生认题确切。此外手续均不必用。

学生作文，须令分段，每段之先标明含义。此法之利有二：

（一）作者起题，必先审定含义应有几段，方能扼要标明。经此手续，则一篇大体，动笔之先早已成立。意义明画，文字自然清楚。庶可免捉笔辄书，不自知其所云之弊。

（二）谈话演说，推理论事，往往一段已完，则语气停顿。下一段即不连属于前，初不必用联词为之介也。文字本济语言之穷者，彼此自当一例。而每见学生作文，有于段与段之间强用联词，转成文字之累者，有欲其一贯，强改前后两段意义，使迁就而联络者。今令分段，则遇含意多端，说理须精之文题，可逞臆直书，无牵强之弊。

今之评量文字者，往往高谈句调高古，词华典赡，而不问思想之精确完整与否。故其言作文进境每分三段：初则寥寥数十语，但求文从字顺；继则力求充畅，扩为数百语以至千语；终乃缩之使短，返于初状，而词句自古茂凝炼。颇有人持此见解以觇学生之进程。不知文字作用端在达意。意已完足，虽短何害？意犹未尽，则当长以畅言之。若必故为擒纵，则意本无多，衍充篇幅；语有未尽，强为收敛。在若辈视之，未尝不谓极行文之能事；而自我观之，殊不谓然。盖举枉错直，离实已甚，充类发达，亦不过游戏笔墨耳。著者以为小学生作文，既慎择读物以积理，则作法自当注意其意义是否精确，语句是否完整。必求合乎论理，而不贵乎虚衍。篇幅短长固应随顺意义也。即主张小学生作文必求典雅，亦须先注意于此。然后自求得之，庶不致人云亦云。若必罗列典雅语句，奇拗笔法，一一注入学生脑海，正恐劳而无功，适足助长学生之依赖性耳。

觇学生作文之进步与否，当视其推理能否正确，抒情能否绵美。果日累月积，思想益正确而完善，情感益恳挚而缜密，即可断定为确有进步。此全属作文内容之事，而非形式之事。是以收效在作文者，用功决非仅在练习作文。盖文之所载者实质，而文之所以成者方术也。质之不存，术将焉用？昧乎此而但以作文练习作文，不及其他，其卒无成效，固应得之果矣。或者乃专务形式方术，以文篇之峭拔波折，字句之研炼雕琢，为作文之进步，而于内容实质转无所措意，亦舍本而逐末矣。其实所谓峭拔波折研炼雕琢者亦何足道？夫文，凭理推事，准情抒写，心之所至，即文之结构矣。果理真而情切，直捷写来，宁有弗当？自经文家强命篇法，斟酌章句，一若吾既有真理至情可供抒写，又必顾及其所谓峭拔波折研炼雕琢者。于是改易实质以就篇章者有之；强造语句以成开合者有之；好为艰深，原意滋晦者有之；喜用僻字，意涉含糊者有之。求善反弊，究何取焉？或曰：子之所称，盖其流于弊，涉于歧途者耳。其不然者，固文家之上材也。答之曰：即不流于弊，不涉于歧途，亦何必于理真情切之外别加互易改换之功乎？小学生练习作文之要求，唯在理真情切而意达，即文学亦未能外此。不此之图，而务他求，即非无关，亦属旁义。小学生作文，练习既无多暇，目的又在应用；务其本，手段犹须经济；若骛旁义，虽非背道，已成异趋。终其身弗达理真、情切、意达之目的，亦未可知也。

作者于为文之实质既已理真、情切，犹未必遽能意达。吾人临文之先，往往觉有真切之理绵妙之情可供挥洒。一俟脱稿，试自讽诵，辄觉未能尽写我怀，因此不自慊意。更以示他人，而他人所摄受又未必即吾所思考。若此者，文字之效用可谓失其大部。夫一种情意必有一种最适切之语句表示之。此最适切之语句不可借用，不可互易；当机恰合，自然意达。今于作文教授，欲期其意达，亦只须令学生注意于此。盖初学者往往有语涉含糊意若两可之文字。苟迁就放过，致成素习，终其身且有情意满腔莫能卒达之苦。故教者须一一为之辨别，若何之情意，必以若何最适切之语句表示之。一衷名理，莫为强就，则意达之的庶几可达。

批改实为作文教授之要着，自须认定标的。批改固非教者自己作文，乃修正学生所作之意义及字句也。其意义不谬误而尚有不完全之处者，不必为之增；字句已通顺而尚欠凝炼高古者，不必为之改。意义不完，乃由于学生识力之未至，而非由于推理之谬误。夫识力之程度至无定限。今时教者所见，增之于作文簿者，他日学生识力进步或竟更造其深，而觉教者所增为意有未尽。然则于学生所作增加意义，已非妥善之方法；况一为增益，又足阻遏学生当时之精究心耶？至于字句之凝炼高古，本非必要之需求。已意既达，人亦共喻，虽不凝炼高古何害？苟字句可通，而必易之以同义异构之字句，此殊足减学生之兴味及精究心。况凝炼高古，厥义虚玄，以此责之，徒使生神秘之感。是以批改只应注意于谬误之推理，不通之字句。外此之事，不妨于发还时评论及之。如某处意义有未完之处，补入如何如何一层，则较完整而周密；某处字句有粗疏之嫌，倘作如何如何说法，则较精当而经济。如是，既重视学生精究之心，亦不失教者辅导之旨矣。

学生作文，意义有谬误，须为修改，前已言之。或全篇谬误，苟为之拟作，则学者既嫌文非己作，教者亦感不胜其烦。于是又有一法，指出其谬误之点，巧譬善导，使之领会，而后令之重作。令之重作，苟不授以意义，则前既谬误，或不能另辟途径；如告以如何作法，又将侵犯其思考之自由。但告以趋向，当从某方面着想，意在启发，而非限制，则重作之效果当有可观矣。意义不为增损，谬误促之自省，则于学生之推理及行文必多裨益，固不仅批改之足以尽事也。

综上所论，著者认为小学作文之教授，当以顺应自然之趋势而适合学生之地位为主旨。于读物则力避艰古，求近口说；于命题则随顺其推理之能力而渐使改进；于作法则不拘程式，务求达意，只须文字与情意相吻合；于批改则但为词句之修正，不为情意之增损。

与王钟麟合作，1919年1月发表于《新潮》第1卷第1号。

3. 新学制初级中学国语课程纲要（草案）

使学生有自由发展思想的能力。使学生发生研究中国文学的兴趣。

一 目的：

（1）使学生有自由发展思想的能力。

（2）使学生能看平易的古书。

（3）使学生能作文法通顺的文字。

（4）使学生发生研究中国文学的兴趣。

二 内容：

本科要旨，在与小学国语课程衔接，借以较充分的练习运用文字的能力，并涵养文学趣味，由了解语体文，进而了解文体文，由浅及深，自成一圆周，并为高中国语国文的基础。

本科作业支配，分：

（一）读书：

（1）精读选文，由教师拣定一种书本详细诵读研摩；大半在课内直接讨论。

（2）略读丛书专集等（由教师指定），参阅笔记，求得其大意；大半由学生自修，一部分在课内讨论。

（二）作文：

（1）定期的作文。

（2）无定期的作文和笔记。

（3）定期的文法讨论。

（4）定期的演说辩论。

（三）习字：

（1）名人书法的赏鉴。

（2）楷书或行书的练习。

本科学分支配：

（一）读书：

（1）精读，占十四学分；

（2）略读，占六学分。

（二）作文：

（1）作文和笔记，占四学分；

（2）文法讨论，占三学分；

（3）演说辩论，占三学分。

（三）写字，占二学分。

本科课程，如各科，以段落分配。（各科支配，不把学年为标准，而分为数段落，以便在三学年内活动。）但国语课程，除写字可在三学年中活动外，余如读书作文，仍以三学年平均支配为善；所以本课程分做三大段落，是便于三学年平均支配的缘故，三段落支配概要如后：

第一段落

一、在下列范围内的选文精读：

（1）语体或与日报中记事议论小说相当的文体文。语体文占四分之二。

（2）传记或小说或诗歌或古文译作或杂文。以传记小说诗歌为主。

（3）包含勇敢、冒险等事实，关系个人修养，或社会问题的。

（4）以现在和明清以来的名作为主。

二、程度与本时期所读选文相当的丛书或专集等略读研究。如《胡适短篇小说》、梁启超《欧游心影录》、吴敬恒《上下古今谈》、《西游记》、《点滴》、《三国演义》……

三、命题或不命题的作文，和文体译作语体的译文及笔记等；并归纳的研究文法。作文以语体为主，兼习文体文；文法研究以句、标点、词和单句复句等的分析为主。

四、清明元宋唐历代名人书法的赏鉴，和一种楷书或行书碑帖的临写。

第二段落

一、在下列范围内的选文精读：

（1）语体或与《桃花源记》程度相当的文体文。语体约占四分之二。

（2）仍以传记小说诗歌为主。

（3）包含冒险、文雅等事实，关系个人修养或社会问题的。

（4）以元宋唐与六朝浅易的名作为主。

二、程度与本时期所读选文相当的丛书或专集等略读研究。如《现代小说译丛》、《镜花缘》、《爱罗先珂童话集》、《唐诗三百首》（律诗等）、唐宋八家文选……

三、作文释文笔记和文法研究。作文语体文体约各半，文法研究以篇章章法为主。

四、同第一段落，加唐宋六朝名人书法的赏鉴。

第三段落

一、在下列范围内的选文精读：

（1）语体或与《项羽本纪》程度相当的文体文。语体占四分之一。

（2）仍以传记小说诗歌为主，加语体文译作。

（3）包含文雅、贞静等事实，关系个人修养，或婚姻问题、家庭问题、社会问题的。

（4）以汉秦战国浅易的名作为主。

二、程度与本时期所读选文相当的丛书或专籍等略读研究。如《战国策》、《古诗源》、《域外小说集》、《史记》、《左传节本》……

三、作文译文笔记和文法研究。作文以文体为主，兼及语体；文法研究注重修辞法。加论理学大意。

四、行书练习，并六朝汉魏名人碑帖的赏鉴。

说明

一、选文注重传记、小说、诗歌，不但可以涵养文学趣味，文章法式也自然包括在内。

二、参阅的书籍仍以兴趣为主，学术等文次之。因为少年期的学生，正在心性活动的时候，读有兴趣的章，方可以引之入胜。

三、参阅之书籍，上所举例，不过以示一般。如有更善于此的书籍，当然取而替代。

四、文法研究，宜随机会，用比较归纳的方法，寻出文章的通则来，作文中最多研究文法的机会，所以系在作文项下，但仍须与精读的选文联络。

五、演说辩论，最足以整理思想为作文之助，所以也系在作文项下。

三　毕业最低限度标准：

(1) 阅读普通参考书报能了解大意者。

(2) 作普通应用文，能清楚达意，于文法上无重大错误者。

(3) 能欣赏浅近文学作品者。

> 1923年5月1日，叶绍钧、顾颉刚作，为商务印书馆《新学制初级中学国语教科书》拟。

4. 关于《初中国语教科书》的陈述

外国文学抒写表达的质料和技能往往有与我国异致的,兼收并蓄,意在使学者扩充欣赏的范围;……

《教育与人生》第28期有孟宪承先生一篇《初中国文教材评议》,中间有论及我们编辑的《初中国语教科书》的话。孟先生以公平的态度,精审的讨究,来议论这十分重大的问题,是教育界应当感佩的,尤其是曾经做过这工作的我们。我们编辑《国语教科书》,虽曾把要旨在"编辑大意"里边陈说,但因语取简要,未能详尽。现在孟先生既有所致疑,因将"编辑大意"里边不曾提及而未我们所怀蓄的叙说如后,以求教于孟先生和教育界同志;继续的批评或订正是我们切挚地盼望着的。

孟先生的意思,要达到《纲要》所提出的教学的三个目的,须分教材为二项:一、混合文典;二、文学读本和补充读物。前者目的在"训练学生运用文字发表思想和感情的能力",后者在"涵养学生对于文学的欣赏,培植阅读古书的好尚和能力"。这样分别致力的计划是我们所信从的。现在着手编辑《初中文法教科书》,大旨与孟先生所谓"混合文典"相当,一俟出版,当请诸同志教正。前此的一套《国语教科书》,我们以为恰好当得孟先生所谓"文学读本"。

我们的意思,要能够看平易的古书,在乎认识古文的状貌和性习。既已认识，去看甲种平易的古书自能了然，去看乙种平易的古书也自能了然。所以我们选取教材，对于"看平易的古书"这个目标，只以具有古文的状貌和性习（不限定必出于古书）；又"具有真见解真感情及真艺术者，不违反现代精神者"为准绳。所谓真见解云云，同时就准对着"欣赏文学"这个目标。一个初中学生，精读了这些教材，去看平易的古书，总不致茫无所知；去欣赏情味普遍的文学作品，总不致了无所感：这当是经验上可以承认的。

至于我们采取翻译文的理由：一、外国文学抒写表达的质料和技能往往有与我国异致的，兼收并蓄，意在使学者扩充欣赏的范围；并非以为自国文学的遗传已淘汰到再没有可选的地步了。二、初中作文，包有译文一项。教材中采取翻译文，可为这一项练习的模式。——选编一种书籍，自不能不有所取舍；若要把遗传下来的好文学十分满意地尽行纳入一部书中，事实上是不可能的。现在我们以自国文学为主；为着上述两个理由，参加一些翻译文学（第三册六篇，第四册七篇，约占全册篇数六分之一），当也是可邀谅解的。

复次讲到兼采语体文言的缘故，则因我们作以下的意想。梁启超先生说："文言和语体，我认为是一贯的；因为文法所差有限得很。"这真是简单明白的名言。唯其一贯，所以语文混合教学无所谓混淆的弊病；取混合教本做教材，为文法上的说明比较和练习（即孟先生所谓"在语法文法上施行特殊的指导的训练"，得此方有凭籍），正可以收语文过渡的实效。我们虽以为自由发表思想和感情究竟偏重在使用语体，继续发展语体文技术是应当的，又所谓过渡到文言究竟偏重在阅读古书方面，写作文言止是随伴的结果；却并非"固执着继续发展语体文技术一语，而以为读物非多采语体文不可"。我们只因二者是一贯的，不是相反而是相成的，所以平等待遇。混合编在一起。若论文言的分量，则平均每星期得精读一篇以上，似乎也不嫌稀少了。

教材是学者的粮食。我们决不愿怙过饰非，使采用的人迷惑了，结果吃了劣等的东西。不过含意未申，总得一度表白。又不敢自以为必是，所以愿得诸同志再与指教。

1924 年 6 月 5 日发表

5. 说话训练（节选）
——产生与发表的总枢纽

所谓善于说话，决不是世俗所称口齿伶俐、虚文缴绕的意思。要修养到一言片语都合于论理，都出于至诚，才得称为善于说话……

我现在想说出一个意思，就是小学校里应当把训练儿童说话这件事看得极其重要。这不单是国语科的事，也不单是国语教师的事，应当是各科里都要注意的事，是全体教师都要注意的事。

我先说明所以要说出这个意思的来由。这是很简单的，因为得到一些实感的启示，觉得这意思颇有说一说的必要。先说我的实感：

先从我自己说，我就是个不会说话的人。怀着一种意思，往往苦于不能透彻地达出来，说得很辛苦，心里还是不痛快。这当然是一种弊病。但假如不会说话的弊病仅止于不能透彻地达出意思，倒也罢了，因为胸中自有个完整的意思在。无如不会说话，也就是不大会思想，不大会得到完整的意思。思想的进行到了"差不多""大致如是"的地步，就此停止了，不再向前去求一个清楚明画。不把意思弄得清楚明画，所以说出来总感不痛快。说出来不痛快，爽性不大高兴多说。不高兴多说，所以不一定要把意思弄得清楚明画。循环无端，互为因果，使我终于成为不会说话又不大会得到完整意思的人。刘彦和说："意翻空而易奇，言证实而难巧。"我想假若用一种旁敲侧击的方法，自然地或者强迫地与我以督责，要我好好吐出征实的言，那么对于翻空的意，也不容我不弄一个清楚明画了。可是我的父母不曾想到这等地方，现在的儿童所惯做的唱儿歌讲故事等等玩意儿，我都不曾领略过，不知是什么味儿。他们只同我讲些"你到那边去""你吃这东西"的话，我当然没有多费口舌的必要。至于先生，他只是教书讲书，我只是背书回讲，他不肯开一声多余的口，我自无发言之余地。我想幼年是开端，是萌芽，将来的命运，大部分在这时候就注定了，所以很重要。虽然直到现在依然不大会好好思想，应怪自己的不知奋勉，但父母先生当初不与我以督责，使我不得不弄一个清楚明画，总是一个缺憾。

从涉世的经验，觉得一般人的情感上有点淡薄之嫌。这当然仅是觉得而已，并没有什么统计。而且我也知道确有情感浓厚的人，如事业家文学家等等，但是与所谓一般人比较起来，简直微少到几乎不成数目。所以我就不顾他们而竟说一般人。我们试从一般人彼此相与之间这一点来看，不论家人父子朋侪宾从，他们不是虚有形式的周旋，便是漠然若各不相关。他们的心仿佛缸中一薄片的水，任你尽力撼摇，也兴不起壮大的情感的波浪，若说要待其自生，更是决无的事了。情感的要不要让它浓厚是个甚深的问题，我只能从浅薄的见解着想。我觉得大家的情感淡薄，至少要使社会减损活动的机能，而在各个人，则因少有热力，将沦于冥漠。假如我们以"社会须要活动进步，各个人须要奋力有为"为已定的前提，则情感当然要让它浓厚。至于一般人的情感不能十分浓厚，有如前面所说，也不是一朝一夕之故，与礼法遗传性等等都有关涉。而切近的原因，尤在幼年的不经训练，反受遏抑。一般做父母的已是情感未经培养的人，所以对于孩子很少有亲切的情感，快活的时候，至多抱在身边叫一声好孩子，不快活的时候，简直不当孩子一件东西，再也不去理他。至于先生，他只抱着出卖讲读、书写的观念，纵使对于这孩子偶尔觉得高兴，也不过在练习簿上多画几个圈而已。孩子自然不能像大人这样淡漠，有时高兴得跳起来了，有时哀苦得哭起来了，他有他的心绪，总要想倾吐出来。可是大人早已把他禁住，以为这太讨厌了，又不合于大人的模样。一压再压，儿童的情感的萌芽如经了春雪，长大起来，就淡漠到与父母先生们一个样子。我们偶然在几个稀有的家庭里，听母亲柔和地说："我欢喜你，像太阳的欢喜一切的花草。"又听孩子娇婉地乞求着说："妈妈，我同你好，我要贴一贴你的脸。"我们就觉深深的感动，说不出的舒适。这真是可宝贵的芽儿，从此逐渐培养，这孩子的前途不将成锦样的芳春么？在这里更可以得到一些消息：情感固然动于内，而正动之际每每要表于外，这是一。要培养儿童的情感固然在大人对于儿童有浓厚的情感，而尤在大人能利用适当的工具来表示他们的情感，这是二。儿童的情感正被培养，同时要使他们能利用适当的工具来表于外，感受满足的快适，这是三。所谓适当的工具，当然语言独占重要，因为它最能把人与人的心联锁起来。内面的情感并不浓厚，徒然求之于外面的语言，诚然是没有效果的事。但不常利用表示于外的工具，渐使内面的感动因向来不感满足的经验而减弱，终于漠然不大起感动，却是可能的。所以一般人的情感有淡漠之嫌，我要把一部分的原因归属到幼年未经训练，不会利用适当的表情的工具——语言——这一桩上边。

我们遇见的学生也多了。小学校的毕业生未必能对于一个论题作五分钟的演说，未必能绝无错漏地传述一番受托付的话，甚至未必能把什么教科书里的材料照样讲一课出来。至于羞涩不肯就开口，开了口又含糊不清晰，更是很普遍的事情。中学生似乎比较的能说话了，但说来往往没有条理，又欢喜学说人家说烂了的话。他们的话语留下痕迹来就是文章。把他们的文章来检查，就可以发见若干说得不妥当的地方，不当"然而"的却"然而"了，不当"所以"的却"所以"了，又可以发见若干勉强要说话的地方，这几句是从那里移来的，那几句是前面已经说过了的。我并不敢存一毫的挖苦的意思，实际上是这样的情形。我们不能单看少数的都市里的学生就下判断，应当也去看多数的都市以及非都市里的学生，又不能单看少数的在儿童杂志、少年杂志以及报纸的附张里投稿的学生，应当也去看多数的不想投稿以及想投稿而没有力量的学生。假若这样一般地看，自会感到能说话的学生太少了。何以致此呢？我们要回答这问题，不妨查考他们在学校里对于说话这件事下了怎样的功夫。更因开端与萌芽比较重要这一个观念，我们单是查考小学校。在小学校里，儿童开口说话的机会大概有问询、答问、申诉这几种。在此要注意，这些都不过是零碎的短句，并不是整篇的完美的话语。也有些明白风会所趋的学校，每星期开一两次谈话会、演说会之类，算是叫儿童练习说话的意思。但是，听厌了的故事三番四番的讲出来，咿唔错乱的地方不一而足。教师高兴批评，也至多说某人讲得清楚，某人说话不很明白罢了。这回清楚了，下回能不能依然清楚？这回讲得不明白，下回要怎样才会明白？在儿童都是没有把握的。其外要数到作文，也是儿童说话的机会。但效果也只与谈话会、演说会之类相等。本来说话是平时应用的事情，现在不在平时练习，却在每星期的某一时间内练习，颇含有滑稽的意味了。儿童当很重要的幼年，或则全不曾练习，或则只经过滑稽意味的练习。他们出了学校不善说话，甚且终其身不善说话，难道是应该的事情么？

　　从上述的这些实感，可以知道儿童时期如不经说话的训练，真是遗弃了一个最可宝贵的锁钥。若讲弊病，充其量将使学校里种种的教科与教师的心力全然无效，终身不会有完整的思想与浓厚的情感。这不是可悲的结果么？以前的小学生过去了，当然不用管。而现在一般的小学生也正待结成这可悲的果！我们不当改变灌溉培养的方法，使他们的命运转过来么？

　　我们又知道，儿童不经过特意的训练，但因实际的需要，话是仍旧要说的。这些时候就是他们唯有的练习的机会。可是没有人在旁边给与暗示，加以指导，所以零碎地说了，朴陋地说了，不完整地说了，也就算数。这譬如让他们在暗中摸索，可以摸到什么地方是说不定的。而所谓"习惯成自然"却是常遇证明的通则，像这样自然地练下去，往往成为永久只会零碎地说，朴陋地说，不完整地说，而且思想情感也跟着零碎、朴陋、不完整起来。只有其中的少数，幸而摸索得法，更走在正当的路上。

所以对于说话这件事，不能只让儿童随便去摸索，应当认为一个宝贵的锁钥，开通儿童一切的门的，由学校里特意地训练。单单开些谈话会、演说会之类，自然算不得特意训练。便是现在几处很好的学校里，他们给儿童念的是儿童文学，他们教儿童把所读的东西很自然地讲述出来，或者用戏剧的方法来表演，这诚然是很好的办法，可是也算不得尽了特意训练的能事。因为儿童文学的材料，大部分是童话物语。这些固然与儿童的想象经验等等很相适应，但从训练说话这一点看，还不免有所欠缺。他们说了张儿、李儿、猫儿、兔子的话，自己的话却是没有机会说，这是一。他们单在国语科里练习说话，或者会想这是专属于国语科的事，而不是平常生活里的事，这是二。所以我们要尽特意训练的能事，从范围上讲，应当不限于儿童文学，不限于国语一科，而要普及到各科，在各科里都认为重要的项目，并且还要推广到课时以外。次从方法上讲，不是只叫儿童开口去说，要为他们特地设计，怎样给与暗示，怎样加以指导，务在达到真个练习说话的目的。

这样的训练，其实就是要促迫儿童的内面有所产生，合理且丰富地产生。换一句说，就是要他们磨炼思想，培养情感，他们在适当的境界中，受着合宜的暗示或指导，自然要把思想弄一个清楚明画，让情感发抒得真切浓厚。这是一种开源的办法，许多批驳订正的功夫，在此不妨省却。假如效果不显，我们却有把握，还是从源头上着力，尽心于暗示或指导。（像单单开些谈话会、演说会之类，便是不去开源却想舀水喝，这是没把握的。没把握而想着力，只能说些某人讲得清楚，某人说话不很明白的话了。）在这种努力里，同时也就是要促迫儿童向外发表，尽量地发表。尽量发表则内面与外面一致，内面的活动更见有意义。成为习惯，对于自己的享受与生活的实际都有益处，至少会感到这生命是充实而不是空虚。所以训练儿童说话实在是一个总枢纽，要他们内面产生得出，又要向外面拿得出来。外界的事势虽是万变，而这是一种应付事势的万应的工具。获得了这工具，而且会使用，岂不是已满足了普通教育的期望了么？

训练说话既应是各科里重要的项目，又要推广到课时以外，则可知凡是教师就负有这事的责任，而且应时时负这事的责任。教师负这责任的基本条件，便是自己善于说话。在此我要想起所见几许教师的以及我自己的过失了：这种过失的根源在于相信自己教儿童的是什么什么科，不管三七二十一，只要把什么什么科授与他们就完事了，也有一部分根源于把儿童看作被制造的原料，而忽视他们内面的精神。一个儿童放出好奇的眼光来问："这东西为什么这样子呢？"我们偶尔不大起劲，便随口回答说："这东西自然是这样子的。"我们以为这句答语并没有违背了什么什么科的意思。又当一个儿童走近我们，脸上含着颇想亲近的微笑，仿佛等待我们的招手。但是我们偶尔感到麻烦，便随口示意说："你到运动场去玩吧。"我们以为这一句也不至于违背了教育的原理。但是试一细想，这些随便倾吐的话语多少没有理性，多少缺乏情感啊！把这等例子多多举出来，固然可以不必，只要不是偏护自己的教师，我想总肯承认自己要不知不觉说出这些话语来。这就是不善于说话，确是重大的过失。教师负了这种过失，却说要去训练儿童说话，非但不会有一毫效果，而且也不会有这么一回事。他自己先不明白在内面怎样地产生，向外面怎样地发表，还能讲到给与儿童以暗示与指导么？总要自己知道甘苦，才能够对于人家有所帮助。所以教师当先自修养，要善于说话，要不负这些易于犯着的过失。

在前面所写的我的一些实感里，我们更可见一个意思，就是儿童的不善于说话，固然因不经训练，而也因大人从来不与儿童好好地说话。本来先觉与后觉间的关系是这样的，若是出于故意或偶然，就是像煞有介事的示范，效力也很微细的，若是出于自然且恒常，则不论消极方面或积极方面，都有重大的影响。浸染诚是不可抗的势力啊。倘若大人能与儿童好好地说话，就是不再给儿童特意训练，未尝不可使儿童得到些浸染的益处。无奈这是做不到的，内面根本上很少有产生出来，自然也不会好好地有所发表了。所以就是要想叫儿童得到一些浸染，也非教师先善于说话不可。我们更可抛开了儿童着想，我们做人，不应当要求内面的充实，向外的发抒么？如其觉得是必要的，则我们本当要对于说话这事好好修养了。何况我们又正充任教师呢。

在这里我们当可以明白了解，所谓善于说话，决不是世俗所称口齿伶俐、虚文缴绕的意思。要修养到一言片语都合于论理，都出于至诚，才得称为善于说话，所以这简短的标语实在含蕴得很丰富，分析开来，有精于思想、富于情感、工于表达等等的意思。这就牵涉得很广了：要精于思想，应当有种种的经验推断；要富于情感，应当有种种培养陶冶；要工于表达，应当有种种的学习准备。爽直地说，这就包括了人生的一切活动，成了所谓正当地做人的事情了。

1924 年 6 月 20 日发表，原载于《教育杂志》第 16 卷第 6 号，署名叶绍钧。

6. 小学高级学生用《开明国语课本》编辑要旨

本书图画与文字为有机的配合。图画不单是文字的说明，且可拓展儿童的想象，涵养儿童的美感。

一、本书遵照教育部最近颁布的小学国语课程标准编辑，全部四册，专供小学高级国语科教学之用。

二、本书教材随着儿童生活的进展，从家庭、学校逐渐拓张到广大的社会。与卫生、体育、社会、自然、劳作、美术、音乐等科企图作充分的联络，但每课本身仍然是文学的读物。

三、本书尽量容纳儿童文学及日常生活上需要的各种文体。用词力求正确，造句力求精密，务期与标准语相吻合，堪为儿童说话作文的模范。

四、本书每数课之后列有练习课，有的注重于语法、作法、修辞的讨究，有的注重于内容的研求和欣赏。儿童据此自学，阅读和写作的能力自会逐渐增进。

五、本书图画与文字为有机的配合。图画不单是文字的说明，且可拓展儿童的想象，涵养儿童的美感。

六、本书另有《教学法》四册，详列各课的实际教学方法，并广搜各项参考资料。教师据以教学本书,可得圆满的学习效果。

小学高级学生用《开明国语课本》,由叶圣陶编纂,丰子恺书画,开明书店1934年出版。

7. 教育总目标与国文教材的取舍
——《中学精读文选》前言

各种学科除了各自的目标之外，有个共通的总目标，就是：教育学生，使成为国家的合格的公民。

国文属于语文学科，重在语文方面技法的训练，依理说，教材的范围该是很广的。技法优良的文字，固然可以作教材，使学生体会它的优良之点，揣摩它的何以达到优良，渐渐地那些优良之点化为学者自身的语文习惯，这是积极方面的受益；技法拙劣的文字，又何尝不可作教材，使学者辨认它的拙劣之点，推求它的何以弄到拙劣，渐渐地学者自身的语文习惯不复沾染那些拙劣之点，这是消极方面的受益。双方受益，阅读和写作的能力当然不错了，学习国文的目标也就达到了。至于教材的内容是什么，似乎可以不用管；一篇表达高尚情绪的文字，和一篇表达荒谬见解的文字，在作为技法研究的对象的时候，它们是平等的。即使不专重技法，也兼顾内容，如果看得出那见解为什么荒谬，不是自身的见解至少不会同样荒谬了吗？这虽属消极方面，受益也并不微浅。

可是国文究竟是各种学科里的一种。各种学科除了各自的目标之外，有个共通的总目标，就是：教育学生，使成为国家的合格的公民。从教育的观点说，使学生在积极方面受益，可以多收熏染之效；若兼及消极方面，就分散了他们的注意力，而且收效比较迂缓。因此，国文教材的选取，关于内容，不能不有个限制，须是使学生在积极方面受益的，才可以作为教材；如表达荒谬见解的文字，虽也可以使学生在消极方面受益，却绝对不用。同样的理由，关于技法，也以具有优良之点的为限，而排斥技法拙劣的文字。

　　教材选得适当，只是有了好的凭借，要收效，还得在揣摩、辨认、推求方面下功夫。唯有这些功夫做到家，教学的技法才化为学生的语文习惯，无论阅读或写作，可以随时应用。也唯有这些功夫做到家，教材的内容才成为消化了的养料，在学生的精神上，发生营养的作用。选取适当的教材固然要紧；但利用教材，作适当的教学，也决不是次要。现在学校所用的国文教材，经过编选人的推荐，又经过校订人的斟酌，有的还经过教育当局的审核，不能不说大致适当了；但教学的结果，在语文训练方面，在教育成效方面，高下颇不均齐。这个不均齐，就是从教学的精粗上来的。无论如何适当的教材，教的人只是逐字逐句地讲一遍，学的人只是心不在焉地听一遍，这是一点成效也不会有的。这一层意思，教的人学的人都应该明白。

　　前面说过，国文教材注意内容，为的是要达到教育的目标。现当抗战建国的时期，教育的总目标自然是养成适应抗建的公民。因此，选一些有关抗建的文字来作教材，实在是必要的。有许多学校已经这样做了，或即采用坊间出版的这类书本，或由教师酌选，作为补充。但据观察所得，一般人似乎偏重于教育的总目标，而于国文科本身的目标，不免忽略了一些。其在选材方面的表现，便是不顾技法的优良与否，凡抗建的都要。其在教学方面的表现，更是把教材看作宣传品，借此鼓吹抗建，却忘记了除此之外，还得在技法方面作体会，揣摩，辨认，推求种种功夫。站在国文教学的观点，这种现象是应该纠正的。普通国文教本既不选技法拙劣的文字，现在选有关抗建的文字，技法拙劣的当然也该排斥。教学其他文字既要作语文方面技法的训练，现在教学有关抗建的文字，当然不该看作例外，单顾内容的注入，并且单求注入，结果往往无所注入，唯有在技法上用尽功夫，学者才会彻底了解，而彻底了解才是真正的注入。

我们选这一部教材，不敢自夸有什么特长。但我们可以说，这些文字在技法上都相当优良。现在青年往往喜欢读文艺，也喜欢写文艺，可是读普通文字的能力还不够，写普通文字的能力还欠缺，只是胡读胡写。这里大多数是些普通文字，我们以为青年必须能够彻底了解像这样的普通文字，必须能够下笔写出像这样的普通文字，然后去追求文艺，才不是徒劳。有些人抱着偏见，说白话没有什么可以讲的，没有什么可以读的；对于这些人，我们无话可说。好在抱着偏见的人并不顶多，此后更将越来越少，那么，这里的若干篇白话，当会受到与其他文篇同等的待遇。这里的几篇古文都是常见的，大家喜爱，我们也认为要得，就选入了。青年能够地道地读这几篇古文，也就可以读多数的文言著作。如果学写文言，像这几篇就是模式的极限，再要古也无法古了，时代到底是民国三十年了，但实在是不必的。现在应用的文言，只是和白话相距很近的那一类。

就内容方面说，我们注重心理的建设。抗建是中华民族空前的大业，工作千头万绪，而总枢纽在乎每个公民具有健全的振奋的心理；这意见很浅显，无须多说。有一点倒是该说的，有人以为现在的时代非南宋明末可比，关于宋明忠臣义士的文字，断不宜选作教材，使青年们丧气。这自是有心人的意见，但我们觉得太著于迹象而忽于精神了。就迹象说，诚然，这些忠臣义士扮演的是亡国惨剧，和现在情形渺不相涉；可是，就精神说，他们坚持的是"夷夏之辨"，正是我们心理建设上绝对需要的东西。因此，我们没有避免，仍然选了那几篇关于宋明忠臣义士的文字。不过教学必须得宜，迹象和精神要双方兼顾；如果偏重迹象，忽其精神，那有心人的意见就不是过虑了。

1941年7月2日作，为《中学精读文选》前言，无标题，未署名。次年1月，"文选"由文化供应社出版，署名编者叶圣陶、胡翰先。

8. 思想—语言—文字

文字的依据既是语言，语言和思想又是二而一的东西，所以文字该和语言思想一贯训练：怎样想，怎样说，怎样写，分不开来。

有人说，思想是不出声的语言。

这个话大致是正确的；一个思想在我们脑里通过，先想到某一层，次想到某一层，最后终结在某一层，这一层层如果用口说出，就是一串的语言。有些时候，脑中只有朦胧一团的知觉，不成为思想，那就用口也说不出，用笔也写不出（往往有人说，我有一些思想，可是说不出也写不出，其实这所谓思想还只是没有化为"不出声的语言"的朦胧一团的知觉而已）。

人不能虚空无凭的想，必须凭着语言来想。

文字的依据既是语言，语言和思想又是二而一的东西，所以文字该和语言思想一贯训练：怎样想，怎样说，怎样写，分不开来。

1942 年 4 月 1 日发表

9. "良辰入奇怀"

"良辰"不自"良",良于人的襟怀;寻常的襟怀未必能发见"良辰",必须是"奇怀";中间缀一个"入"字,于是这些意思都含蓄在里头了,细心读诗的人自会悠然地这样寻思。

陶渊明和刘柴桑诗有一句云:"良辰入奇怀"这个"入"字下得突兀,但是仔细体会,却非"入"字不可。你能换个什么字呢?"良辰感奇怀"吧,太浅显太平常了;"良辰动奇怀"吧,也不见得高明多少。而且,用"感"字用"动"字固然也说出了"良辰"和"奇怀"的关系,然而决不及用"入"字来得圆融,来得深至。

所谓"良辰",指外界一切美好的景物而言,如山的苍翠,水的潺湲,晴空的晶耀,田畴的欣荣,飞鸟的鸣叫,游鱼的往来,都在里头;换个说法,这就是"美景"。"良辰美景"本来是连在一起的。不过这个"良辰美景"自身是一无知觉的,它固然不会自谦地说"在下蹩脚得很,丑陋得很",也不会一声声引诱人们说"这儿有良辰美景,你们切莫错过"。所以有许多人对它简直毫不动心;山苍翠吧,水潺湲吧,苍翠你的,潺湲你的,我自管耕我的田,钓我的鱼,走我的路,或者打我的算盘。试问,如果人们全都这样,哪还有"良辰美景"呢?可是全都这样是没有的事,自然有人会给苍翠的山色潺湲的水声移了情的。说到移情,真是个不易描摹的境界。勉强地说，仿佛那东西迎我而来，注入我的心中，又仿佛我迎着那东西而去，注入它的底里；我与它之外不再有旁的什么，并且浑忘我与它了。这样的时候，似乎可以说我让那东西移了情了。山也移情，水也移情，晴空也移情，田畴也移情，飞鸟也移情，游鱼也移情，一切景物融合成一个整体而移我们的情的时候，我们就不禁脱口而出，"好个良辰美景啊!"这个"良辰美景"，在有些人是视若无睹的，而另有些人竟至于移情，真是"嗜好与人异酸咸"了，所以把这种襟怀叫作"奇怀"。

到这里，"良辰"同"奇怀"的关系已很瞭然。"良辰"不自良，"良"于人的襟怀；寻常的襟怀未必能发见"良辰"，必须是"奇怀"；中间缀一个"人"字，于是这些意思都含蓄在里头了，细心读诗的人自会悠然地这样寻思。假如用"感"字或者"动"字，除了没把"良辰"所以成立的缘故表达出来之外，还有把"良辰"同"奇怀"分隔成两个东西之嫌，一个是感动的，一个是被感动的，虽然也是个诗的意境，但是多少有点儿索然。现在用的是"入"字，看字面，"良辰"是活泼泼地充溢于"奇怀"之中；翻过来，不就是"奇怀"沉浸在"良辰"之中么？这样，不就是浑忘"辰"与"怀"的一种超妙境界么？所以本篇开头说用"入"字来得圆融而深至。

作诗的人未必这样多所推究。神来之笔，自然佳胜。而我们读的时候，正不妨细心推究，只要不往牛角尖里钻。

1926年12月作

10. 读《经典常谈》

经典训练的价值不在实用，而在文化。

学校国文教室的黑板上常常写着如下一类的粉笔字："三礼：周礼，仪礼，礼记。""三传：公羊传，谷梁传，左传。"学生看了，就抄在笔记簿上。

学期考试与入学考试，国文科常常出如下一类的测验题目："《史记》何人所作？《资治通鉴》何人所作？""什么叫'四书'？什么叫'四史'？""司马相如何代人？杜甫何代人？他们有哪一方面的著作？"与考的学生只消写上人名、书名、朝代名就是。写错了或者写不出当然没有分数。

曾经参观一个中学，高中三年级上"中国文学史"课，用的是某大学的讲义《中国文学史要略》，方讲到隋唐。讲义中提及孔颖达的《五经正义》，杜佑的《通典》，王通的《中说》等，没有记明卷数，教师就一一写在黑板上，让学生一一抄在本子上。在教室里立了大约半点钟，没听见教师开一声口，只看见他写的颇为老练的一些数目字。

书籍名，作者名，作者时代，书籍卷数，不能不说是一种知识。可是，学生得到了这种知识有什么受用，咱们不妨想一想。参与考试，如果遇到这一类的测验题目，就可以毫不迟疑地答上去，取得极限的分数，这是一种受用。还有呢？似乎没有了。在跟人家谈话的当儿，如果人家问你

"什么叫'四史'?"你回答得出"就是《史记》《汉书》《后汉书》《三国志》",你的脸上自然也会有一副踌躇满志的神色。可惜实际上谈话时候把这种问题作话题的并不多。

另外一派人不赞成这种办法,说这种办法毫无道理,不能叫学生得到真实的受用。这个话是千真万确的。他们主张,学生必须跟书籍直接打交道,好比朋友似的,你必须跟他混在一块,才可以心心相通,彼此影响,仅仅记住他的尊姓大名,就与没有这个朋友一样。这个话当然也没有错。可是他们所说的书籍范围很广,差不多从前读书人常读的一些书籍,他们主张现在的学生都应该读。而且,他们开起参考书目来就是一大堆,就说《史记》吧,关于考证史事的有若干种,关于评议体例的有若干种,关于鉴赏文笔的有若干种。他们要学生自己去摸索,把从前人走过的路子照样走一遍,结果才认识《史记》的全貌。这儿就有问题了。范围宽广,从前读书人常读的一些书籍都拿来读,跟现代的教育宗旨合不合,是问题。每一种书籍都要由学生自己去摸索,时间跟能力够不够,又是问题。这些问题不加注意,徒然苦口婆心地对学生说:"你们要读书啊!"其心固然可敬,可是学生还是得不到真实的受用。

现代学生的功课,有些是从前读书人所不做的,如博物、理化、图画、音乐之类。其他的功课,就实质说,虽然就是从前读书人学的那一些,可是书籍不必再用从前人的本子了。一部历史教本就可以摄取历代史籍的大概,经籍子籍的要旨。这自然指编撰得好的而言;现在有没有这样好的教本,那是另一问题。试问为什么要这么办?为的是从前书籍浩如烟海,现代的学生要做的功课多,没有时间一一去读它。为的是现代切用的一些实质,分散在潜藏在各种书籍里,让学生淘金似的去淘,也许淘不着,也许只淘着了一点儿。尤其为的是从前的书籍,在现代人看来,有许多语言文字方面的障碍;先秦古籍更有脱简错简,传抄致误,清代学者校勘的贡献虽然极大,但是否完全恢复了各书的原样,谁也不敢说定;现代学生不能也不应个个劳费精力在训诂校勘上边,是显而易见的。所以,为实质的吸收着想，可以干脆说一句，现代学生不必读从前的书。只要历史教本跟其他学生用书编撰得好，教师和帮助学生的一些人们又指导得法，学生就可以一辈子不读《论语》《庄子》，却能知道孔子、庄子的学说；一辈子不读《史记》《汉书》，却能明晓古代的史迹。

可是，有些书籍的实质和形式是分不开的，你要了解它，享受它，必须面对它本身，涵泳得深，体味得切，才有得益。譬如《诗经》，就不能专取其实质，翻为现代语言，让学生读"白话诗经"。翻译并不是不能做，并且已经有人做过，但到底是另外一回事；真正读《诗经》还得直接读"关关雎鸠"。又如《史记》，作为历史书，尽可用"历史教本""中国通史"之类来代替；但是它同时又是文学作品，作为文学作品，就不能用"历史教本""中国通史"之类来代替，从这类书里知道了楚汉相争的史迹，并不等于读了《项羽本纪》。我想，要说现代学生应该读些古书，理由应该在这一点上。

还有一点。如朱自清先生在这本《经典常谈》的序文里说的，"在中等以上的教育里，经典训练应该是一个必要的项目。经典训练的价值不在实用，而在文化。有一位外国教授说过，阅读经典的用处，就在教人见识经典一番。这是很明达的议论。再说做一个有相当教育的国民，至少对于本国的经典也有接触的义务"。一些古书，培育着咱们的祖先，咱们跟祖先是一脉相承的，自当尝尝他们的营养料，才不至于无本。若讲实用，似乎是没有，有实用的东西都收纳在各种学科里了；可是有无用之用。这可以打个比方。有些人不怕旅行辛苦，道路几千，跑上峨眉金顶看日出，或者跑到甘肃敦煌，看石窟寺历代的造像跟壁画。在专讲实用的人看来，他们干的完全没有实用，只有那股傻劲儿倒可以佩服。可是他们从金顶下来，打敦煌回转，胸襟扩大了，眼光深远了，虽然还是各做他们的事儿，却有了一种新的精神。这就是所谓无用之用。读古书读的得其道，也会有类似的无用之用。要说现代学生应该读些古书，这是又一个理由。

这儿要注意，"现代学生应该读些古书"，万不宜忽略"学生"两字跟一个"些"字。说"学生"，就是说不是专家，其读法不该跟专家的一样（大学里专门研究古书的学生当然不在此限）。说"些"，就是说分量不能多，就是从前读书人常读的一些书籍也不必全读。就阅读的本子说，最好辑录训诂校勘方面简明而可靠的定论，让学生展卷了然，不必在一大堆参考书里自己去摸索。就阅读的范围说，最好根据前边说的两个理由来选定，只要精，不妨小，只要达到让学生见识一番这么个意思就成。这本《经典常谈》的序文里说："我们理想中一般人的经典读本——有些该是全书，有些只该是选本节本——应该尽可能地采取他们的结论；一面将本文分段，仔细地标点，并用白话文作简要的注释。每种读本还得有一篇切实而浅明的白话文导言。"现代学生要读些古书，急切需用这样的读本。口口声声嚷着学生应该读古书的先生们，似乎最适宜负起责任来，编撰这样的读本。可是他们不干，只是"读书啊！读书啊！"的直嚷；学生实在没法接触古书，他们就把罪名加在学生头上，"你们自己不要好，不爱读书，教我有什么办法"？我真不懂得他们的所以然。

  朱先生的《经典常谈》却是负起这方面的责任来的一本书。它是一些古书的"切实而浅明的白话文导言"。谁要知道某书是什么，它就告诉你这个什么，看了这本书当然不就是读了古书，可是古书的来历，其中的大要，历来对于该书有什么问题，直到现在为止，对于该书已经研究到什么程度，都可以有个简明的概念。学生如果自己在一大堆参考书里去摸索，费力甚多，所得未必会这么简明。因这本书的导引，去接触古书，就像预先看熟了地图跟地理志，虽然到的是个新地方，却能头头是道。专家们未必看得起这本书，因为"这中间并无编撰者自己的创见，编撰者的工作只是编撰罢了"（序文中语）；但是这本书本来不是写给专家们看的，在需要读些古书的学生，这本书正适合他们的理解能力跟所需分量。尤其是"各篇的讨论，尽量采择近人新说"（序文中语），近人新说当然不单为它"新"，而为它是最近研究的结果，比较可作定论；使学生在入门的当儿，便祛除了狭陋跟迂腐的弊病，是大可称美的一点。

这本书所说经典，不专指经籍；是用的"经典"二字的广义，包括群经，先秦诸子，几种史书，一些集部，共十三篇。把目录抄在这儿：《说文解字》第一；《周易》第二；《尚书》第三；《诗经》第四；"三礼"第五；"《春秋》三传"第六（国语附）；"四书"第七；《战国策》第八；《史记》《汉书》第九；诸子第十；辞赋第十一；诗第十二；文第十三。前头十一篇都就书讲；末了"诗""文"两篇却只叙述源流，不就书讲，"因为书太多了，没法子一一详论，而集部书的问题也不像经、史、子那样重要，在这儿也无需详论"（序文中语）。

　　1943年8月5日发表，原载于《中学生》第66期。

11. 重印《经典常谈》序

假如把准备接触这些文化遗产的人比作参观岩洞的游客，他就是给他们当个向导，先在洞外讲说一番，让他们心中有个数，不至于进了洞去感到迷糊。

出版社准备重印这本《经典常谈》，要我写篇序文，我才把它重新看一遍。朱先生逝世已经三十二年，重看这本书，他的声音笑貌宛然在面前，表现在字里行间的他那种嚼饭哺人的孜孜不倦的精神，使我追怀不已，痛惜他死得太早了。

朱先生所说的经典，指的是我国文化遗产中用文字写记下来的东西。假如把准备接触这些文化遗产的人比作参观岩洞的游客，他就是给他们当个向导，先在洞外讲说一番，让他们心中有个数，不至于进了洞去感到迷糊。他可真是个好向导，自己在里边摸熟了，知道岩洞的成因和演变，因而能够按真际讲说，决不说这儿是双龙戏珠，那儿是八仙过海，是某高士某仙人塑造的。求真而并非猎奇的游客自然欢迎这样的好向导。

朱先生在这本书的序文里，认定经典训练是中等以上的教育里的必要项目之一。说"中等以上"，中等教育自然包括在内。他这样考虑的依据是一九二二年教育部制定的初中高中的《国文课程标准》。这本书出版之后不久，我写过一篇《读〈经典常谈〉》，也赞同他的考虑。

在三十多年之后的今天，我对朱先生和我自己的这样考虑——就是经典训练是中等教育里的必要项目之一——想有所修正了。第一，直接接触这些经典，不仅语言文字上的隔阂不少，风俗习惯典章制度上的疙瘩更多，马马虎虎地读吧，徒然耗费学生的精力和时间，认认真真地读它极少一部分吧，莫说初中，高中阶段恐怕也难以办到。因此，我想中学阶段只能间接接触，就是说阅读《经典常谈》这样的书就可以了。第二，当时所谓国文课就是现在的语文课，现在我想，就说跟经典间接接触，也不光是语文课的事，至少历史课应当分担责任，因为经典是文化遗产，历史课当然不能忽略文化遗产。第三，在高等教育阶段，学习文史哲的学生就必需有计划地直接跟经典接触，阅读某些经典的全部和另外一些经典的一部分。那一定要认认真真地读，得到比较深入的理解。

可惜不能像三十多年前同在成都时候那样，想到什么就跑到望江楼对面朱先生的寓所，跟他当面谈一谈。假如他如今还在，我早就把这三点意思跟他说了，无论他赞同或者驳斥，都是莫大的欢快。想到这一层，怅惘无极。

我又想，经典训练不限于学校教育的范围而推广到整个社会，是很有必要的。历史不能割断，文化遗产跟当前各条战线上的工作有直接或者间接的牵连，所以谁都一样，能够跟经典有所接触总比完全不接触好。朱先生在时还没有"古为今用"的提法，"批判地接受"的提法他有没有听到过，我不敢断言，而这两个提法正说明了各条战线上的人都该接触一些经典。因此，著作家和出版界要为人民服务，在这方面就有许多工作必得做。撰写像《经典常谈》模样的书，使广大读者间接接触经典，这一项工作就该做。朱先生在序文里提到"理想中一般人的经典读本"，他把编撰的办法说得非常具体。三十多年过去了，这样"理想中的读本"还非常之少，非共同努力，尽快多出这种读本不可。

我还想到一点。现在正在编撰百科全书，朱先生这本书里的十三篇可以作为十三个条目收到百科全书里去；为完备起见，只要把最近三十多年间重要的研究新成果加进去就可以了。

1980年4月9日。这是叶圣陶为三联书店重印朱自清《经典常谈》而撰。

辑二

任务：语文独当之任

1. 国文科之目的

国文科的目的，就是"养成阅读能力"、"养成写作能力"两项。

最近遇见好几位先生，他们叹息着说中学生国文程度低落，非赶紧设法挽救不可。中学生正是本杂志的读者，有人在那里为他们着急，为他们用心思，我们应该报告一声。

据多数的意见，似乎所谓国文程度低落就是写不通文言文，甚而至于连不通的文言文也写不来。他们也承认，有些中学生写语体文还可以；更有人说他们的儿女写回来的"白话信"，那种真率的风趣是他们所及不来的；但是（这个"但是"表示十二分的不满足），这不是个了局，总得写文言文才行呀。他们以为语体文只是便利初学的过渡，终极的目的却是文言文，语体文是卑浅的，唯文言文才是高深的东西。

他们把国文程度低落的原由归到读物的不良上去。课本里没有多少篇文言文，又不能选那最精粹的代表作，成绩不良是当然的了。于是商量国文教材应该怎样编造。各人的主张就有五花八门之观。有人说只消读《论语》就是，读《论语》可以识理；里边长篇短论都有，又可以作行文的楷模。有人说，宋元明的语录应该多读，对于青年修养，国文科必须顾及。有人说六朝文不宜忽略；那种修辞功夫是现代人所缺乏的。有人说国文科的教材应该是中国文化的全体；所以如《太上感应篇》也得看看，因为这也是中国文化。有人说方今国难当头，应该多读岳飞戚继光等人的传说，以期振起民族精神。此外意见还多，比较不重要，恕不报告了。

这好几位先生都是教育家，他们的意见影响到中学生。其他的教育家想来颇有抱同样意见的，他们也各各直接影响到中学生。所以这并不是一件无关紧要的事。

在这里，颇有问一问国文科的目的到底是什么的必要。我们的回答是"整个的对于本国文字的阅读与写作的教养"。换一句话说，就是"养成阅读能力"、"养成写作能力"两项。

要养成阅读能力，非课外多看书籍不可。课本只是举出些例子以便指示、说明而已。这里重要在方法：本月比上月更善阅读，今年比去年更能了解，就是进步。修养云云那是身体力行的事，民族精神也得在行为上表现。违反修养，毁堕民族精神的书籍文字固然不必看，但是想靠国文科提倡修养，振起民族精神，却不免招致"文字国"的讥诮。

要养成写作能力，第一宜着眼于生活和发表的一致；说明白点，就是发表的必须是自己的意思或情感，同时又正是这意思或情感。花言巧语能写几篇文字有什么用处呢？必须与生活相一致，写作才有意义。至于文体，语体文和文言文原没有划然的界限。然而就亲切、便利等条件着想，语体文应该普遍地被应用是无疑的。学生就性之所好兼作文言文，当然不必禁止。一定要作了文言文，才算国文程度不低落，这成什么话！何况揣摩主张者的口气，写作和生活一致与否倒并不在乎，但求每个学生能够铿铿锵锵写出一些文言文，而且篇篇都是"合作"，他们的国文教学就成功了。他们以为中学校只是"国文专修馆"和"文豪养成所"！

我们想，做学生的如果把各科的目的问一问清楚，对于他们自己是非常有益的。

1932 年 11 月 1 日发表，原载《中学生》第 29 号。

2. 关于《国文百八课》

> 一篇《项羽本纪》是历史科的材料，要当作文章去求理解，去学习章句间的法则的时候，才算是国文科的工作。

这是一部侧重文章形式的书，所选取的文章虽也顾到内容的纯正和性质的变化，但文章的处置全从形式上着眼。

依我们的信念，国文科和别的学科性质不同，除了文法、修辞等部分以外，是拿不出独立固定的材料来的。凡是在白纸上写着黑字的东西，当作文章来阅读、来玩索的时候，什么都是国文科的工作，否则不是。一篇《项羽本纪》是历史科的材料，要当作文章去求理解，去学习章句间的法则的时候，才算是国文科的工作。所以在国文科里读《项羽本纪》，所当着眼的不应只是故事的开端、发展和结局，应是生字难句的理解和文章方法的摄取。读英文的人，如果读了《龟兔竞走》，只记得兔怎样自负，龟怎样努力，结果兔怎样失败，龟怎样胜利等等的故事的内容，而不记得那课文章里的生字、难句，以及向来所未碰到过的文章上的某种方式，那么他等于在听人讲龟兔竞走的故事，并不在学习英文。故事是听不完的，学习英文才是目的，不论国文、英文，凡是学习语言文字如不着眼于形式方面，只在内容上去寻求，结果是劳力多而收获少。竟有许多青年在学校里学过好几年国文，而文章还写不通的。其原因也许就在学习未得要领。他们每日在教室里对着书或油印的文选，听教师讲故事，故事是记得了，而对于那表现故事的方法仍旧茫然。难怪他们表现能力缺乏了。

因此，我们主张把学习国文的目标侧重在形式的讨究，同时主张把材料的范围放宽，洋洋洒洒的富有情趣的材料固然选取，零星的便笺、一条一条的章则、朴实干燥的科学的记述等也选取。

本书在编辑上自信是极认真的，仅仅每课文话话题的写定，就费去了不少的时间。本书预定一百零八课，每课各说述文章上的一个项目。哪些项目需要，哪些项目可略，颇费推敲。至于前后的排列，也大费过心思。

文话的话题决定以后，次之是选文了。文章是多方面的东西，一篇文章可从种种视角来看，也可应用在种种的目标上。例如朱自清的《背影》可以作"随笔"的例，可以作"抒情"的例，可以作"叙述"的例，也可以作"第一人称的立脚点"的例，此外如果和别篇比较对照起来，还可定出各种各样的目标来处置这篇文章。（如和文言文对照起来，就成语体文的例等等。）我们预定的文话项目有一百零八个，就代表着文章知识的一百零八个方面。选文每课两篇，共计二百十六篇。要把每一篇选文用各种各样的视角去看，使排列成一个系统，既要适合又要有变化，这是一件难得讨好的事。我们在这点上颇费了不少的苦心。

最感麻烦的是文法、修辞的例句的搜集。关于文法和修辞的每一法则，如果凭空造例，或随举前人的文句为例，是很容易的，可是要在限定的几篇选文中去找寻，却比较费事了。我们为了找寻例句，记忆翻检，费尽功夫，非不得已，不自己造句或随取前人文句。

选古今现成的文章作教材，这虽已成习惯，其实并不一定是好方法，尤其是对于初中程度的学生。现代的青年有现代青年的生活，古人所写的文章内容形式固然不合现代青年的需要，就是现代作家所写的文章，写作时也并非以给青年读为目的，何尝能合乎一般青年的需要呢？最理想的方法是依照青年的需要，从青年生活上取题材，分门别类地写出许多文章来，代替选文。

我们多年以来，也曾抱有这种理想。这次编辑本书，一时曾思把这理想实现，终于因为下面所说的两个原因中止了。第一，叫青年只读我们一二人的写作，究竟嫌太单调。第二，学习国文的目的，一部分在练习写作，一部分在养成阅读各种文字的能力。一个青年将来必将和各种各样的文字接触，如果只顾到目前情形的适合，对于他们的将来也许是不利的。犹之口味，他们目前虽只配吃甜，将来难免要碰到酸的、苦的、辣的东西。预先把甜、酸、苦、辣都叫他们尝尝，也是合乎教育的意义的事。

说虽如此，我们总觉得现成的文章不适合于青年学生。现在已是飞机、炸弹的时代了，从《三国志演义》里选出单刀匹马的战争故事叫青年来读，固然不对劲；青年是活泼的，叫他们读现代中年人或老年人所写的感伤的文字，也同样不合理。

初中国文科的讲读材料是值得研究的大问题。本书虽因上面所举的两个原因，仍依向来旧习惯，选用古今现成的文章，但自己并不满意。

前面讲过，本书是侧重文章形式的，从形式上着眼去处置现成的文章，也许可将内容不适合的毛病减却许多。时下颇有好几种国文课本是以内容分类的。把内容相类似的古今现成文章几篇合成一组，题材关于家庭的合在一处，题材关于爱国的合在一处。这种办法，一方面侵犯了公民科的范围，一方面失去了国文科的立场，我们未敢赞同。

本书每课附有修辞法或文法。修辞法和文法在中国还是新成立的学问。

修辞法在中国自古就有不少零碎的宝贵遗产，近来有人依靠外国的著作，重新作系统的演述，其中最完整的有陈望道先生的《修辞学发凡》。这是近年来的好书。有了这部书，修辞法上的问题差不多都已头头是道地解决了。我们依据的就是这部书。

至于文法，名著《马氏文通》只是关于文言的，本身也尚有许多可议的地方。白话文法虽也有几个人写过，差不多都是外国文法的改装，不能用来说明中国语言的一切构造。文法一科，可以说尚是有待开垦的荒地，尤其是关于白话方面的。朋友之中，颇有从各部分研究，发见某一类词的某一法则，或某一类句式的构造的新说明的。我们也曾努力于此，偶然有所发见。这些发见都是部分的，离开系统地建设尚远。

本书介绍文法，大体仍沿用马氏及时下文法书的系统，对于部分如有较好的新说者，在不破坏现在的系统条件之下，尽量改用新说（如第一册关于叙述句和说明句的讨论，关于句的成分的排列法的讨论等）。在此青黄不接的时代，我们觉得除此更无妥当的方法了。

本书问世以来，颇得好评。至于缺点，当然难免。我们自己发觉的缺点有一端就是太严整、太系统化了些。本书所采的是直进的编制法，步骤的完密是其长处，平板是其毛病。例如把文章分成记述、叙述、说明、议论四种体裁，按次排列，在有些重视兴味的人看来，会觉得平板吧。

但本书是彻头彻尾采取"文章学"的系统的，不愿为了变化兴味自乱其步骤。为补救平板计，也曾于可能的范围内力求变化。例如第三册里所列的大半虽为说明文的材料，但着眼的方面却各自不同。

我们以为杂乱地把文章选给学生读，不论目的何在，是从来国文科教学的大毛病。文章是读不完的，与其漫然的瞎读，究不如定了目标来读。本书每课有一目标。为求目标与目标间的系统完整，有时把变化兴味牺牲亦所不惜。所望使用者一方面认识本书的长处，一方面在可能的时候设法弥补本书的短处。（如临时提供别的新材料等。）

拉杂写了许多话，一部分是我们对于中学国文科教学的私见，想提出来和教学者商量的；一部分是本书编辑上的甘苦之谈。无论做什么事，做的人自己最明白，所谓"冷暖自知"之境者就是。编书的人把关于编书的情形以及书的长处短处，供状似地告诉给读者听，应该是有意义的事，尤其是有多数人使用的教本之类的书。

与夏丏尊合作，1938年4月发表，收入开明
书店出版的两人的合集《阅读与写作》。

3. 国文教学的两个基本观念

第一，国文是语文学科，……第二，国文的涵义与文学不同

我们当国文教师，必须具有两个基本观念。我作这么想，差不多延续了二十年了。最近机缘凑合，重理旧业，又教了两年半的国文，除了同事诸君而外，还接触了许多位大中学的国文教师。觉得我们的同行具有那两个基本观念的诚然有，而认识完全异趣的也不在少数。现在想说明我的意见，就正于同行诸君。

请容我先指明那两个基本观念是什么。第一，国文是语文学科，在教学的时候，内容方面固然不容忽视，而方法方面尤其应当注重。第二，国文的涵义与文学不同，它比文学宽广得多，所以教学国文并不等于教学文学。

如果国文教学纯粹是阅读与写作的训练，不含有其他意义，那么，任何书籍与文篇，不问它是有益或者有损于青年的，都可以拿来作阅读的材料与写作的示例。它写得好，摄取它的长处，写得不好，发见它的短处，对于阅读能力与写作能力的增进都是有帮助的。可是，国文是各种学科中的一个学科，各种学科又像轮辐一样辏合于一个教育的轴心，所以国文教学除了技术的训练而外，更需含有教育的意义。说到教育的意义，就牵涉到内容问题了。国文课程标准规定了教材的标准，书籍与文篇的内容必须

合于这些个标准，才配拿来作阅读的材料与写作的示例。此外，笃信固有道德的，爱把圣贤之书教学生诵读，关切我国现状的，爱把抗战文章作为补充教材，都是重视内容也就是重视教育意义的例子。这是应当的，无可非议。不过重视内容，假如超过了相当的限度，以为国文教学的目标只在灌输固有道德，激发抗战意识，等等，而竟忘了语文教学特有的任务，那就很有可议之处了。

道德必须求其能够见诸践履，意识必须求其能够化为行动。要达到这样地步，仅仅读一些书籍与文篇是不够的。必须有关各种学科都注重这方面，学科以外的一切训练也注重这方面，然后有实效可言。国文诚然是这方面的有关学科，却不是独当其任的唯一学科。所以，国文教学，选材能够不忽略教育意义，也就足够了，把精神训练的一切责任都担在自己肩膀上，实在是不必的。

国文教学自有它独当其任的任，那就是阅读与写作的训练。学生眼前要阅读，要写作，至于将来，一辈子要阅读，要写作。这种技术的训练，他科教学是不负责任的，全在国文教学的肩膀上。所谓训练，当然不只是教学生拿起书来读，提起笔来写，就算了事。第一，必须讲求方法。怎样阅读才可以明白通晓，摄其精英，怎样写作才可以清楚畅达，表其情意，都得让学生们心知其故。第二，必须使种种方法成为学生终身以之的习惯。因为阅读与写作都是习惯方面的事情，仅仅心知其故，而习惯没有养成，还是不济事的。国文教学的成功与否，就看以上两点。所以我在前面说，方法方面尤其应当注重。

现在四五十岁的人大都知道从前书塾的情形。从前书塾里的先生很有些注重方法的。他们给学生讲书，用恰当的方言解释与辨别那些难以弄明白的虚字。他们教学生阅读，让学生点读那些没有句读的书籍与报纸论文。他们为学生改文，单就原意增删，并且反复详尽地讲明为什么增删。遇到这样的先生，学生是有福的，修一年学，就得到一年应得的成绩。然而大多数书塾的先生却是不注重方法的，他们只教学生读，读，读，作，作，作，讲解仅及字面，改笔无异自作，他们等待着一个奇迹的出现——学生自己一旦豁然贯通。奇迹自然是难得出现的。所以，在书塾里坐了多年，走出来还是一窍不通，这样的人着实不少。假如先生都能够注重方法，请想一想，从前书塾不像如今学校有许多学科，教学的只是一科国文，学生花了多年的时间专习一种学科，何至于一窍不通呢？再说如今学校，学科不止一种了，学生学习国文的时间约占从前的十分之二三，如果仍旧想等待奇迹，其绝无希望是当然的。换过来说，如今学习时间既已减少，而应得的成绩又非得到不可，唯有特别注重方法，才会收到事半功倍的效果。多读多作固属重要，但是尤其重要的是怎样读，怎样写。对于这个"怎样"，如果不能切实解答，就算不得注重了方法。

现在一说到学生国文程度，其意等于说学生写作程度。至于与写作程度同等重要的阅读程度往往是忽视了的。因此，学生阅读程度提高了或是降低了的话也就没听人提起过。这不是没有理由的，写作程度有迹象可寻，而阅读程度比较难捉摸，有迹象可寻的被注意了，比较难捉摸的被忽视了，原是很自然的事情。然而阅读是吸收，写作是倾吐，倾吐能否合于法度，显然与吸收有密切的关系。单说写作程度如何如何是没有根的，要有根，就得追问那比较难捉摸的阅读程度。最近朱自清先生在《国文月刊》创刊号发表一篇《中学生的国文程度》，他说中学生写不通应用的文言，大概有四种情形。第一是字义不明，因此用字不确切，或犯重复的毛病。第二是成语错误。第三是句式不熟，虚字不通也算在这类里。第四是体例不当，也就是不合口气。他又说一般中学生白话的写作，比起他们的文言来，确是好得多。可是就白话论白话，他们也还脱不掉技术拙劣，思路不清的考语。朱先生这番话明明说的写作程度不够，但是也正说明了所以会有这些情形，都由于阅读程度不够。阅读程度不够的原因，阅读太少是一个，阅读不得其法尤其是重要的一个。对于"体会""体察""体谅""体贴""体验"似的一组意义相近的词，字典翻过了，讲解听过了，若不能辨别每一个的确切意义并且熟悉它的用法，还算不得阅读得其法。"汗牛充栋"为什么不可以说成"汗马充屋"？"举一反三"为什么不可以说成"举二反二"？仅仅了解它们的意义而不能说明为什么不可以改换，阅读方法也还没有到家。"与其"之后该来一个"宁"，"犹"或"尚"之后该接上一个"况"，仅仅记住这些，而不辨"与其"的半句是所舍义，"宁"的半句才是所取义，"犹"或"尚"的半句是旁敲侧击，"况"的半句才是正面文章，那也是阅读方法的疏漏。"良深哀痛"是致悼语，"殊堪嘉尚"是奖勉语，但是，以人子的身份，当父母之丧而说"良深哀痛"，以学生的身份，对抗战取胜的将领而说"殊堪嘉尚"，那一定是阅读时候欠缺了揣摩体会的功夫。以上只就朱先生所举四种情形，举例来说。依这些例子看，已经可以知道阅读方法不仅是机械地解释字义，记诵文句，研究文法修辞的法则，最紧要的还在多比较，多归纳，多揣摩，多体会，一字一语都不轻轻放过，务必发现它的特性。唯有这样阅读，才能够发掘文章的蕴蓄，没有一点含糊。也唯有这样阅读，才能够养成用字造语的好习惯，下笔不至有误失。

  阅读方法又因阅读材料而不同。就分量说，单篇与整部的书应当有异，单篇宜作精细的剖析，整部的书却在得其大概。就文体说，记叙文与论说文也不一样，记叙文在看作者支配描绘的手段，论说文却在阐明作者推论的途径。同是记叙文，一篇属于文艺的小说与一篇普通的记叙文又该用不同的眼光，小说是常常需要辨认那文字以外的意味的。就文章种类说，文言与白话也不宜用同一态度对付，文言——尤其是秦汉以前的——最先应注意那些虚字，必须体会它们所表的关系与所传的神情，用今语来比较与印证，才会透彻地了解。多方面地讲求阅读方法也就是多方面地养成写作习惯。习惯渐渐养成，技术拙劣与思路不清的毛病自然渐渐减少，一直减到没有。所以说阅读与写作是一贯的，阅读得其法，阅读程度提高了，写作程度没有不提高的。所谓得其法，并不在规律地作训诂学、文法学、修辞学与文章学的研究，那是专门之业，不是中学生所该担负的。可是，那些学问的大意不可不明晓，那些学问的治学态度不可不抱持，明晓与抱持又必须使他成为终身以之的习惯才行。

以下说关于第二个基本观念的话。五四运动以前，国文教材是经史古文，显然因为经史古文是文学。在一些学校里，这种情形延续到如今，专读《古文辞类纂》或者《经史百家杂抄》便是证据。"五四"以后，通行读白话了，教材是当时产生的一些白话的小说、戏剧、小品、诗歌之类，也就是所谓文学。除了这些，还有什么可以阅读的呢？这样想的人仿佛不少。就偏重文学这一点说，以上两派是一路的，都以为国文教学是文学教学。其实国文所包的范围很宽广，文学只是其中一个较小的范围，文学之外，同样包在国文的大范围里头的还有非文学的文章，就是普通文。这包括书信、宣言、报告书、说明书等等应用文，以及平正地写状一件东西载录一件事情的记叙文，条畅地阐明一个原理发挥一个意见的论说文。中学生要应付生活，阅读与写作的训练就不能不在文学之外，同时以这种普通文为对象。若偏重了文学，他们看报纸、杂志与各科课本、参考书，就觉得是另外一回事，要好的只得自辟途径，去发见那阅读的方法，不要好的就不免马虎过去，因而减少了吸收的分量。再就写作方面说，流弊更显而易见。主张教学生专读经史古文的，原不望学生写什么文学，他们只望学生写通普通的文言，这是事实。但是正因所读的纯是文学，质料不容易消化，技术不容易仿效，所以学生很难写通普通的文言。如今中学生文言的写作程度低落，我以为也可以从这一点来解释。如果让他们多读一些非文学的普通文言，我想文言的写作或许会好些。很有些人，在书塾里熟读了《四书》《五经》，笔下还是不通，偷空看了《三国演义》或者《饮冰室文集》，却居然通了，这可以作为佐证。至于白话的写作，国文教师大概有这样的经验，只要教学生自由写作，他们交来的往往是一篇类似小说的东西或是一首新体诗。我曾经接到过几个学生的白话信，景物的描绘与心情的抒写全像小说，却与写信的目的全不相干。还有，现在爱写白话的学生多数喜欢高谈文学，他们不管文章的体裁与理法，他们不知道日常应用的不是文学而是普通文。认识尤其错误的，竟以为只要写下白话就是写了文学。以上种种流弊，显然从专读白话文学而忽略了白话的普通文生出来的，如果让他们多读一些非文学的普通白话，我想用白话来状物、记事、表情、达意，该会各如其分，不至于一味不相称地袭用白话文学的格调吧。

　　学习图画，先要描写耳目手足的石膏像，叫作基本练习。学习阅读与写作，从普通文入手，意思正相同。普通文易于剖析、理解，也易于仿效，从此立定基本，才可以进一步弄文学。文学当然不是在普通文以外别有什么方法，但是方法的应用繁复得多，变化得多。不先作基本练习而径与接触，就不免迷离惝怳。我也知道有所谓"取法乎上，仅得其中"的说法，而且知道古今专习文学而有很深的造诣的不乏其人。可是我料想古今专习文学而碰壁的，就是说一辈子读不通写不好的，一定更多。少数人有了很深的造诣，多数人只落得一辈子读不通写不好，这不是现代教育所许可的。从现代教育的观点说，人人要作基本练习，而且必须练习得到家。说明白点，就是对于普通文字的阅读与写作，人人要得到应得的成绩，绝不容有一个人读不通写不好。这个目标应该在中学阶段达到，到了大学阶段，学生不必再在普通文的阅读与写作上费功夫了——现在大学里有一年级国文，只是一时补救的办法，不是不可变更的原则。

　　至于经史古文与现代文学的专习，那是大学本国文学系的事情，旁的系就没有必要，中学当然更没有必要。我不是说中学生不必读经史古文与现代文学，我只是说中学生不该专习那些。从教育意义说，要使中学生了解固有文化，就得教他们读经史古文。现代人生与固有文化同样重要，要使中学生了解现代人生，就得教他们读现代文学。但是应该选取那些切要的、浅易的、易于消化的，不宜兼收并包，泛滥无归。譬如，老子的思想在我国很重要，可是，《老子》的文章至今还有人作训释考证的功夫而没有定论，若读《老子》原文，势必先听取那些训释家考证家的意见，这不是中学生所能担负的。如果有这么一篇普通文字，正确扼要地说明老子的思想，中学生读了也就可以了解老子了，正不必读《老子》原文。又如，历来文家论文之作里头，往往提到神理气味格律声色的话，这些是研究我国文学批评的重要材料，但是放在中学生面前就不免徒乱人意。如果放弃这些，另外找一些明白具体的关于文章理法的普通文字给他们读，他们的解悟该会切实得多。又如，茅盾的长篇小说《子夜》，一般都认为精密地解剖经济社会的佳作，但是它的组织繁复，范围宽广，中学生读起来，往往不如读组织较简范围较小的易于透彻领会。依以上所说，可以知道无论古文学现代文学，有许多是中学生所不必读的。不读那些不必读的，其意义并不等于忽视固有文化与现代人生，也很显然。再说文学的写作，少数中学生或许能够写来很像个样子，但是决不该期望于每一个中学生。这就是说，中学生不必写文学是原则，能够写文学却是例外。据我所知的实际情形，现在教学生专读经史古文的，并不期望学生写来也像经史古文，他们只望学生能写普通的文言，而一般以为现代文学之外别无教材的，却往往存一种奢望，最好学生落笔就是文学的创作。后者的意见，我想是应当修正的。

在初中阶段，虽然也读文学，但是阅读与写作的训练应该偏重在基本方面，以普通文为对象。到了高中阶段，选取教材以文章体制、文学源流、学术思想为纲，对于白话，又规定"应侧重纯文艺作品"，好像是专向文学了，但是基本训练仍旧不可忽略。理由很简单，高中学生与初中学生一样，他们所要阅读的不纯是文学，他们所要写作的并非文学，并且，唯有对于基本训练锲而不舍，熟而成习，接触文学才会左右逢源，头头是道。

我的话到此为止。自觉说得还不够透彻，很感惭愧。

1940 年 8 月 18 日作，原题《对于国文教学的两个基本观念》。

4. 略谈学习国文

> 尽量运用语言文字并不是生活上一种奢侈的要求，实在是现代公民所必须具有的一种生活的能力……

无论学习什么学科，都该预先认清楚为什么要学习它。认清楚了，一切努力才有目标，有方向，不至于盲目地胡搅一阵。

学生为什么要学习国文呢？这个问题，读者诸君如果没有思考过，请仔细地思考一下。如果已经思考过了，请把思考的结果和后面所说的对照一下，看从中能不能得到些补充或修正。

学习国文就是学习本国的语言文字。语言人人能说，文字在小学阶段已经学习了好几年，为什么到了中学阶段还要学习？这是因为平常说的语言往往是任意的，不免有粗疏的弊病；有这弊病，便算不得能够尽量运用语言；必须去掉粗疏的弊病，进到精粹的境界，才算能够尽量运用语言。文字和语言一样，内容有深浅的不同，形式有精粗的差别。小学阶段学习的只是些浅的和粗的罢了，如果即此为止，还算不得能够尽量运用文字；必须对于深的和精的也能对付，能驾驭，才算能够尽量运用文字。尽量运用语言文字并不是生活上一种奢侈的要求，实在是现代公民所必须具有的一种生活的能力，如果没有这种能力，就是现代公民生活上的缺陷；吃亏的不只是个人，同时也影响到社会。因此，中学阶段必须继续着小学阶段，学习本国的语言文字——学习国文。

语言文字的学习，就理解方面说，是得到一种知识；就运用方面说，是养成一种习惯。这两方面必须联成一贯；就是说，理解是必要的，但是理解之后必须能够运用；知识是必要的，但是这种知识必须成为习惯。语言文字的学习，出发点在"知"，而终极点在"行"；到能够"行"的地步，才算具有这种生活的能力。这是每一个学习国文的人应该记住的。

从国文科，咱们将得到什么知识，养成什么习惯呢？简括地说，只有两项，一项是阅读，又一项是写作。要从国文科得到阅读和写作的知识，养成阅读和写作的习惯，阅读是"吸收"的事情，从阅读，咱们可以领受人家的经验，接触人家的心情；写作是"发表"的事情，从写作，咱们可以显示自己的经验，吐露自己的心情。在人群中间，经验的授受和心情的交通是最切要的，所以阅读和写作两项也最切要。这两项的知识和习惯，他种学科是不负授予和训练的责任的，这是国文科的专责。每一个学习国文的人应该认清楚：得到阅读和写作的知识，从而养成阅读和写作的习惯，就是学习国文的目标。

知识不能凭空得到，习惯不能凭空养成，必须有所凭借。那凭借就是国文教本。国文教本中排列着一篇篇的文章，使学生试去理解它们，理解不了的，由教师给予帮助（教师不教学生先自设法理解，而只是一篇篇讲给学生听，这并非最妥当的帮助）；从这里，学生得到了阅读的知识。更使学生试去揣摩它们，意念要怎样地结构和表达，才正确而精密，揣摩不出的，由教师给予帮助；从这里，学生得到了写作的知识。如果不试去理解，试去揣摩，只是茫然地今天读一篇朱自清的《背影》，明天读一篇《史记》的《信陵君列传》，那是得不到什么阅读和写作的知识的，国文课也就白上了。

这里有一点必须注意。国文教本为了要供学生试去理解，试去揣摩，分量就不能太多，篇幅也不能太长；太多太长了，不适宜于做细琢细磨的研讨功夫。但是要养成一种习惯，必须经过反复的历练。单凭一部国文教本，是够不上说反复的历练的。所以必须在国文教本以外再看其他的书，越多越好。应用研读国文教本得来的知识，去对付其他的书，这才是反复的历练。

现在有许多学生，除了教本以外，不再接触什么书，这是不对的。为养成阅读的习惯，非多读不可；同时为充实自己的生活，也非多读不可。虽然抗战时期，书不容易买到，买得到的价钱也很贵；但是只要你存心要读，究竟还不至于无书可读。学校图书室中不是多少有一些书吗？图书馆固然不是各地都有，可是民众教育馆不是普遍设立了吗？藏书的人（所藏当然有多有少）不是随处都可以遇见吗？各就自己所好，各就各科学习上的需要，各就解决某项问题的需要，从这些处所借书来读，这是应该而且必须做的。

写作的历练在乎多作，应用从阅读得到的写作知识，认真地作。写作，和阅读比较起来，尤其偏于技术方面。凡是技术，没有不需要反复历练的。学校里的定期作文，因为须估计教师批改的时间和精力，不能把次数规定得太多。每星期作文一次算是最多了；就学生历练方面说，还嫌不够。为养成写作的习惯，非多作不可；同时为适应生活的需要，也非多作不可。作日记，作读书笔记，作记叙生活经验的文章，作发抒内部情思的文章，凡遇有需要写作的机会，决不放过，这也是应该而且必须做的。

           1942年1月1日发表，原载于
           《国文杂志》（成都）第1期。

5. 认识国文教学
—— 《国文杂志》① 发刊辞

必须有正确的认识，国文教学才会有成绩。而达到正确的认识的先决条件，就是抛弃旧式教育的古典主义和利禄主义。

如果认真检讨我国的学校教育，谁都会发现种种不满意处；训练不切实，教学不得法，是两大项目，分开来说，细目多到数不清。在各科教学方面，若问哪一科有特殊优良的成绩，似乎一科也指不出来。数学吗？理化吗？史地吗？艺术吗？都不见得有特殊优良的成绩。而国文教学尤其成问题。他科教学的成绩虽然不见得优良，总还有些平常的成绩；国文教学的问题却不在成绩优良还是平常，而在成绩到底有没有。如果多多和学校接触，熟悉学校里国文教学的情形，更多多和学生接触，熟悉学生运用国文的情形，就会有一种感想，国文教学几乎没有成绩可说。这并不是说现在学生的国文程度低落到不成样子的地步了，像一些感叹家所想的那样；而是说现在学生能够看书，能够作文，都是他们自己在暗中摸索，渐渐达到的；他们没有从国文课程得到多少帮助，他们的能看能作当然不能算是国文教学的成绩。另有一部分学生虽然在学校里学习了国文课程，可是看

---

① 《国文杂志》，叶圣陶主编，1942年8月1日创刊于桂林。

书不能了了，作文不能通顺。国文教学的目标原在看书能够了了，作文能够通顺，现在实效和目标不符，当然是国文教学没有成绩。

国文，在学校里是基本科目中的一项，在生活上是必要工具中的一种。可是国文教学几乎没有成绩可说，这是目前教育上一个严重的问题。即使人人能够在暗中摸索，渐渐达到能看能作，也不能说这个问题不严重；因为暗中摸索所费的功力比较多，如果改为"明中探讨"，就可以节省若干功力去做别的事情；尤其因为教育的本旨就在使受教育的人"明中探讨"，如果暗中摸索就可以，也就无需乎什么教育了。何况要人人从暗中摸索达到能看能作，事实上必然办不到。那些看书不能了了，作文不能通顺的，就是摸索不通或是根本没有去摸索的人。他们不能运用生活上的一种必要工具，自然是直接吃亏。他们都是社会的构成分子，就社会说，他们的缺陷也可以使社会间接蒙受不利的影响。教育不能补益个人，同时又牵累到社会，问题岂不严重？

国文教学没有成绩的原因，细说起来当然很多；可是赅括扼要地说，只有一个，就是对国文教学没有正确的认识。学校里的一些科目，都是旧式教育所没有的，唯有国文一科，所做的工作包括阅读和写作两项，正是旧式教育的全部。一般人就以为国文教学只需继承从前的传统好了，无须乎另起炉灶。这种认识极不正确，从此出发，就一切都错。旧式教育是守着古典主义的：读古人的书籍，意在把书中内容装进头脑里去，不问它对于现实生活适合不适合，有用处没有用处；学古人的文章，意在把那一套程式和腔调模仿到家，不问它对于抒发心情相配不相配，有效果没有效果。旧式教育又是守着利禄主义的：读书作文的目标在取得功名，起码要能得"食廪"，飞黄腾达起来做官做府，当然更好；至于发展个人生活上必要的知能，使个人终身受用不尽，同时使社会间接蒙受有利的影响，这一套，旧式教育根本就不管。因此，旧式教育可以养成记诵很广博的"活书橱"，可以养成学舌很巧妙的"人形鹦鹉"，可以养成或大或小的官吏以及靠教读为生的"儒学生员"，可是不能养成善于运用国文这一种工具来应付生活的普通公民。历来善于运用国文这一种工具的人并非没有，而且很多，出类拔萃的还成为专门家，可是他们都是离开了旧式教育的传统，自己在暗中摸索，或是遇到了不守传统的特别高明的教师，受他的指导，而得到成功的。如果没有暗中摸索的志概，又没有遇到特别高明的教师的幸运，那就只好在传统中混一辈子。居然是"活书橱"了，可是对于记诵的那些书籍，内容和形式都不甚了了；居然是"人形鹦鹉"了，可是写下一封通常书信来，须入"文章病院"；已经是民国时代了，可是蓄在心头的意念，甚至写在纸面的文字，还想"得君行道"：这样的人，现在从四十岁以上的人中间满可以找到。比这样的人更不如的当然还有，而且很多。旧式教育在他们生活上，只能算是空白的一页。现在的感叹家早也一声"国文程度低落"，晚也一声"国文程度低落"，好像从前读书人的国文程度普遍的"高升"似的。其实这哪里是真相？通文达理的是极少数人，大多数人一辈子不能从读书达到通文达理。知道了这个真相，就会相信从前读书人的国文程度并没有普遍的"高升"了。为什么不能普遍的"高升"？就为旧式教育守着古典主义和利禄主义。现在的国文教学既然继承着旧式教育的精神，它不能取得成绩，不能使学生的国文程度普遍的"高升"，正是当然的结果。

  必须有正确的认识，国文教学才会有成绩。而达到正确的认识的先决条件，就是抛弃旧式教育的古典主义和利禄主义。古人的书并非不该读，为了解本国的文化起见，古人的书甚且必须读；但是像古典主义那样死记硬塞，非但了解不了什么文化，并且在思想行动上筑了一道障壁，读比不读更坏。一个人的聪明才智并非不该用文字表现，现代甄别人才的方法也用考试，考试的方法大都是使受试者用文字表现；但是像利禄主义那样专做摹仿迎合的功夫，非但说不上终身受用，并且把心术弄坏了，所得是虚而所失是实。知道了这两种主义应该抛弃，从反面想，自会渐渐的接近正确的认识。阅读和写作两项是生活上必要的知能；知要真知，能要真能，那方法决不是死记硬塞，决不是摹仿迎合。就读的方面说，若不参考、分析、比较、演绎、归纳、涵泳、体味，哪里会"真知"读？哪里会"真能"读？就作的方面说，若不在读的功夫之外再加上整饬思想语言和获得表达技能的训练，哪里会"真知"作？哪里会"真能"作？这些方法牵涉到的范围虽然很广，但是大部分属于语文学和文学的范围。说人人都要专究语文学和文学，当然不近情理；可是要养成读写的知能，非经由语文学和文学的途径不可，专究诚然无须，对于大纲节目却不能不领会一些。站定语文学和文学的立场，这是对于国文教学的正确的认识。从这种认识出发，国文教学就将完全改观。不再像以往和现在一样，死读死记，死摹仿程式和腔调；而将在参考、分析、比较、演绎、归纳、涵泳、体味、整饬思想语言，获得表达技能种种事项上多下功夫。不再像以往和现在一样，让学生自己在暗中摸索，结果是多数人摸索不通或是没有去摸索；而将使每一个人都在"明中探讨"，下一分功夫，得一分实益。这样，国文教学该会"有"成绩，有"优良的"成绩了吧。

以上的意思，不但施教的教师应该认清，就是受教的学生也该明白。明白了这个意思，在遇不到可以满意的教师的时候，自己学习就不至于暗中摸索。还有些被摈弃在学校门外的青年，知道国文和生活关系密切，很想努力自学；他们也明白了这个意思，一切努力才不至于徒劳。

我们这个杂志没有什么伟大的愿望，只想在国文学习方面，对青年们（在校的和校外的）贡献一些助力。我们不是感叹家，不相信国文程度低落的说法；可是，我们站定语文学和文学的立场，相信现在的国文教学决不是个办法，从现在的国文教学训练出来的学生，国文程度实在不足以应付生活，更不用说改进生活。我们愿意竭尽我们的知能，提倡国文教学的改革，同时给青年们一些学习方法的实例。所谓学习方法，无非是参考、分析、比较、演绎、归纳、涵泳、体味、整饬思想语言，获得表达技能这些事项。这个杂志就依照这些事项来分门分栏。我们的知能有限，未必就能实现我们的愿望；希望有心于教育和国文教学的同志给我们指导，并且参加我们的工作，使我们的愿望不至于落空。如果这样，不仅是我们的荣幸，实在是青年们的幸福。对青年的读者，我们希望凭着这个杂志的启发，自己能够"隅反"；把这里所说的一些事项随时实践，应用在阅读和写作方面。单看一种杂志，不必再加别的努力，就会把国文学好了，这是一种错误观念。我们相信青年们不至于有这种错误观念。

原载于1942年8月1日《国文杂志》创刊号。

6. 中学国文教师

可是国文教学并不是一件深奥难知的事情，只要不存成见，不忘实际，从学生为什么要学习国文这一层仔细想想，就是不看什么课程标准，也自然会想出种种的实施方法来的。

国文课程标准对于实施方法规定得很详细。所谓实施方法，就是教师教学生学习国文的方法。现在的国文教师，能够依照实施方法教学的固然很多，可是不很顾到实施方法的也不是没有。这里谈几种教师，请读者就自己的经验想想，是不是遇到过这样的教师。

有些国文教师以为教学国文就是把文章一句一句讲明，而讲明就是把纸面的文句翻译成口头的语言。从这种认识出发，就觉得文言是最可讲的教材。文言的字汇与语言不全相同，文言的语调与语言很有差异，这些都得讲明，学生才会明白。于是根据从前所受的教养，又翻检了《辞源》与《康熙字典》一类的工具书，到教室里去当个翻译。把一篇文章翻译完毕，任务也就完毕了。至于语体文，在他们看来，与口头的语言差不多，即使他们并非国语区域里的人，也觉得语体文很少有需要翻检《辞源》与《康熙字典》的地方，那还有什么可讲呢？于是遇到教本里来一篇语体文的时候，就说："这一篇是语体文，没有什么讲头，你们自己看看好了。把这一篇翻过去，讲下一篇文言。"为称说便利起见，咱们称这种教师为第一种教师。

有些国文教师喜欢发挥，可是发挥不一定集中在所讲的那篇文章。如讲《孟子·许行章》，或者说孟子把社会中人分作劳心劳力两类，"劳心者治人，劳力者治于人"，这是天经地义、千古不易的原则。谁敢反对这个原则，就是非圣无法，大逆不道。以下蔓延开来，慨叹现在人心不古，乱说什么劳工神圣，还可以有一大套。或者说孟子作这样主张，使我国社会走入不平等的途径，以后的君主专制，平民吃苦，都受的他这番话的影响。所以孟子实在是我国社会的大罪人。以下蔓延开来，说孟子是儒家，儒家既是社会的大罪人，儒家的学术思想还要得吗？这样也可以有一大套。又如某篇文章提到北平，就说北平地方，从前曾经到过。刮起大风来，真是飞沙走石，难受难当。可是北平的房子太舒服了，裱糊得没有一丝儿缝，寒天生起炉子，住在里面，如江南三四月间那样暖和。北平的果子多，苹果、梨、杏子、桃子，你可以吃一个够。北平的花多，海棠、丁香、芍药、牡丹，你可以看一个饱。诸如此类，滔滔不绝。又如选文的作者是梁启超，就说梁启超的演说，从前曾经听过。他的头顶秃了，亮亮地发光，上唇有一撮灰白的短须，他的说话带着广东音，不容易听清楚，只看他那气昂昂的神态，知道他是抱着一腔热诚来演说的。他的儿子梁思成，现在是我国建筑学专家。他的女儿梁令娴，是个很有文才的女子。诸如此类，也滔滔不绝。学生听这样的发挥，常常觉得很有滋味，正在张开嘴静听，忽然下课铃响起来了，不免嫌摇铃的校工有点杀风景。——这是第二种教师。

有些国文教师忧世的心情很切，把学生的一切道德训练都担在自己肩膀上。而道德训练的方法，他们认为只须熟读若干篇文章，学生把若干篇文章熟读了，也就具有一切道德了。从这种认识出发，他们的讲解自然偏重在文章的内容方面。如讲一篇传记，所记的人物是廉洁的，就发挥廉洁对于立身处世怎样重要。讲一首诗歌，是表现安贫乐道的情绪的，就发挥贪慕富贵怎样卑鄙不足道。他们的热诚是很可敬佩的，见学生不肯用心读文章，就皱着眉头说："你们这样不求长进，将来怎么能做个堂堂的人?"见学生偶尔回答得出一句中肯的话，就欣然含笑说："你说得很有道理，很有道理。"仿佛那学生当前就是道德的完人了。——这是第三种教师。

有些国文教师喜欢称赞选文，未讲以前，先来一阵称赞，讲过以后，又是一阵称赞，而所用的称赞语无非一些形容词或形容语，如"好"，"美"，"流利"，"明彻"，"典丽矞皇"，"雅洁高古"，"运思入妙"，"出人意表"，"情文相生"，"气完神足"之类。为什么"好"？因为它是"好"。你读了之后，不觉得它"好"吗？为什么"美"？因为它是"美"。你读了之后，不觉得它"美"吗？这是他们的逻辑。学生听了这种称赞，有时也约略可以体会出这些形容词或形容语与选文之间的关系，有时却只落得个莫名其妙。虽然莫名其妙，而笔记簿上总有可记的材料了，听说是"好"就记下"好"字，听说是"美"就记下"美"字。——这是第四种教师。

有些国文教师喜欢出议论题教学生作，如关于抗战的《抗战必胜说》，《就敌我之各种情势论我国抗战之前途》，《武汉撤退以后》，《南宁之失陷无关抗战全局说》，关于历史的《论汉高项羽之成败》，《汉唐为我国历史上最光荣之时代说》，关于一般修养的《宁静致远说》，《勤以补拙说》，《君子不忧不惧说》，《礼义廉耻国之四维论》。以上所举三类题目，其实都不容易作。要论抗战前途，必须对于敌我双方有多方面的透彻的认识，这种认识，就是高中学生也还差得远，遇到这类题目，除了从报纸杂志上摘取一点意见来，别无办法。第二类题目，在大学历史系里就是两篇很要费点功夫的论文，史学家也可以著成两本专书，到中学生手里，只能根据历史教本里的一两句话，随意地扩而充之了。第三类题目，原是从生活经验社会经验得来的结论，生活经验社会经验还没有到丰富而且深切的地步，也只能根据教师的讲说与书本的议论，重说一遍罢了。归结起来，以上这些议论题并不要学生说自己想到的见到的话，只是教学生把听来的看来的话复述一遍。出题者的意思大概正是如此，他们从复述得对不对，有没有条理上，来看学生运思作文有没有功夫。为什么要出这种题目？有的没有表示，有的却说："高中招考要出这种题目，初中就不能不练习这种题目。"或者说："大学招考要出这种题目，高中就不能不练习这种题目。"这分明说学生辛辛苦苦练习作文，最大的目标在应付将来的入学考试，正同从前十年窗下，最大的目标在应考时候做得成几篇适合考官胃口的文章一模一样。——这是第五种教师。

有些国文教师看学生所写的文章，只觉得它不通，勾掉愈多，愈感觉满意。这种观念发展到极点，于是整段勾掉的也有，全篇不要的也有。勾掉之后，按照自己的意思在行间写上一些文字，就把练习本发还学生。为什么原文要不得？为什么一定要照改本那样说才对？都没有说明，待学生自己去揣摩。学生接到这样的改本，见自己的文字差不多都包在向下一勾向上一勾之中，大概是不大肯去揣摩的，望了一望，就塞进抽斗里去了。然而下一回的习作交上来，教师还是那一套，向下一勾，向上一勾，按照自己的意思在行间写上一些文字。——这是第六种教师。

有些国文教师看学生所写的文章，不问那个地方该用句号或该用读号，都打一个圈，表示眼光并没有在任何地方跳过。圈下去圈下去圈到完毕，事情也完毕了。或者还加一个批语在后头，如"清顺"，"畅达"，"意不完足"，"语有疵病"之类。学生接到发还的这种练习本，大概也只是望了一望，就塞进抽斗里去，因为与交上去的时候并无两样，不过在语句旁边多了一些圈，或者在篇末多了一个批语而已。——这是第七种教师。

够了，咱们不能说这里已经想得周全，再想一想，也许还有第八第九种教师，但是不须多举了。咱们把教师说成七种，是为了分别的便利；事实上一个教师兼属某几种，却是常见的。现在要老实说，以上所举的七种教师，都是不很顾到实施方法的。

第一种教师只知道把纸面的文句翻译成口头的语言，这在讲解文言的时候，固然是一种必要的工作，然而也不是唯一的工作。因为按照初中课程标准"实施方法概要"项下的第二目"教法要点"，课前是要使学生预习的，翻检工具书，试解生字难句，都是学生预习时候的工作。教师只须纠正他们的错误，补充他们的缺漏，不该嫌麻烦，由自己一手包办。讲说的时候，"对于选文应抽绎其作法要项指示学生，使其领悟文章之内容、体裁、作法及其背景，并注意引起其自学之动机。"讲说过后，又"应指导学生分析、综合、比较之研究，务使透彻了解，或提出问题，令学生课外自行研究。"对于这两项工作，第一种教师也没有做。所以单就文言教材说，他们的教法也只做了若干工作中的一项。至于语体文，说它没有什么讲头，简直一点工作都不做了。咱们看课程标准里所定的方法，课前要使学生预习，课内要"引起其自学之动机"，指导学生作种种的研究，课后又要"令学生自行研究"（高中课程标准里所举的方法，意义大致相同），可见上课是教师与学生的共同工作，而共同工作的方式该如寻常集会那样的讨论，教师仿佛集会的主席。第一种教师把共同工作误认作单独工作，又把单独工作的范围限得很窄，于是学生只有静听翻译文言的份儿了。（第二、三、四三种教师同样把共同工作认作单独工作，现在在这里提一句，以下不再说了。）第二种教师把讲说推广到相当限度以外去，虽然能够引起学生的兴趣，但是蔓延得愈广，对于选文本身忽略得愈多。并且，从选文中摘出几个词几句句子来大加发挥，是不能使学生了解整篇的各方面的。第三种教师显然把国文科认作公民科了。即使是公民科，教学的收效也不在学生熟读公民教本，而在学生能够按照公民教本所讲的来实践。说国文科绝对不含道德训练的意义，固然不通，但是说国文科的意义就在道德训练，那也忘记了国文立科的本旨了。第四种教师对选文一律称赞，也有理由。如果不值得称赞，为什么要选它读它呢？然而专用形容词形容语来称赞一件东西，表白自己的印象的作用多，指导人家去体会的作用少。要人家真实体会，也从心里头说出一个"好"字一个"美"字来，必须精细剖析，指明"好"在哪里，"美"在何处才行。不然，人家听你说"好"也说"好"，听你说"美"也说"美"，那是鹦鹉了，还说得上体会吗？第五种教师教学生把听来的看来的话复述一遍，诚然也是一种练习的方法，可不是切要的方法。学生为什么要练习作文呢？一方面为要练习语言文字的运用，另一方面也为生活上有记载知闻与表白情意的必要，时时练习，时时把知闻记载下来，情意表白出来，这才成了习惯，才可以终身受用。根据这一层，作文题最好适合学生的经验与思想，让他们拿出自己的东西来，不宜使他们高攀，作一些非中学生能够下手的题目。不能下手而硬要下手，自然只得复述听来的看来的话了。复述惯了，拿出自己的东西来的途径便渐渐阻塞，这已经得不偿失；如果复述又不清不楚，或者前后脱节，或者违反原意，简直把头脑搅糊涂了，这更是重大的损害。对于这一点，第五种教师似乎没有顾虑到。至于认为练习作文在应付将来的入学考试，可以说完全没有明了练习作文的本旨。现在高中与大学的入学考试，国文题目往往有不很适合投考学生的经验与思想的，是事实。然而这是高中与大学方面的不对，他们应当改善。为了他们的不对，却花费了初中高中练习作文的全部功夫去迁就他们，这成什么话呢？第六第七两种教师对于学生的习作的看法是相反的，然而他们有个共通之点，就是没有评判的标准。学生作文，无论好坏，总有他们的思路。认清他们的思路，看这样说法合不合理，是一个标准。看这样说法能不能使人明白，又是一个标准。不合理是逻辑的问题，能不能使人明白是文法的问题，所以评判的标准，简单说来，就是逻辑与文法。不合逻辑不合文法的地方才给修改，其余都得留着，因为作文是学生拿出自己的东西来，只要合于逻辑与文法，你没有理由不许他们这样说，定要他们那样说。整段整篇地勾掉，再按照自己的意思在行间写上一些文字，这办法是不很妥当的。从另一方面说，一般人作文也常常会不合逻辑不合文法，报纸杂志的文章，作者的国文程度该比中学生高一点，细心的读者还常常可以发见这两方面的毛病，难道中学生的习作会完全没有毛病？可见打圈打到底的办法也不很妥当。至于发还改本，不给说明，待学生自己去揣摩，这会做到教师学生各用各的心思，可是始终不接头。学生猜不透教师的心思，那么，把作文本缴上去，不也多此一举吗？

这几种教师不很顾到实施方法，也不能说他们对于学生全无帮助，只能说帮助不会很多就是了。他们所以如此，大概由于对国文教学的认识差一点。可是国文教学并不是一件深奥难知的事情，只要不存成见，不忘实际，从学生为什么要学习国文这一层仔细想想，就是不看什么课程标准，也自然会想出种种的实施方法来的。读者如果遇到这样的国文教师，正不必失望，很可以从积极方面希望：他们的认识该会有转变的一天吧。现在对于国文教学的讨论渐渐多起来了。谁不愿意择善而从？他们的转变在事实上是可能的。

1941 年 2 月 5 日发表，节选自
《国文随谈》，标题有改动。

7. 语言与文字

一篇像样的文字须是比一般口头语言更完美。

文字根据语言，并不是直录语言。语言或不免拖沓，脱节，似是而非，这些毛病在文字中必须除掉。只有写对话，为了妙肖其人的口吻，才是例外。我们说某人善于说话，并不是说他能够花言巧语，只是说他能把一些意思说出来，通体完美，没有拖沓、脱节、似是而非等毛病。假如是这样一个善于说话的人，他写文字尽可以直录语言，怎么说就怎么写。可惜这样的人不多。多数人说话总是噜噜苏苏，支离破碎，临到没有办法就随便找一个词拉一个句式来应急。你只要在会场中听五分钟的演说，就会相信这个话并非过甚其词。一般人主张作文之前须有一番周密的考虑，作成了文字又须经一番精审的修改，一半固然在求意思的圆满妥贴，一半就在求语言的完美。这里说"一半"也只是勉强分开，实际上两个一半是一回事。意思若不圆满妥贴，语言就无论如何不会完美；语言若不完美，意思虽圆满妥贴也无从充分表达。

求语言的完美，学习论理学，文法，修辞学，是一个办法。论理学告诉我们思想遵循的途径，使我们知道如何是合理，如何便不合理。文法告诉我们语言的习惯，使我们知道如何是合式，如何便不合式。修辞学告诉我们运用语言的方式，使我们知道如何是有效，如何便没有效。多数人说话往往欠完美，指摘起来虽有多端，但是总不出不合理，不合式，没有效这三项。他们决非明知故犯，只因没有意识到合理不合理等等问题，就常在口头挂着破破烂烂的语言。其中有些人又误认为文字就是直录语言，就常在纸面上涂上破破烂烂的文字。现在从根本着手，对合理不合理等等问题考查个究竟。待到心知其故，自会检出哪些语言是不合理，不合式，没有效的，剔除它们，不容它们损坏语言的完美。

不学习论理学，文法，修辞学，也未尝不可，但是要随时留意自己的和他人的语言，不仅说了听了就完事，还要比较，要归纳，这样说不错，那样说更好，这样说为了什么作用，那样说含有什么情趣。这样做，可以使语言渐渐接近完美的境界。还可以随时留意自己的和他人的文字。文字，依理说，该是比语言完美。但是也要比较，也要归纳，看它是否完美。如果完美，完美到什么程度。这样随时留意，实在就是学习论理学，文法，修辞学，不过不从教师，不用书本，而以自己为教师，以自己的比较和归纳为书本罢了。所得往往会与教师教的书本上写的暗合。教师的和书本上的经验原来也是这样得来的。

现在学校教国文，按照课程标准的规定说，要带教一点文法和修辞学，实际上带教的还很少见。如有相当机会，还要酌加一点论理学大意。例子以日常生活中的语言，读本上的文句，作文练习簿上的文句为范围。这样办，目的之一是使学生心知其故，语言要怎样才算完美。从前文家教人笔法章法，练字练句，也大致着眼在语言的完美上。他们对自己的和他人的口头语言虽不措意，可是所讲文字之理实在就是语言之理。从前有些人看不起这种讨究，以为这是支离破碎的功夫；他们有个不二法门，就是熟读名文，读着读着，自己顿悟。他们的想头未免素朴了些，然而他们的取径并没有错。熟读名文，就是在不知不觉之中追求语言的完美。诵读的功夫，无论对语体对文言都很重要。仅仅讨究，只是知识方面的事情，诵读却可以养成习惯，使语言不期然而然近于完美。

知识方面既懂得怎样才算完美，习惯上又能实践，这就达到了知行合一，得心应手的境界。于是开口说话，便是个善于说话的人；提笔作文，便是个行于所当行，止于所不可不止的能手。善于说话的人与作文的能手若称为天才的，那天才成因一定有十之八九是自己的努力。一个人在还不敢自信是善于说话的人的时候，不要谈直录语言，怎么说就怎么写，而要在动笔之前与成篇之后，下一番功夫求语言的完美。一篇像样的文字须是比一般口头语言更完美。

原载 1943 年 3 月 10 日《国文杂志》
第 1 卷第 4、5 期。

8.《国文教学》序

但是没有受过相当的咬文嚼字的训练或者没有下过相当的咬文嚼字的功夫，是不能了解大意的，至少了解不够正确。

我们将近些年来写的关于国文教学的论文和随笔编成这本书，就题为《国文教学》。这里面以论中学的国文教学为主，大学的也有几篇论及。我们都做了多年的国文教师，也编过一些国文科的读物给青年们看，本书的文章就是根据这些经验写成的。这些文章偏重教学的技术方面，精神方面谈到的很少。因为精神方面部订的课程标准里已经定得够详细的。再说"五四"以来国文科的教学，特别在中学里，专重精神或思想一面，忽略了技术的训练，使一般学生了解文字和运用文字的能力没有得到适量的发展，未免失掉了平衡。而一般社会对青年学生要求的却正是这两种能力，他们要求学生第一要写得通，其次要读得懂。我们根据实际情形立论，偏重技术一面也是自然而然。

一般社会把写看得比读重，青年们自己也如此。但是在课程里，在实际教学上，却是读比写重。课程里讲读的时数多于作文的时数，是因为讲读负担着三重的任务。讲读一方面训练了解的能力，一方面传播固有的和现代的文化，另一方面提供写作的范本。学生似乎特别注重写作的范本。从前的教本原偏重示范作用，没有发生读和写的比重问题。"五四"后的教本兼顾三重任务,学生感到范文的缺少,好像讲读费了很多时间,并没有什么实用,因而就不看重它。不过这个问题很复杂,范文其实还只是一个因子,另一个因子是文言。"五四"以后,一般学生愿意写白话,写白话而读文言,这是一个矛盾。再一个因子是教学。教学应该读和写并重,可是讲读的时数既多,而向来教师又没有给予作文课足够的注意,便见得读重了。其实重读也只是个幻象,一般的讲读只是逐句讲解,甚至于说些不相干的话敷衍过去,学生毫无参加和练习的机会,怎能够引起他们的趣味,领导他们努力呢?

青年们不愿意读文言,尤其不愿意读古书,是因为不容易懂,并且跟现代生活好像无甚关系似的。若能在现行的标点分段之外,加上白话注释,并附适当的题解或导言,愿意读的人也许多些。到那时青年们也许就可以看出,中国人虽然需要现代化,但是中国人的现代化,得先知道自己才成;而要知道自己还得借径于文言或古书。我们尽可以着手用白话重述古典,等到这种重述的古典成为新的古典,尽可以将文言当作死文字留给专门学者去学习,不必再放在一般课程里。但是现在还不行,还得学习文言。可是现行课程标准规定初中一年起就将文言和白话混合教学,文言的比例逐年增加,直到大学一年整个讲读文言为止,这样办效果却不好。学生不但文言没有学好,白话也连带着学得不够好。教本里选的文言花样太杂,使他们不容易摸着门路,而混合教学又使他们彷徨,弄不清文言和白话的分别。我们赞成本书附录里浦江清先生的主张,将白话和文言分别教学。我们还主张文言的教学从高中开始,初中只学白话;大学一年还该在作文课里让学生读些白话范本。作文该全写白话;文言教学的写的方面只到造句就成。

学生不看重讲读,还有一个缘故。他们觉得讲读总不免咬文嚼字费功夫,而实际的阅读只消了解大意就够;他们课外阅读,只求了解大意,快当得多。他们觉得只有这种广泛的阅读才能促进写作能力的发展;讲读在一年里只寥寥三四十篇,好像简直没有益处似的。但是没有受过相当的咬文嚼字的训练或者没有下过相当的咬文嚼字的功夫，是不能了解大意的，至少了解不够正确。学生课外阅读，能了解大意，还是靠讲读教育——虽然这种讲读教育没有很大的效率——或者靠自修。阅读有时候不止于要了解大意，还要领会那话中的话，字里行间的话——也就是言外之意，不能读得太快，得仔细吟味；这就更需要咬文嚼字的功夫。再说课外阅读可以帮助增进写作的能力，固然是事实，但是一目数行地囫囵吞枣地读下去，至多只能增进一些知识和经验，并不能领会写作的技术。要在写作上得益处，非慢慢咬嚼不可。一般人的阅读大概都是只观大意，并且往往随读随忘；虽然读得很快，却是毫无用处。随读随忘，不但不能帮助写作，恐怕连增进知识和经验的效果也不会有。所以课外阅读决不能无条件的重视，而讲读还是基本。不过讲读不该逐句讲解，更不该信口开河，得切实计划，细心启发，让学生们多思考，多讨论，多练习，才能有合乎课程标准的效率。

这就要谈到师生的合作和学校的纪律了。讨论教学技术，无论如何精当，若是教师不负责任，不肯干，也是枉然。现在一般国文教师的情形，本书中有专篇讨论。我们觉得负责的教师真是太少了。教师得先肯负责，才能谈到循循善诱，师生合作。教师不负责，有的因为对教学本无兴趣，当教师只是暂局。这种人只有严加淘汰一法。有的因为任课太多，照顾不及。这种人也许减少钟点调整待遇可望改善。有的却因为一般纪律不好，难以独严。学校纪律不好，有时固然由于一般政治和社会的影响，不是某一学校的责任，但是多半还是由于学校当局不尽职或者才力不足。只要当局能够和教师通力合作，始终一贯，纪律总会严明的。话说回来，即使学校纪律不好，一个教师也还有他可负的责任。事在人为，只要诚恳公正，他在相当的限度之内也还可以严格教学的。本书里许多文章虽然根据经验写成，却也假定了一些条件，如学校纪律相当好，教师肯负责地干等；从这方面看也就不免还是些理想。不过理想是事实之母，只要不是空想，总该能够一点一滴实现的。我们在期待着。

我们将自己的文章分编为上下两辑。另有浦江清先生《论中学国文》一篇,我们觉得其中精到的意见很多。感谢他的同意,让我们附录在这本书里。

原载叶圣陶与朱自清合著的《国文教学》,开明书店 1945 年 4 月出版。

9. 中学国文学习法（节选）

学习国文必须多多阅读，多多写作，并且随时要求阅读得精审，写作得适当。

认定目标

学习国文该认定两个目标：培养阅读能力，培养写作能力。培养能力的事必须继续不断地去做，又必须随时改善学习方法，提高学习效率，才会成功。所以学习国文必须多多阅读，多多写作，并且随时要求阅读得精审，写作得适当。

在课内，阅读的是国文教本。那用意是让学生在阅读教本的当儿，培养阅读能力。凭了这一份能力，应该再阅读其他的书，以及报纸杂志等等。这才可以使阅读能力越来越强。并且，要阅读什么就能阅读什么，才是真正的受用。

在课内，写作的是老师命题作文。那用意是让学生在按题作文的当儿，培养写作能力。凭了这一份能力，应该随时动笔，写日记，写信，写笔记，写自己的种种想要写的。这才可以使写作能力越来越强。并且，要写作什么就能写作什么，才是真正的受用。

就一个高中毕业生说，阅读能力和写作能力应该达到如下的程度：

阅读方面——（一）能读日报和各种并非专门性质的杂志；（二）能看适于中学程度的各科参考书；（三）能读国人创作的以及翻译过来的各体文艺作品的一部分；（四）能读如教本里所选的欧阳修、苏轼、归有光等人所作散文那样的文言；（五）能适应需要，自己查看《论语》《孟子》《史记》《通鉴》一类的书；（六）能查看《国语辞典》《辞源》《辞海》一类的工具书。这里所说的"能"表示了解得到家，体会得透彻，至少要不发生错误。眼睛在纸面上跑一回马，心里不起什么作用，那是算不得"能"的。

写作方面——（一）能作十分钟的演说；（二）能写合情合理合式的书信；（三）能把自己的所见所闻所思所感记下来；（四）能写类似现社会中通用的文言信那样的文言。这里所说的"能"指表达得正确明白而言，至少也得没有语法上论理上的错误。就演说和书信说，还得没有礼貌上的错误。为什么把演说也列在写作方面？因为演说和写作是同一源头的两条水流，演说是用口的写作，写作是用笔的演说。

以上虽只是个人的意见，我自以为很切实际，一个高中毕业生能够如此，国文程度也就可以了，自己也很够受用了。至于阅读不急需的古书如《尚书》《左传》《老子》《庄子》，写作不切用的体裁如骈文古文旧体诗，各人有各人的自由，旁人自然不便说他不对。可是就时代观点和教育立场说，这些都是不必教中学生操心思花功夫的。还有文艺创作，能够着手固然好，不能够也无须强求，因为这件事不是人人都近情的。

阅读举要

如果经常作前面说的那些准备，阅读就不是什么难事情。阅读时候的心情也得自己调整，务需起劲，愉快。认为阅读好像还债务，那一定读不好。要保持着这么一种心情，好像腹中有些饥饿的人面对着甘美膳食的时候似的，才会有好成绩。

阅读总得"读"。出声念诵固然是读，不出声默诵也是读，乃至口腔喉舌绝不运动，只用眼睛在纸面上巡行，如古人所谓"目治"，也是读。无论怎样读，起初该用论理的读法，把文句中一个个词切断，读出它们彼此之间的关系来。又按各句各节的意义，读出它们彼此之间的关系来。这样读了，就好比听作者当面说一番话，大体总能听明白。最忌的是不能分解，不问关系，糊里糊涂读下去——这样读三五遍，也许还是一片朦胧。

读过一节停一停，回转去想一下这一节说的什么，这是个好办法。读过两节三节，又把两节三节连起来回想一下。这个办法可以使自己经常清楚，并且容易记住。

回想的时候，最好自己多多设问。文中讲的若是道理，问问是怎样的道理？用什么方法论证这个道理？文中讲的若是人物，问问是怎样的人物？用怎样的笔墨表现这个人物？有些国文读本在课文后面提出这一类的问题，就是帮助读者回想的。一般的书籍报刊当然没有这一类的问题，唯有读者自己来提出。

读一遍未必够，而且大多是不够的，于是读第二遍第三遍。读过几遍之后，若还有若干地方不明白不了解，就得做翻查参考的功夫。这在前面已经说过了，关于翻查字典辞典，以及阅读参考书，这儿不再重复。

总之，阅读以了解所读的文篇书籍为起码标准。所谓了解，就是明白作者的意思情感，不误会，不缺漏，作者表达些什么，就完全领会他那什么。必须做到这一步，才可以进一步加以批评，说他说得对不对，合情理不合情理，值不值得同情或接受。

在阅读的时候，标记全篇或者全书的主要部分，有力部分，表现最好的部分，这可以帮助了解，值得采用。标记或画铅笔线，或做别种符号，都一样。随后依据这些符号，可以总结全部的要旨，可以认清全部的警句，可以辨明值得反复玩味的部分。

说理的文章大概只需论理地读，叙事叙情的文章最好还要"美读"。所谓美读，就是把作者的情感在读的时候传达出来。这无非如孟子所说的

"以意逆志",设身处地,激昂处还他个激昂,委婉处还他个委婉,诸如此类。美读的方法,所读的若是白话文,就如戏剧演员读台词那个样子。所读的若是文言,就用各地读文言的传统读法,务期尽情发挥作者当时的情感。美读得其法,不但了解作者说些什么,而且与作者的心灵相感通了,无论兴味方面或受用方面都有莫大的收获。

读要不要读熟?这看自己的兴趣和读物的种类而定。心爱某篇文字,自然乐于读熟。对于某书中的某几段文字感觉兴趣,也不妨读熟。读熟了,不待翻书也可以随时温习,得到新的领会,这是很大的乐趣。

学习文言,必须熟读若干篇。勉强记住不算熟,要能自然成诵才行。因为文言是另一种语言,不是现代口头运用的语言,文言的法则固然可以从分析比较而理解,可是要养成熟极如流的看文言的习惯,非先熟读若干篇文言不可。

阅读当然越快越好,可以经济时间,但是得以了解为先决条件。糊里糊涂读得快,不如通体了解而读得慢。练习的步骤该是先求其无不了解,然后求其尽量地快。出声读须运动口腔喉舌,总比默读仅用"目治"来得慢些。为阅读多数书籍报刊的便利起见,该多多练习"目治"。

阅读之后该是作笔记了,如果需要记什么的话。关于作笔记,在后面谈写作的时候说。

最要紧的,阅读不是没事做闲消遣,无非要从他人的经验中取其正确无误的,于我有用的,借以扩充我的知识,加多我的经验,增强我的能力。就是读文艺作品如小说诗歌等,也不是没事做消遣。好的文艺作品中总含有一种人生见解和社会观察,这对于我的立身处世都有极大的关系。

写作举要

练习写作,最好从记叙文入手。记叙文的材料是现成的,作者只须加上安排取舍的功夫,容易着手。

议论文也不是不必练习，但是所说的道理或意见必须明白透彻，最忌把不甚了了的道理或意思乱说一阵。因此，练习议论文该从切近自身的话题入手，如学习心得和见闻随感之类。

应用文如书信，如读书报告，往往兼包记叙和议论。写作这类东西，一方面固然应用，一方面也是练习。所以也得认真地写，多一回认真的练习，就多一分长进。

以下略说写作各类东西的大要：

（一）记物的文字须把那东西的要点记明。譬如记一幅图画，画的什么就是要点，必须记明。也许画面上东西很多，而以某一件东西为主，这某一件东西必须说明。

（二）叙事的文字须把那事件的始末和经过叙明。譬如叙一个文艺晚会，晚会的用意和开会的过程必须叙明。也许会中节目很多，几个重要的节目必须详叙，其余节目只说几句简单的话带过。

（三）书信须把自己要向对方说的话说清楚。不清楚，失了写信的作用，重复啰唆，容易混淆对方的心思，都不能算写得适当。书信又须注意程式。程式不是客套，程式之中实在包含着情分和礼貌。不注意程式，在情分上礼貌上若有欠缺，就将使对方不快，这也违反写信的初意。

（四）日记最好能够天天写，对修养有好处，对写作也有好处。刻板式的日记比较没有意义。一天里头总有些比较新鲜的知识见闻和想头，就把那些记下来。

（五）读书笔记不只是把老师写在黑板上的注解表格等等抄上去，也不只是把一些书本上的美妙紧要的文句抄上去。除了这些，还有应该记的，如：翻了几种书，就可以把参照比较的结果记录下来。读了一篇文章一部书，自己有些想头，或属怀疑，或属阐发，或属欣赏，都可以记录下来。

（六）给壁报揭载的或投寄报纸杂志的文章与其他文章一样，也应该以写自己熟知的了解的东西为主。可是有点不同，这类文章是特地写给他人看的，写的时候，心目中就须顾到读者。既然顾到读者，人人知道的事物和道理就不必写。至于自己还没有弄清楚的大问题大道理，那非但不必写，简直不容写，写出来就是欺人，欺人是最要不得的。

写 字

末了儿还得说一说写字。一般人只须讲求实用的写字，不必以练成书家为目标。实用的写字，除了首先求其正确之外，还须求其清楚匀整，放在眼前觉得舒服，至少也须不觉得难看。

临碑帖，一般人没有这么多闲功夫。只须逢写字不马虎，就是练习。写字是手的技能，随时留意，自然会做到心手相应的地步。

目前写字的工具不只毛笔，钢笔铅笔也常用，也许用得更多。无论用什么笔写，全都得不马虎，才可以养成好习惯。

就字体而论，一般人只须注意真书行书两种。行书写起来比真书快。所以应用更广。行书是真书的简化，基本还是真书。真书写得像样，行书就不会太差。

真书求其清楚匀整，大略有如下几点可以说的：

（一）笔笔交代清楚，横是横，撇是撇，一点不含糊。

（二）横平竖直，不要歪斜，这就端正了。

（三）就一个字而言，各笔的距离务须匀称，不太宽也不太挤。这须相度各个字的形状。偏旁占一半还是三分之一，头和底各占几分之几，中心又是哪一笔，相度清楚，然后照此落笔。距离匀称，不宽不挤，看在眼里就舒服。

（四）就一行的字而言，须求其上下连贯，无形中好像有一条直线穿着似的。还须认定各个字的中线，把中线放在一直线上。中线或是一竖，如"中"字"草"字，或是虚处，如"非"字"井"字，很容易辨明。

（五）就若干行的字而言，须求两行之间有一条空隙。次行的字的笔画触着前行的字的笔画固然不好看，就是几乎要触着也不好看。

（六）写一长篇的字须要前后如一。如果开头端端整整，到后来潦潦草草，这就通篇不一致，说不上匀整了。

如果有功夫练习实用的写字，可以按字的形体分类练习，如挑选若干木旁字来写，又挑选若干雨头字来写。木旁雨头的字是比较容易的。比较烦难的尤宜如此，如心底的字，从辶的字。手写之外，宜乎多看，看人家怎样把这些字写得合适。看与写并行，心与手并用，自然会逐渐有进步。

> 1948年5月，《中学生》月刊为纪念总200期出版，编辑增刊《中学生手册》，手册中"中学生各科学习法"栏之"国文"篇，由叶圣陶撰写并署名。

辑三

阅读：文字是一道桥梁

1.《精读指导举隅》前言

课内精读文章是用细琢细磨的功夫来研讨的；而阅读的练习，不但求其理解明确，还须求其下手敏捷……

在指导以前，得先令学生预习。预习原很通行，但是要收到实效，方法必须切实，考查必须认真。现在请把学生应做的预习工作分项说明于下。

一　通读全文

理想的办法，国文教本要有两种本子：一种是不分段落，不加标点的，供学生预习用；一种是分段落，加标点的，待预习过后才拿出来对勘。这当然办不到。可是，不用现成教本而用油印教材的，那就可以在印发的教材上不给分段落，也不给加标点，令学生在预习时候自己用铅笔划分段落，加上标点。到上课时候，由教师或几个学生通读，全班学生静听，各自拿自己预习的成绩来对勘；如果自己有错误，就用墨笔订正。这样，一份油印本就有了两种本子的功用了。现在的书籍报刊都分段落，加标点，从著者方面说，在表达的明确上很有帮助；从读者方面说，阅读起来可以便捷不少。可是，练习精读，这样的本子反而把学者的注意力减轻了。既已分了段落，加了标点，就随便看下去，不再问为什么要这样分，这样点，这是人之常情。在这种常情里，恰恰错过了很重要的练习机会。若要不放过这个机会，唯有令学生用一种只有文字的本子去预习，在怎样分段、怎样标点上用一番心思。预习的成绩当然不免有错误，然而不足为病。除了错误以外，凡是不错误的地方都是细心咀嚼过来的，这将是终身的受用。

假如用的是现成教本，或者虽用油印教材，而觉得只印文字颇有不便之处，那就只得退一步设法，令学生在预习的时候，对于分段标点作一番考核的功夫。为什么在这里而不在那里分段呢？为什么这里该用逗号而那里该用句号呢？为什么这一句该用惊叹号而不该用疑问号呢？这些问题，必须自求解答，说得出个所以然来。还有，现成教本是编辑员的产品，油印教材大都经教师加过工，"智者千虑，必有一失"，岂能完全没有错误？所以不妨再令学生注意，不必绝对信赖印出来的教本与教材，最要紧的是用自己的眼光通读下去，看看是不是应该这样分段，这样标点。

要考查这一项预习的成绩怎样，得在上课时候指名通读。全班学生也可以借此对勘，订正自己的错误。读法通常分为两种：一种是吟诵，一种是宣读。无论文言白话，都可以用这两种读法来读。文言的吟诵，各地有各地的调子，彼此并不一致；但是都为了传出文字的情趣，畅发读者的感兴。白话一样可以吟诵，大致与话剧演员念台词差不多，按照国语的语音，在抑扬顿挫表情传神方面多多用功夫，使听者移情动容。现在有些小学校里吟诵白话与吟诵文言差不多，那是把"读"字呆看了。吟诵白话必须按照国语的语音，国语的语音运用得到家，才是白话的最好的吟诵。至于宣读，只是依照对于文字的理解，平正地读下去，用连贯与间歇表示出句子的组织与前句和后句的分界来。这两种读法，宣读是基本的一种；必须理解在先，然后谈得到传出情趣与畅发感兴。并且，要考查学生对于文字理解与否，听他的宣读是最方便的方法。比如《泷冈阡表》的第一句，假如宣读作"呜呼！唯我皇——考崇公卜——吉于泷冈——之六十年，其子修始——克表于其阡,非——敢缓也,盖有待也"。这就显然可以察出,读者对于"皇考","崇公","卜吉","六十年"与"卜吉于泷冈"的关系,"始"字"克"字"表"字及"非"字"敢"字"缓"字缀合在一起的作用,都没有理解。所以,上课时候指名通读,应该用宣读法。

二　认识生字生语

通读全文,在知道文章的大概;可是要能够通读下去没有错误,非先把每一个生字生语弄清楚不可。在一篇文章里,认为生字生语的,各人未必一致,只有各自挑选出来,依赖字典辞典的翻检,得到相当的认识。所谓认识,应该把它解作最广义。仅仅知道生字生语的读音与解释,还不能算充分认识;必须熟习它的用例,知道它在某一种场合才可以用,用在另一种场合就不对了,这才真个认识了。说到字典辞典,我们真惭愧,国文教学的受重视至少有二十年了,可是还没有一本适合学生使用的字典辞典出世。现在所有的,字典脱不了《康熙字典》的窠臼,辞典还是《辞源》称霸,对学习国文的学生都不很相宜。通常英文字典有所谓"求解""作文"两用的,学生学习国文,正需要这一类的国文字典辞典。一方面知道解释,另一方面更知道该怎么使用,这才使翻检者对于生字生语具有彻底的认识。没有这样的字典辞典,学生预习效率就不会很大。但是,使用不完善的工具总比不使用工具强一点;目前既没有更适用的,就只得把属于《康熙字典》系统的字典与称霸当世的《辞源》将就应用。这当儿,教师不得不多费一点心思,指导学生搜集用例,或者搜集了若干用例给学生,使学生自己去发见生字生语的正当用法。

学生预习,通行写笔记,而生字生语的解释往往在笔记里占大部分篇幅。这原是好事情,记录下来,印象自然深一层,并且可以备往后的考查。但是,学生也有不明白写笔记的用意的;他们因为教师要他们交笔记,所以不得不写笔记。于是,有胡乱抄了几条字典辞典的解释就此了事的；有遗漏了真该特别注意的字语而仅就寻常字语解释一下拿来充数的。前者胡乱抄录，未必就是那个字语在本文里的确切意义；后者随意挑选，把应该注意的反而放过了；这对于全文的理解都没有什么帮助。这样的笔记交到教师手里，教师辛辛苦苦地把它看过，还要提起笔来替它订正，实际上对学生没有多大益处，因为学生并没有真预习。所以，须在平时使学生养成一种观念与习惯，就是：生字生语必须依据本文，寻求那个字语的确切意义；又必须依据与本文相类和不相类的若干例子，发见那个字语的正当用法。至于生字生语的挑选，为了防止学生或许会有遗漏，不妨由教师先行尽量提示，指明这一些字语是必须弄清楚的。这样，学生预习才不至于是徒劳，写下来的笔记也不至于是循例的具文。

要考查学生对于生字生语的认识程度怎样，可以看他的笔记，也可以听他的口头回答。比如《泷冈阡表》第一句里"始克表于其阡"的"克"字，如果解作"克服"或"克制"，那显然是没有照顾本文，随便从字典里取了一个解释。如果解作"能够"，那就与本文切合了，可见是用了一番心思的。但是还得进一步研求："克"既然作"能够"解，"始克表于其阡"可不可以写作"始能表于其阡"呢，对于这个问题，如果仅凭直觉回答说，"意思也一样，不过有点不顺适"，那是不够的。这须得研究"克"和"能"的同和异。在古代，"克"与"能"用法是一样的，后来渐渐分化了，"能"字被认为常用字，直到如今；"克"字成为古字，在通常表示"能够"意义的场合上就不大用它。在文句里面，丢开常用字不用，而特地用那同义的古字，除了表示相当意义以外，往往还带着郑重、庄严、虔敬等等情味。"始克表于其阡"一语，用了"能"字的同义古字"克"字，见得作者对于"表于其阡"的事情看得非常郑重，不敢随便着手，这正与全文的情味相应。若作"始能表于其阡"，就没有那种情味，仅仅表明方始"能够"表于其阡而已。所以直觉地看，也辨得出它有点不顺适了。再看这一篇里，用"能"字的地方很不少，如"吾何恃而能自守邪"，"然知汝父之能养也"，"吾不能知汝之必有立"，"故能详也"，"吾儿不能苟合于世",“汝能安之"。这几个"能"字,作者都不换用"克"字,因为这些语句都是传述母亲的话,无须带着郑重、庄严、虔敬等等情味;并且,用那常用的"能"字,正切近于语言的自然。用这一层来反证,更可以见得"始克表于其阡"的"克"字,如前面所说,是为着它有特别作用才用了的。——像这样的讨究,学生预习时候未必人人都做得来;教师在上课时候说给他们听,也嫌烦琐一点。但是简单扼要地告诉他们,使他们心知其故,还是必需的。

学生认识生字生语,往往有模糊笼统的毛病,用句成语来说,就是"不求甚解"。曾见作文本上有"笑颜逐开"四字,这显然是没有弄清楚"笑逐颜开"究竟是什么意义,只知道在说到欢笑的地方仿佛有这么四个字可用,结果却把"逐颜"两字写颠倒了。又曾见"万卷空巷"四字,单看这四个字,谁也猜不出是什么意义;但是连着上下文一起看,就知道原来是"万人空巷";把"人"字忘记了,不得不找一个字来凑数,而"卷"字与"巷"字字形相近,因"巷"字想到"卷"字,就写上了"卷"字。这种错误全由于当初认识的时候太疏忽了,意义不曾辨明,语序不曾念熟,怎得不闹笑话?所以令学生预习,必须使他们不犯模糊笼统的毛病;像初见一个生人一样,一见面就得看清他的形貌,问清他的姓名职业。这样成为习惯,然后每认识一个生字生语,好像积钱似的,多积一个就多加一分财富的总量。

三　解答教师所提示的问题

一篇文章,可以从不同的观点去研究它。如作者意念发展的线索,文章的时代背景,技术方面布置与剪裁的匠心,客观上的优点与疵病,这些就是所谓不同的观点。对于每一个观点,都可以提出问题,令学生在预习的时候寻求解答。如果学生能够解答得大致不错,那就真个做到了"精读"两字了——"精读"的"读"字原不是仅指"吟诵"与"宣读"而言的。比较艰深或枝节的问题，估计起来不是学生所必须知道的，当然不必提出。但是，学生应该知道而未必能自行解答的，却不妨预先提出，让他们去动一动天君，查一查可能查到的参考书。他们经过了自己的一番摸索，或者是略有解悟，或者是不得要领，或者是全盘错误，这当儿再来听教师的指导，印入与理解的程度一定比较深切。最坏的情形是指导者与领受者彼此不相应，指导者只认领受者是一个空袋子，不问情由把一些叫作知识的东西装进去。空袋子里装东西进去，还可以容受；完全不接头的头脑里装知识进去，能不能容受却是说不定的。

  这一项预习的成绩，自然也得写成笔记，以便上课讨论有所依据，往后更可以覆按、查考。但是，笔记有敷衍了事的，有精心撰写的。随便从本文里摘出一句或几句话来，就算是"全文大意"与"段落大意"，不贬不备地列几个项目，挂几条线，就算是"表解"；没有说明，仅仅抄录几行文字，就算是"摘录佳句"；这就是敷衍了事的笔记。这种笔记，即使每读一篇文字都做，做上三年六年，实际上还是没有什么好处。所以说，要学生作笔记自然是好的，但是仅仅交得出一本笔记，这只是形式上的事情，要希望收到实效，还不得不督促学生凡作笔记务须精心撰写。所谓精心撰写也不须求其过高过深，只要写下来的东西真是他们自己参考与思索得来的结果，就好了。参考要有路径，思索要有方法，这不单是知识方面的事，而且是习惯方面的事，习惯的养成在教师的训练与指导。学生拿了一篇文章来预习，往往觉得茫然无从下手。教师要训练他们去参考，指导他们去思索，最好给他们一种具体的提示。比如读《泷冈阡表》，这一篇是作者叙述他的父亲，就可以教他们取相类的文章归有光的《先妣事略》来参考，看两篇的取材与立意上有没有异同；如果有的话，为什么有。又如《泷冈阡表》里有叙述赠封三代的一段文字，好像很啰唆，就可以教他们从全篇的立意上思索，看这一段文字是不是不可少的；如果不可少的话，为什么不可少。这样具体地给他们提示，他们就不至于茫然无从下手，多少总会得到一点成绩。时时这样具体地给他们提示，他们参考与思索的习惯渐渐养成，写下来的笔记再也不会是敷衍了事的了。即使所得的解答完全错误，但是在这以后得到教师或同学的纠正，一定更容易心领神会了。

上课时候令学生讨论，由教师作主席、评判人与订正人，这是很通行的办法。但是讨论要进行得有意义，第一要学生在预习的时候准备得充分，如果准备不充分，往往会与虚应故事的集会一样，或是等了好久没有一个人开口，或是有人开口了只说一些不关痛痒的话。教师在无可奈何的情形之下，只得不再要学生发表什么，只得自己一个人滔滔汩汩地讲下去。这就完全不合讨论的宗旨了。第二还得在平时养成学生讨论问题，发表意见的习惯。听取人家的话，评判人家的话，用不多不少的话表白自己的意见，用平心静气的态度比勘自己的与人家的意见，这些都要历练的。如果没有历练，虽然胸中仿佛有一点准备，临到讨论是不一定敢于发表的。这种习惯的养成不仅是国文教师的事情，所有教师都得负责。不然，学生成为只能听讲的被动人物，任何功课的进步至少要减少一半。——学生事前既有充分的准备，平时又有讨论的习惯，临到讨论才会人人发表意见，不至于老是某几个人开口。所发表的意见又都切合着问题，不至于胡扯乱说，全不着拍。这样的讨论，在实际的国文教室里似乎还不易见到；然而要做到名副其实的讨论，却非这样不可。

讨论进行的当儿，有错误给予纠正，有疏漏给予补充，有疑难给予阐明，虽说全班学生都有份儿，但是最后的责任还在教师方面。教师自当抱着客观的态度，就国文教学应有的观点说话。现在已经规定要读白话了，如果还说白话淡而无味，没有读的必要；或者教师自己偏爱某一体文字，就说除了那一体文字都不值一读；就都未免偏于主观，违背了国文教学应有的观点了。讲起来，滔滔汩汩连续到三十五十分钟，往往不及简单扼要讲这么五分十分钟容易使学生印入得深切。即使教材特别繁复，非滔滔汩汩连续到三十五十分钟不可，也得在发挥完毕的时候，给学生一个简明的提要。学生凭这个提要，再去回味那滔滔汩汩的讲说，就好像有了一条索子，把散开的钱都穿起来了。这种简明的提要，当然要让学生写在笔记本上；尤其重要的是写在他们心上，让他们牢牢记住。

课内指导之后，为求涵咀得深，研讨得熟，不能就此过去，还得有几项事情要做。现在请把学生应做的练习工作分项说明如下。

一　吟　诵

在教室内通读，该用宣读法，前面已经说过。讨究完毕以后，学生对于文章的细微曲折之处都弄清楚了，就不妨指名吟诵。或者先由教师吟诵，再令学生仿读。自修的时候，尤其应该吟诵；只要声音低一点，不妨碍他人的自修。原来国文和英文一样，是语文学科，不该只用心与眼来学习；须在心与眼之外，加用口与耳才好。吟诵就是心、眼、口、耳并用的一种学习方法。从前人读书，多数不注重内容与理法的讨究，单在吟诵上用功夫，这自然不是好办法。现在国文教学，在内容与理法的讨究上比从前注重多了；可是学生吟诵的功夫太少，多数只是看看而已。这又是偏向了一面，丢开了一面。唯有不忽略讨究，也不忽略吟诵，那才全而不偏。吟诵的时候，对于讨究所得的不仅理智地了解，而且亲切地体会，不知不觉之间，内容与理法化而为读者自己的东西了，这是最可贵的一种境界。学习语文学科，必须达到这种境界，才会终身受用不尽。

一般的见解，往往以为文言可以吟诵，白话就没有吟诵的必要。这是不对的。只要看戏剧学校与认真演习的话剧团体，他们练习一句台词，不惜反复订正，再四念诵，就可以知道白话的吟诵也大有讲究。多数学生写的白话为什么看起来还过得去，读起来就少有生气呢？原因就在他们对于白话仅用了心与眼，而没有在口与耳方面多用功夫。多数学生登台演说，为什么有时意思还不错，可是语句往往杂乱无次，语调往往不合要求呢？原因就在平时对于语言既没有训练，国文课内对于白话又没有好好儿吟诵。所以这里要特别提出，白话是与文言一样需要吟诵的。白话与文言都是语文，要亲切地体会白话与文言的种种方面，都必须花一番功夫去吟诵。

　　吟诵的语调，有客观的规律。语调的差别，不外乎高低、强弱、缓急三类。高低是从声带的张弛而来的分别。强弱是从肺部发出空气的多少而来的分别。缓急是声音与时间的关系，在一段时间内，发音数少是缓，发音数多就是急。吟诵一篇文章，无非依据对于文章的了解与体会，错综地使用这三类语调而已。大概文句之中的特别主眼，或是前后的词彼此关联照应的，发声都得高一点。就一句来说，如意义未完的文句，命令或呼叫的文句，疑问或惊讶的文句，都得前低后高。意义完足的文句，祈求或感激的文句，都得前高后低。再说强弱。表示悲壮、快活、叱责或慷慨的文句，句的头部宜加强。表示不平、热诚或确信的文句，句的尾部宜加强。表示庄重、满足或优美的文句，句的中部宜加强。再说缓急。含有庄重、畏敬、谨慎、沉郁、悲哀、仁慈、疑惑等等情味的文句，须得缓读。含有快活、确信、愤怒、惊愕、恐怖、怨恨等等情味的文句，须得急读。以上这些规律，都应合着文字所表达的意义与情感，所以依照规律吟诵，最合于语言的自然。上面所说的三类声调，可以用符号来表示，如把"·"作为这个字发声须高一点的符号，把"△"作为这一句该前低后高的符号，把"▽"作为这一句该前高后低的符号，把"∨"作为句的头部宜加强的符号，把"∧"作为句的尾部宜加强的符号，把"◇"作为句的中部宜加强的符号，把"—"作为急读的符号，把"——"作为缓读的符号，把"～～"作为不但缓读而且须摇曳生姿的符号。在文字上记上符号，练习吟诵就不至于漫无凭依。符号当然可以随意规定，多少也没有限制，但是应用符号总是对教学有帮助的。

　　吟诵第一求其合于规律，第二求其通体纯熟。从前书塾里读书，学生为了要早一点到教师跟前去背诵，往往把字句勉强记住。这样强记的办法是要不得的，不久连字句都忘记了，还哪里说得上体会？令学生吟诵，要使他们看作一种享受而不看作一种负担。一遍比一遍读来入调，一遍比一遍体会亲切，并不希望早一点能够背诵，而自然达到纯熟的境界。抱着这样享受的态度是吟诵最易得益的途径。

二　参读相关的文章

精读文章，每学年至多不过六七十篇。初中三年，所读仅有两百篇光景，再加上高中三年，也只有四百篇罢了。倘若死守着这几百篇文章，不用旁的文章来比勘，印证，就难免化不开来，难免知其一不知其二。所以，精读文章，只能把它认作例子与出发点；既已熟习了例子，占定了出发点，就得推广开来，阅读略读书籍，参读相关文章。这里不谈略读书籍，单说所谓相关文章。比如读了某一体文章，而某一体文章很多，手法未必一样，大同之中不能没有小异；必须多多接触，方能普遍领会某一体文章的各方面。或者手法相同，而相同之中不能没有个优劣得失；必须多多比较，方能进一步领会优劣得失的所以然。并且，课内精读文章是用细琢细磨的功夫来研讨的；而阅读的练习，不但求其理解明确，还须求其下手敏捷，老是这样细磨细琢，一篇文章研讨到三四个钟头，是不行的。参读相关文章就可以在敏捷上历练；能够花一两个钟头把一篇文章弄清楚固然好，更敏捷一点只花半个钟头一个钟头尤其好。参读的文章既与精读文章相关，怎样剖析，怎样处理，已经在课内受到了训练，求其敏捷当然是可能的。这种相关文章可以从古今"类选""类纂"一类的书本里去找。学生不能自己置备，学校的图书室不妨多多陈列，供给学生随时参读。

请再说另一种意义的相关文章。夏丏尊先生在一篇说给中学生听的题目叫作《阅读什么》[①]的演讲辞里，有以下的话：

诸君在国文教科书里读到了一篇陶潜的《桃花源记》，……这篇

[①] 见《阅读与写作》，叶圣陶与夏丏尊合著，开明书店1938年4月出版。

文字是晋朝人做的，如果诸君觉得和别时代人所写的情味有些两样，要想知道晋代文的情形，就会去翻中国文学史；这时文学史就成了诸君的参考书。这篇文字里所写的是一种乌托邦思想，诸君平日因了师友的指教，知道英国有一位名叫马列斯的社会思想家，写过一本《理想乡消息》，和陶潜所写的性质相近，拿来比较；这时《理想乡消息》就成了诸君的参考书。这篇文字是属于记叙一类的，诸君如果想明白记叙文的格式，去翻看记叙文作法；这时记叙文作法就成了诸君的参考书。还有，这篇文字的作者叫陶潜，诸君如果想知道他的为人，去翻《晋书·陶潜传》或陶集；这时《晋书》或陶集就成了诸君的参考书。

这一段演讲里的参考书就是这里所谓另一种意义的相关文章。像这样把精读文章作为出发点，向四面八方发展开来，那么，精读了一篇文章，就可以带读许多书，知解与领会的范围将扩张到多么大啊！学问家的广博与精深差不多都从这个途径得来。中学生虽不一定要成学问家，但是这个有利的途径是该让他们去走的。

其次，关于语调与语文法的揣摩，都是愈熟愈好。精读文章既已到了纯熟的地步，再取语调与语文法相类似的文章来阅读，纯熟的程度自然更进一步。小孩子学说话，能够渐渐纯熟而没有错误，不单是从父母方面学来的；他从所有接触的人方面去学习，才会成功。在精读文章以外，再令读一些相类似的文章，比之于小孩子学说话，就是要他们从所有接触的人方面去学习。

三 应对教师的考问

学生应对考问是很通常的事情。但是对于应对考问的态度未必一致。有尽其所知所能，认真应对的；有不负责任，敷衍应对的；有提心吊胆，战战兢兢地只着眼于分数的多少的。以上几种态度，自然第一种最可取。把所知所能尽量拿出来，教师就有了确实的凭据，知道哪一方面已经可以了，哪一方面还得督促。考问之后，教师按成绩记下分数；分数原是备稽考的，分数多不是奖励，分数少也不是惩罚，分数少到不及格，那就是学习成绩太差，非赶紧努力不可。这一层，学生必须明白认识。否则误认努力学习只是为了分数，把切己的事情看作身外的事情，就是根本观念错误了。

教师记下了分数，当然不是指导的终结，而是加工的开始。对于不及格的学生，尤须设法给他们个别的帮助。分数少一点本来没有什么要紧；但是分数少正表明学习成绩差，这是热诚的教师所放心不下的。

考查的方法很多，如背诵、默写、简缩、扩大、摘举大意、分段述要、说明作法、述说印象，也举不尽许多。这里不想逐项细说，只说一个消极的原则，就是：不足以看出学生学习成绩的考问方法最好不要用。比如教了《泷冈阡表》之后，考问学生说，"欧阳修的父亲做过什么官？"这就是个不很有意义的考问。文章里明明写着"为道州判官，泗绵二州推官，又为泰州判官"，学生精读了一阵，连这一点也不记得，还说得上精读吗？学生回答得出这样的问题，也无从看出他的学习成绩好到怎样。所以说它不很有意义。

考问往往在精读一篇文章完毕或者月考期考的时候举行；除此之外，通常不再顾及，一篇文章讨究完毕就交代过去了。这似乎不很妥当。从前书塾里读书，既要知新，又要温故，在学习的过程中，匀出一段时间来温理以前读过的，这是个很好的办法。现在教学国文，应该采取它。在精读几篇文章之后，且不要上新的；把以前读过的温理一下，回味那已有的了解与体会，更寻求那新生的了解与体会，效益决不会比上一篇新的来得少。这一点很值得注意，所以附带在这里说一说。

原载叶圣陶与朱自清合著的《精读指导举隅》，商务印书馆 1942 年 3 月出版。

2.《略读指导举隅》前言

就教学而言，精读是主体，略读只是补充；但是就效果而言，精读是准备，略读才是应用。

国文教学的目标，在养成阅读书籍的习惯，培植欣赏文学的能力，训练写作文字的技能。这些事不能凭空着手，都得有所凭借。凭借什么？就是课本或选文。有了课本或选文，然后养成、培植、训练的工作得以着手。课本里所收的，选文中入选的，都是单篇短什，没有长篇巨著。这并不是说学生读了一些单篇短什就足够了。只因单篇短什分量不多，要做细磨细琢的研读功夫，正宜从此入手，一篇读毕，又读一篇，涉及的方面既不嫌偏颇，阅读的兴趣也不致单调；所以取作"精读"的教材。学生从精读方面得到种种经验，应用这些经验，自己去读长篇巨著以及其他的单篇短什，不再需要教师的详细指导，这就是"略读"。就教学而言，精读是主体，略读只是补充；但是就效果而言，精读是准备，略读才是应用。学生在校的时候，为了需要与兴趣，须在课本或选文以外阅读旁的书籍文章；他日出校之后，为了需要与兴趣，一辈子须阅读各种书籍文章；这种阅读都是所谓应用。使学生在这方面打定根基，养成习惯，全在国文课的略读。如果只注意于精读，而忽略了略读，功夫便只做得一半。其弊害是想象得到的，学生遇到需要阅读的书籍文章，也许会因没有教师在旁作精读那样的详细指导，而致无所措手。现在一般学校，忽略了略读的似乎不少，这是必须改正的。

略读不再需要教师的详细指导，并不等于说不需要教师的指导。各种学科的教学都一样，无非教师帮着学生学习的一串过程。略读是国文课程标准里面规定的正项工作，哪有不需要教师指导之理？不过略读指导与精读指导不同。精读指导必须纤屑不遗，发挥净尽；略读指导却需提纲挈领，期其自得。何以需提纲挈领？唯恐学生对于当前的书籍文章摸不到门径，辨不清路向，马马虎虎读下去，结果所得很少。何以不必纤屑不遗？因为这一套功夫在精读方面已经训练过了，照理说，该能应用于任何时候的阅读；现在让学生在略读时候应用，正是练习的好机会。学生从精读而略读，譬如孩子学走路，起初由大人扶着牵着，渐渐的大人把手放了，只在旁边遮拦着，替他规定路向，防他偶或跌跤。大人在旁边遮拦着，正与扶着牵着一样的需要当心；其目的唯在孩子步履纯熟，能够自由走路。精读的时候，教师给学生纤屑不遗的指导，略读的时候，更给学生提纲挈领的指导，其目的唯在学生习惯养成，能够自由阅读。

仅仅对学生说，你们随便去找一些书籍文章来读，读得越多越好；这当然算不得略读指导。就是斟酌周详，开列个适当的书目篇目，教学生自己照着去阅读，也还算不得略读指导。因为开列目录只是阅读以前的事；在阅读一事的本身，教师没有给一点帮助，就等于没有指导。略读如果只任学生自己去着手，而不给他们一点指导，很容易使学生在观念上发生误会，以为略读只是"粗略的"阅读，甚而至于是"忽略的"阅读；而在实际上，他们也就"粗略的"甚而至于"忽略的"阅读，就此了事。这是非常要不得的，积久养成不良习惯，就终身不能从阅读方面得到多大的实益。略读的"略"字，一半系就教师的指导而言：还是要指导，但是只须提纲挈领，不必纤屑不遗，所以叫作"略"。一半系就学生的功夫而言：还是要像精读那样仔细咀嚼，但是精读时候出于努力钻研，从困勉达到解悟，略读时候却已熟能生巧，不需多用心力，自会随机肆应，所以叫作

"略"。无论教师与学生都须认清楚这个意思，在实践方面又须恰如其分，做得到家，略读一事才会收到它预期的效果。

略读既须由教师指导，自宜与精读一样，全班学生用同一的教材。假如一班学生同时略读几种书籍，教师就不便在课内指导；指导了略读某种书籍的一部分学生，必致抛荒了略读别种书籍的另一部分学生；各部分轮流指导固也可以，但是每周略读指导的时间至多也只能有两小时，各部分轮流下来，必致每部分都非常简略。况且同学间的共同讨论是很有帮助于阅读能力的长进的，也必须阅读同一的书籍才便于共同讨论。一个学期中间，为求精详周到起见，略读书籍的数量不宜太多，大约有二三种也就可以了。好在略读与精读一样，选定一些教材来读，无非"举一隅"的性质，都希望学生从此学得方法，养成习惯，自己去"以三隅反"；故数量虽少，并不妨事。学生如果在略读教材之外，更就兴趣选读旁的书籍，那自然是值得奖励的；并且希望能够普遍地这么做。或许有人要说，略读同一的教材，似乎不能顾到全班学生的能力与兴趣。其实这不成问题。精读可以用同一的教材，为什么略读就不能？班级制度的一切办法，总之以中材为标准；凡是忠于职务，深知学生的教师，必能选取适合于中材的教材，供学生略读；这就没有能力够不够的问题。同时，所取教材必能不但适应学生的一般兴趣，并且切合教育的中心意义；这就没有兴趣合不合的问题。所以，略读同一的教材是无弊的，只要教师能够忠于职务，能够深知学生。

课内略读指导，包括阅读以前对于选定教材的阅读方法的提示，及阅读以后对于阅读结果的报告与讨论。作报告与讨论的虽是学生，但是审核他们的报告，主持他们的讨论，仍是教师的事；其间自不免有需要订正与补充的地方，所以还是指导。略读教材若是整部的书，每一堂略读课内令学生报告并讨论阅读那部书某一部分的实际经验；待全书读毕，然后令作关于全书的总报告与总讨论。至于实际阅读，当然在课外。学生课外时间有限，能够用来自修的，每天至多不过四小时。在这四小时内，除了温理旁的功课，作旁的功课的练习与笔记外，分配到国文课的自修的，至多也不过一小时。一小时够少了，而精读方面也得自修、预习、复习、诵读、练习，这些都是非做不可的；故每天的略读时间至多只能有半小时。每天半小时，一周便是三小时（除去星期放假）。每学期上课时间以二十周计，略读时间仅有六十小时。在这六十小时内，如前面所说的，要阅读二三种书籍，篇幅太多的自不相宜；如果选定的书正是篇幅太多的，那只得删去若干，选读它的一部分。不然，分量太多，时间不够，学生阅读势必粗略，甚而至于忽略；或者有始无终，没有读到完篇就丢开；这就会养成不良习惯，为终身之累。所以漫无计算是要不得的。与其贪多务广，以致发生流弊，不如预作精密估计，务使在短少时间之内把指定的教材读完，而且把应做的工作都做到家，绝不草率从事，借此养成阅读的优良习惯，来得有益得多。学生有个很长的暑假，又有个相当长的寒假；在这两个假期内，可以自由阅读很多的书。如果略读时候养成了优良习惯，到暑假寒假期间，各就自己的需要与兴趣去多多阅读，那一定比不经略读的训练多得吸收的实效。归结起来说，就是：略读的分量不宜过多，必须顾到学生能用上的时间；多多阅读固宜奖励，但是得为时间所许可，故以利用暑假寒假最为适当。

书籍的性质不一，因而略读指导的方法也不能一概而论。就一般说，在阅读以前应该指导的有以下各项。

一　版本指导

一种书往往有许多版本。从前是木刻，现在是排印。在初刻初排的时候或许就有了错误，随后几经重刻重排，又不免辗转发生错误；也有逐渐的增补或订正。读者读一本书，总希望得到最合于原稿的，或最为作者自己惬意的本子；因为唯有读这样的本子才可以完全窥见作者的思想感情，没有一点含糊。学生所见不广，刚与一种书接触，当然不会知道哪种本子较好；这须待教师给他们指导。现在求书不易，有书可读便是幸事，更谈不到取得较好的本子。正唯如此，这种指导更不可少；哪种本子校勘最精审，哪种本子是作者的最后修订稿，都得给他们说明，使他们遇到那些本子的时候，可以取来覆按，对比。还有，这些书经名家的批评或注释，每一家的批评或注释自成一种本子，这中间也就有了优劣得失的分别。其需要指导，理由与前说相同。总之，这方面的指导，宜运用校勘家、目录家的知识，而以国文教学的观点来范围它。学生受了这样的熏陶，将来读书不但知道求好书，并且能够抉择好本子，那是受用无穷的。

二　序目指导

读书先看序文，是一种好习惯。学生拿到一部书，往往立刻看本文，或者挑中间有趣味的部分来看，对于序文，认为与本文没有关系似的；这是因为不知道序文很关重要的缘故。序文的性质常常是全书的提要或批评，先看一遍，至少对于全书有个概括的印象或衡量的标准；然后阅读全书，就不至于茫无头绪。通常读书，其提要或批评不在本书而在旁的地方的尚且要找来先看；对于具有提要或批评的性质的本书序文怎能忽略过去？所以在略读的时候，必须教学生先看序文，养成他们的习惯。序文的重要程度，各书并不一致。属于作者的序文，若是说明本书的作意、取材、组织等项的，那无异于"编辑大意""编辑例言"，借此可以知道本书的规模，自属非常重要。有些作者在本文之前作一篇较长的序文，其内容并不是本文的提要，却是阅读本文的准备知识，犹如津梁或门径，必须通过这一关才可以涉及本文；那就是"导言"的性质，重要程度也高。属于编订者或作者师友所作的序文，若是说明编订的方法，抉出全书的要旨，评论全书的得失的，都与了解全书直接有关，重要也不在上面所说的作者自序之下。无论作者自作或他人所作的序文，有些仅仅叙一点因缘，说一点感想，与全书内容关涉很少；那种序文的本身也许是一篇好文字，对于读者就比较不重要了。至于他人所作的序文，有专事赞扬而过了分寸的，有很想发挥而不得要领的；那种序文实际上很不少，诗文集中尤其多，简直可以不必看。教师指导，要教学生先看序文，更要审查序文的重要程度，与以相当的提示，使他们知道注意之点与需要注意力的多少。若是无关紧要的序文，自然不教他们看，以免浪费时力。

目录表示本书的眉目，也具有提要的性质。所以也须养成学生先看目录的习惯。有些书籍，固然须顺次读下去，不读第一卷就无从着手第二卷。有些书籍却不然，全书分做许多部分，各部分自为起讫，其前后排列或仅大概以类相从，或仅依据撰作的年月，或竟完全出于编排时候的偶然；对于那样的书籍，就不必顺次读下去；可以打乱全书的次第，把有关某一方面的各卷各篇聚在一起读，读过以后，再把有关其他方面的各卷各篇聚在一起读，或许更比顺次读下去方便且有效得多。要把有关的各卷各篇聚在一起，就更有先看目录的必要。又如选定教材若是长篇小说，假定是《水浒》，因为分量太多，时间不够，不能通体略读，只好选读它的一部分，如写林冲或武松的几回。要知道哪几回是写林冲或武松的，也得先看目录。又如选定教材的篇目若是非常简略，而其书又适宜于不按照次第来读的，假定是《孟子》，那就在篇目之外，最好先看赵岐的"章指"。"章指"并不编列在目录的地位；用心的读者不妨抄录二百几十章的"章指"，当它是个详细的目录提要。有了这样详细的目录提要，因阅读的目标不同，就可以把二百几十章作种种的组合，为某一目标取某一组合来精心钻研。目录的作用当然还有，可以类推，不再详说。教师指导的时候，务须相机提示，使学生能够充分利用目录。

三　参考书籍指导

参考书籍，包括关于文字的音义，典故成语的来历等所谓工具书，以及与所读书有关的必须借彼而后明此的那些书籍。从小的方面说，阅读一书而求其彻底了解，从大的方面说，做一种专门研究，要从古今人许多经验中得到一种新的发现，一种系统的知识，都必须广博地翻检参考书籍。一般学生读书，往往连字典词典也懒得翻，更不用说跑进图书室去查阅有关书籍了。这种"读书不求其解"的态度，一时未尝不可马虎过去；但是这就成了终身的病根，将不能从阅读方面得到多大益处；若做专门研究工作，更难有满意的成就。所以，利用参考书籍的习惯，必须在学习国文的时候养成。精读方面要多多参考，略读方面还是要多多参考。起初，学生必嫌麻烦，这要翻检，那要搜寻，不如直捷读下去来得爽快；但是渐渐成了习惯，就觉得必须这样多多参考，才可以透彻地了解所读的书，其味道的深长远胜于"不求甚解"；那时候，让他们"不求甚解"也不愿意了。国文课内指导参考书籍，当然不能如专家做研究工作一样，搜罗务求广博，凡有一语一条用得到的材料都舍不得放弃，开列个很长的书目。第一，须顾到学生的能力。参考书籍用来帮助理解本书，若比本书艰深，非学生能力所能利用，虽属重要，也只得放弃。譬如阅读某一书，须做关于史事的参考，与其教学生查《二十四史》，不如教他们翻一部近人所编的通史；再退一步，不如教他们看他们所读的历史课本。因为通史与历史课本的编辑方法适合于他们的理解能力；而《二十四史》本身还只是一堆材料，要在短时期间从中得到关于一件史事的概要，事实上不可能。曾见一些热心的教师给学生开参考书目，把自己所知道的，巨细不遗，逐一开列，结果是洋洋大观，学生见了唯有望洋兴叹；有些学生果真去按目参考，又大半不能理解，有参考之名，无参考之实。这就是以教师自己为本位，忽略了学生能力的弊病。第二，须顾到图书室的设备。教师提示的书籍，学生从图书室立刻可以检到，既不耽误工夫，且易引起兴趣。如果那参考书的确必要，又为学生的能力所能利用，而图书室没有，学生只能以记忆书名了事；那就在阅读上短少了一分努力，在训练上错过了一个机会。因此，消极的办法，教师提示参考书籍，应以图书室所具备的为限；积极的办法，就得促图书室有计划地采购图书——各科至少有最低限度的必要参考书籍，国文科方面当然要有它的一份。这件事很值得提倡。现在一般学校，不是因经费不足，很少买书，就是因偶然的机缘与教师的嗜好，随便买书；有计划地为供学生参考而采购的，似乎还不多见。还有个补救的办法，图书室没有那种书籍，而地方图书馆或私家藏书却有，教师不妨指引学生去借来参考。图书室购备参考书籍，即使有复本，也不过两三本；一班学生同时要拿来参考，势必争先恐后，后拿到手的，已经浪费了许多时间。为解除这种困难，可以用分组参考的办法：假定阅读某种书籍需要参考四部书，就分学生为四组，使每组参考一部；或待相当时间之后互相交换，或不再交换，就使每组报告参考所得，以免他组自去参考。第三，指定了参考书籍，教师的事情并不就此完毕。如果那种书籍的编制方法是学生所不熟悉的，或者分量很多，学生不容易找到所需参考的部分的，教师都得给他们说明或指示。一方面要他们练习参考，一方面又要他们不致茫无头绪，提不起兴趣；唯有如上所说相机帮助他们，才可以做到。

四　阅读方法指导

各种书籍因性质不同，阅读方法也不能一样。但是就一般说，总得像精读时候的阅读那样，就其中的一篇或一章一节，逐句循诵，摘出不了解的处所；然后应用平时阅读的经验，试把那些不了解的处所自求解答；得到了解答，再看注释或参考书，以检验解答的对不对；如果实在无法解答，那就径看注释或参考书。不了解的处所都弄清楚了，又复读一遍，明了全篇或全章全节的大意。最后细读一遍，把应当记忆的记忆起来，把应当体会的体会出来，把应当研究的研究出来。全书的各篇或各章各节，都该照此办法。略读原是用来训练阅读的优良习惯，必须脚踏实地，毫不苟且，才有效益；决不能让学生胡乱读过一遍就算。唯有开始脚踏实地，毫不苟且，到习惯既成之后才会"过目不忘"，"展卷自得"。若开始就草草从事，说不定将一辈子"过目辄忘"，"展卷而无所得"了。还有一层，略读既是国文功课方面的工作，无论阅读何种书籍，都宜抱着研究国文的态度。平常读一本数学课本，不研究它的说明如何正确；读一本史地课本，也不研究它的叙述如何精当。数学课本与史地课本原可以在写作技术方面加以研究；因作者的造诣不同，同样是数学课本与史地课本，其正确与精当的程度实际上确也大有高下。但是在学习数学、学习史地的立场，自不必研究那些；如果研究那些，便转移到学习国文的立场，抱着研究国文的态度了。其他功课的阅读都只须顾到书籍的内容。国文功课训练阅读，独须内容形式兼顾，并且不把内容形式分开来研究，而认为不可分割的两方面；经过了国文功课方面的训练，再去阅读其他功课的书籍，眼力自也增高。认清了这一层，对于选定的略读书籍自必一律作写作技术的研究。被选的书总有若干长处；读者不仅在记得那些长处，尤其重要的在能看出为什么会有那些长处。同时不免或多或少有些短处；读者也须能随时发现，说明它的所以然，这才可以做到读书而不为书所蔽。——这一层也是就一般说的。

现在再分类来说，有些书籍，阅读它的目的在从中吸收知识，增加自身的经验；那就须运用思考与判断，认清全书的要点，不歪曲也不遗漏，才得如愿。若不能抉择书中的重要部分，认不清全书的要点，或忽略了重要部分，却把心思用在枝节上，所得结果就很少用处。要使书中的知识化为自身的经验，自必从记忆入手；记忆的对象若是阅读之后看出来的要点，因它条理清楚，印入自较容易。若不管重要与否，而把全部平均记忆，甚至以全部文句为记忆的对象，那就没有纲领可凭，徒增不少的负担，结果或且全部都不记忆。所以死用记忆决不是办法，漫不经心地读着读着，即使读到烂熟，也很难有心得；必须随时运用思考与判断，接着择要记忆，才合于阅读这一类书籍的方法。

又如小说或剧本，一般读者往往只注意它的故事；故事变化曲折，就感到兴趣，读过以后，也只记住它的故事。其实凡是好的小说和剧本，故事仅是迹象；凭着那迹象，作者发挥他的人生经验或社会批判，那些才是精魂。阅读小说或剧本而只注意它的故事，专取迹象，抛弃精魂，决非正当方法。在国文课内，要培植欣赏文学的能力，尤其不应如此。精魂就寄托在迹象之中，对于故事自不可忽略；但是故事的变化曲折所以如此而不如彼，都与作者发挥他的人生经验和社会批判有关，这一层更须注意。初学者还没有素养，一时无从着手；全仗教师给他们易晓的暗示与浅明的指导，渐渐引他们入门。穿凿附会固然要不得，粗疏忽略同样要不得。凭着故事的情节，逐一追求作者要说而没有明白说出来的意思，才会与作者的精神相通，才是阅读这一类书籍的正当方法。有些学生喜欢看低级趣味的小说之类，教他们不要看，他们虽然答应了，一转身还是偷偷地看。这由于没有学得阅读这类书籍的方法，注意力仅仅集中在故事上的缘故。他们如果得到适当的暗示与指导，渐渐有了素养，就会觉得低级趣味的小说之类在故事之外没有东西，经不起咀嚼；不待他人禁戒，自然就不喜欢看了。——这可以说是消极方面的效益。

又如诗集，若是个人的专集，按写作年月，顺次看诗人意境的扩大或转换，风格的确立或变易，是一种读法。按题材归类，看诗人对于某一题材如何立意，如何发抒，又是一种读法。按体式归类，比较诗人对于某一类体式最能运用如意，倾吐诗心，又是一种读法。以上都是分析研究方面的事，而文学这东西，尤其是诗歌，不但要分析地研究，还得要综合地感受。所谓感受，就是读者的心与诗人的心起了共鸣，仿佛诗人说的正是读者自己的话，诗人宣泄的正是读者自己的情感似的。阅读诗歌的最大受用在此。通常说诗歌足以陶冶性情，就因为深美玄妙的诗歌能使读者与诗人同其怀抱。但是这种受用不是没有素养的人所能得到的；素养不会凭空而至，还得从分析的研究入手。研究愈精，理解愈多，才见得纸面的文字——是诗人心情动荡的表现；读它的时候，心情也起了动荡，几乎分不清那诗是诗人的还是读者自己的。所读的若是总集，也可应用类似前说的方法，发现各代诗人取材的异同，风格的演变，比较各家各派意境的浅深，抒写的技巧；探讨各种体式如何与内容相应，如何去旧而谋新：这些都是研究的事，唯有经过这样研究，才可以享受诗歌。我国历代诗歌的产量极为丰富；读诗一事，在知识分子中间差不多是普遍的嗜好。但是就一般说，因为研究不精，感受不深，往往不很了然什么是诗。无论读和写，几乎都认为凡是五字一句，七字一句，而又押韵的文字便是诗；最近二十年通行了新体诗，又都认为凡是分行写的白话便是诗。连什么是诗都不能了然，哪里还谈得到享受？更哪里谈得到写作？中学生固然不必写诗，但是有享受诗的权利；要使他们真能享受诗，自非在国文课内认真指导不可。

又如古书，阅读它而要得到真切的了解，必须明了古人所处的环境与所怀的抱负。陈寅恪先生作审查一本中国哲学史的报告，中间说："古人著书立说，皆有所为而发；故其所处之环境，所受之背景，非完全明了，则其学说不易评论。而古代哲学家去今数千年，其时代之真相极难推知。吾人今日可依据之材料，仅为当时所遗存最小之一部；欲借此残余断片以窥测其全部结构，必须备艺术家欣赏古代绘画雕刻之眼光及精神，然后古人立说之用意与对象始可以真了解。所谓真了解者，必神游冥想，与立说之古人处于同一境界，而对于其持论所以不得不如是之苦心孤诣，表一种之同情，始能批评其学说之是非得失，而无隔阂肤廓之论。否则数千年前之陈言旧说，与今日之情势迥殊，何一不可以可笑可怪目之乎？"这里说的是专家研究古代哲学应持的态度，并不为中学生而言；要达到这种境界，必须有很深的修养与学识，一般知识分子尚且不易做到，何况中学生？但是指导中学生阅读古书，不可不酌取这样的意思，以正他们的趋向——尽浅不妨，只要趋向正，将来可以渐求深造。否则学生必致辨不清古人的是非得失，或者一味盲从古人，成个不通的"新顽固"，或者一味抹杀古人，骂古人可笑可怪，成个浅薄的妄人。这岂是教他们阅读古书的初意？所谓尽浅不妨，意思是就学生所能领会的，给他们适当的指导。如读《孟子·许行章》"或劳心，或劳力；劳心者治人，劳力者治于人；治于人者食人，治人者食于人；天下之通义也。"一节，若以孟子这个话为天经地义，而说从前君主时代竭尽天下的人力物力以供奉君主是合理的，现代的民权思想与民主政治是要不得的；这便是糊涂头脑。若以孟子这个话为胡言乱语，而说后代劳心者与劳力者分成两个阶级，劳心阶级地位优越，劳力阶级不得抬头，都是孟子的遗毒；这也是偏激之论。要知道孟子这一章在驳许行的君臣并耕之说，他所持的论据是与许行相反的"分工互助"。劳力的百工都有专长，劳心的"治人者"也有他的专长，各出专长，分任工作，社会才会治理：这是孟子的政治理想。时代到了战国，社会关系渐趋繁复，许行那种理想当然行不通。孟子看得到这一点，自是他的识力。要怎样才是他理想中的"治人者"？看以下"当尧之时"一大段文字便可明白，就是：像尧舜那样一心为民，干得有成绩，才算合格。这是从他"民为贵"的根本观点而来的；正因"民为贵"，所以为民除疾苦，为民兴教化的人是"治人者"的模范。于此可见他所谓"治人者"至少含有"一心为民，干政治具有专长的人"的意思，并不泛指处在君位的人，如古代的酋长或当时的诸侯。至于"食人""食于人"，在他的意想中，只是表示互助的关系而已，并不含有"注定被掠夺""注定掠夺人家"的意思。——如此看法，大概近于所谓"了解的同情"，与前面说起的糊涂头脑与偏激之论全然异趣。这未必深奥难知，中材的高中二三年生也就可以领会。多做类似的指导，学生自不致走入泥古诬古的歪路了。

五　问题指导

无论阅读何种书籍，要把应当记忆的记忆起来，把应当体会的体会出来，把应当研究的研究出来，总得认清几个问题——也可以叫作题目。如读一个人的传记，这个人的学问、事业怎样呢？或读一处地方游记，那地方的自然环境、社会情形怎样呢？都是最浅近的例子。心中存在着这些问题或题目，阅读就有了标的，辨识就有了头绪。又如阅读《爱的教育》，可以提出许多问题或题目：作为书中主人翁的那个小学生安利柯，他的父亲常常勉励他，教训他，父亲希望他成个怎样的人呢？书中写若干小学生，家庭环境不同，品性习惯各异，品性习惯受不受家庭环境的影响呢？书中很有使人感动的地方，为什么能使人感动呢？诸如此类，难以说尽。又如阅读《孟子》，也可以提出许多问题或题目：孟子主张"民为贵"，书中的哪些篇章发挥这个意思呢？孟子的理想中，把政治分为王道的与霸道的两种，两种的区别怎样呢？孟子认为"王政"并不难行，他的论据又是什么呢？诸如此类，难以说尽。这些是比较深一点的。善于读书的人，一边读下去，一边自会提出一些问题或题目来，作为阅读的标的，辨识的头绪，或者初读时候提出一些，重读时候另外又提出一些。教学生略读，当然希望学生也能如此；但是学生习惯未成，功力未到，恐怕他们提不出什么，只随随便便地胡读一阵了事，就有给他们提示问题的必要。对于一部书，可提出的问题或题目，往往如前面说的，难以说尽。提得太深了，学生无力应付；提得太多了，学生又无暇兼顾。因此，宜取学生能力所及的，分量多少又得顾到他们的自修时间。凡所提示的问题或题目，不只教他们"神游冥想"以求解答；还要让他们利用所有的凭借，就是序目、注释、批评及其他参考书。在教师提示之外，学生如能自己提出，当然大可奖励。但是提得有无价值，得当不得当，还须由教师注意与指导。为养成学生的互助习惯与切磋精神起见，也可分组研究；令每组解答一个问题或题目，到上课时候报告给大家知道，再听同学与教师的批判。

　　以上说的，都是教师给学生的事前指导。以后就是学生的事情了——按照教师所指导的去阅读，去参考，去研究。在这一段过程中，学生应该随时作笔记。说起笔记，现在一般学生似乎还不很明白它的作用；只因教师吩咐要作笔记，他们就在空白本子上胡乱写上一些文字交卷。这种观念必须纠正。要让他们认清，笔记不是教师向他们要的赋税，而是他们读书学习不能不写的一种记录。参考得来的零星材料，临时触发的片段意思，都足以供排比贯穿之用，怎能不记录？极关重要的解释与批评，特别欣赏的几句或一节，就在他日还值得一再检览，怎能不记录？研究有得，成了完整的理解与认识，若不写下来，也许不久又忘了，怎能不记录？这种记录都不为应门面，求分数，讨教师的好；而只为于他们自己有益——必须这么做，他们的读书学习才见得切实。从上面的话看，笔记大概该有两大部分：一部分是碎屑的摘录；一部分是完整的心得——说得堂皇一点，就是"读书报告"或"研究报告"。对于初学，当然不能求其周密深至；但是敷衍塞责的弊病必须从开头就戒除，每抄一条，每写一段，总得让他们说得出个所以然。这样成了习惯，终身写作读书笔记，便将受用无穷，无论应付实务或研究学问，都可以从笔记方面得到许多助益。而在上课讨论的时候，这种笔记就是参加讨论的准备；有了准备，自不致茫然无从开口，或临时信口乱说了。

学生课外阅读之后，在课内报告并讨论阅读一书某一部分的实际经验；待全书读毕，然后作全书的总报告与总讨论，前面已经说过。那时候教师所处的地位与应取的态度，《精读指导举隅》曾经提到，不再多说。现在要说的是成绩考查的事。教师指定一本书教学生阅读，要他们从书中得到何种知识或领会，必须有个预期的标准；那个标准就是判定成绩的根据。完全达到了标准，成绩很好，固然可喜；如果达不到标准，也不能给他们一个不及格的分数就了事，必须研究学生所以达不到标准的原因——是教师自己的指导不完善呢，还是学生的资质上有缺点，学习上有疏漏？——竭力给他们补救或督促，希望他们下一次阅读的成绩比较好，能渐近于标准。一般指导自然愈完善愈好；对于资质较差，学习能力较低的学生的个别指导，尤须有丰富的同情与热诚。总之，教师在指导方面多尽一分力，无论优等的次等的学生必可在阅读方面多得一分成绩。单是考查，给分数，填表格，没有多大意义；为学生的利益而考查，依据考查再打算增进学生的利益，那才是教育家的存心。

以上说的成绩，大概指了解、领会以及研究心得而言。还有一项，就是阅读的速度。处于事务纷繁的现代，读书迟缓，实际上很吃亏；略读既以训练读书为目标，自当要求他们速读，读得快，算是成绩好，不然就差。不用说，阅读必须以精细正确为前提；能精细正确了，是否敏捷迅速却是判定成绩应该注意的。

原载叶圣陶与朱自清合著的《略读指导举隅》，商务印书馆1943年1月出版。

3. 论国文精读指导不只是逐句讲解

透彻了解正是欣赏的第一步。

教书逐句讲解，是从前书塾里的老法子。讲完了，学生自去诵读；以后是学生背诵，还讲，这就完成了教学的一个单元。从前也有些不凡的教师，不但逐句讲解，还从虚字方面仔细咬嚼，让学生领会使用某一些虚字恰是今语的某一种口气；或者就作意方面尽心阐发，让学生知道表达这么一个意思非取这样一种方式不可；或者对诵读方面特别注重，当范读的时候，把文章中的神情理趣，在声调里曲曲传达出来，让学生耳与心谋，得到深切的了解，这种教师往往使学生终身不忘；学生想到自己的受用，便自然而然感激那给他实益的教师。这种教师并不多，一般教师都只逐句讲解。

逐句讲解包括（一）解释字词的意义，（二）说明成语典故的来历这两项预备工作；预备工作之后，（三）把书面的文句译作口头的语言，便是主要工作了。应用这样办法，论理必作如下的假定：（一）假定学生无法了解那些字词的意义，（二）假定学生无法考查那些成语典故的来历，（三）假定学生不能把书面的文句译作口头的语言。不然，何必由教师逐一讲解？（四）假定读书的目标只在能把书面的文句译作口头的语言；译得来，才算读懂了书。不然，何以把这一项认为主要工作而很少顾及其他?还有(五),假定教学只是授受的关系,学生是没有能力的,自己去探讨也无非徒劳,必待教师讲了授了,他用心地听了受了,才会了解他所读的东西。不然,何不让学生在听讲之外,再做些别的工作?——教师心里固然不一定意识到以上的假定;可是,如果只做逐句讲解的工作,就不能不承认有这几个假定。而从现代教育学的观点,这几个假定都是不合教学的旨趣的。

从前书塾教书,不能说没有目标。希望学生读通了,写通了,或者去应科举,取得功名,或者保持传统,也去教书,或者写作书信,应付实用:这些都是目标。但是能不能达到目标,教师似乎不负什么责任。一辈子求不到功名的,只怨自己命运不济,不怪教师;以误传误当村馆先生的,似是而非写糊涂书信的,自己也莫名其妙,哪里会想到教师给他吃的亏多么大?在这样情形之下,教师对于怎样达到目标(也就是对于教学方法),自然不大措意。现在的国文教学可不同了。国文教学悬着明晰的目标:养成阅读书籍的习惯,培植欣赏文学的能力,训练写作文章的技能。这些目标是非达到不可的,责任全在教师身上;而且所谓养成,培植,训练,不仅对一部分学生而言,必须个个学生都受到了养成,培植,训练,才算达到了目标。因此,教学方法须特别注重。如果沿袭从前书塾里的老法子,只逐句讲解,就很难达到目标。可是,熟悉学校情形的人都知道现在的国文教学,一般的说,正和从前书塾教书差不多。这不能说不是一个相当严重的问题。

阅读书籍的习惯不能凭空养成,欣赏文学的能力不能凭空培植,写作文章的技能不能凭空训练。国文教学所以要用课本或选文,就在将课本或选文作为凭借,然后种种工作得以着手。课本里收的,选文入选的,都是单篇短什,没有长篇巨著。这并不是说学生读一些单篇短什就够了。只因单篇短什分量不多,要做细琢细磨的研读功夫正宜从此入手;一篇读毕,又来一篇,涉及的方面既不嫌偏颇,阅读的兴趣也不致单调,所以取作精读的教材。学生从精读方面得到种种经验,应用这些经验,自己去读长篇巨著以及其他的单篇短什，不再需要教师的详细指导（不是说不需要指导），这就是略读。就教学而言，精读是主体，略读只是补充；但就效果而言，精读是准备，略读才是应用。精读与略读的关系如此，试看，只做逐句讲解的工作，是不是就尽了精读方面的指导责任？

所谓阅读书籍的习惯，并不是什么难能的事，只是能够按照读物的性质作适当的处理而已。需要翻查的，能够翻查；需要参考的，能够参考；应当条分缕析的，能够条分缕析；应当综观大意的，能够综观大意；意在言外的，能够辨得出它的言外之意；义有疏漏的，能够指得出它的疏漏之处；到此地步，阅读书籍的习惯也就差不多了。一个人有了这样的习惯，一辈子读书，一辈子受用。学生起初当然没有这样的习惯，所以要他们养成；而养成的方法，唯有让他们自己去尝试。按照读物的性质，作适当的处理，教学上的用语称为"预习"。一篇精读教材放在面前，只要想到这是一个凭借，要用来养成学生阅读书籍的习惯，自然就会知道非教他们预习不可。预习的事项无非翻查、分析、综合、体会、审度之类；应该取什么方法，认定哪一些着眼点，教师自当测知他们所不及，给他们指点，可是实际下手得让他们自己动天君，因为他们将来读书必须自己动天君。预习的事项一一做完了，然后上课。上课的活动，教学上的用语称为"讨论"，预习得对不对，充分不充分，由学生与学生讨论，学生与教师讨论，求得解决。应当讨论的都讨论到，须待解决的都得到解决，就没有别的事了。这当儿，教师犹如集会中的主席，排列讨论程序的是他，归纳讨论结果的是他，不过他比主席还多负一点责任，学生预习如有错误，他得纠正，如有缺漏，他得补充，如有完全没有注意到的地方，他得指示出来，加以阐发。教师的责任不在把一篇篇的文章装进学生脑子里去；因为教师不能一辈子跟着学生，把学生所要读的书一部部装进学生脑子里去。教师只要待学生预习之后，给他们纠正，补充，阐发；唯有如此，学生在预习的阶段既练习了自己读书，在讨论的阶段又得到切磋琢磨的实益，他们阅读书籍的良好习惯才会渐渐养成。如果不取这个办法，学生要待坐定在位子上，听到教师说今天讲某一篇之后，才翻开课本或选文来；而教师又一开头就读一句，讲一句，逐句读讲下去，直到完篇，别无其他工作：那就完全是另一回事了。

第一，这里缺少了练习阅读最主要的预习的阶段。学生在预习的阶段，固然不能弄得完全头头是道；可是教他们预习的初意本来不要求弄得完全头头是道，最要紧的还在让他们自己动天君。他们动了天君，得到理解，当讨论的时候，见到自己的理解与讨论结果正相吻合，便有独创成功的快感；或者见到自己的理解与讨论结果不甚相合，就作比量短长的思索；并且预习的时候决不会没有困惑，困惑而没法解决，到讨论的时候就集中了追求解决的注意力。这种快感、思索与注意力，足以鼓动阅读的兴趣，增进阅读的效果，都有很高的价值。现在不教学生预习，他们翻开课本或选文之后又只须坐在那里听讲，不用做别的工作；从形式上看，他们太舒服了，一切预习事项都由教师代劳；但是从实际上说，他们太吃亏了，几种有价值的心理过程都没有经历到。第二，这办法与养成阅读书籍的习惯那个目标根本矛盾。临到上课，才翻开课本或选文中的某一篇来；待教师开口讲了，才竖起耳朵来听；这个星期如此，下个星期也如此，这个学期如此，下个学期也如此，还不够养成习惯吗？可惜养成的习惯恰是目标的反面。目标要学生随时读书，而养成的习惯却要上课才翻书；目标要学生自己读书，而养成的习惯却要教师讲一句才读一句书。现在一般学生不很喜欢而且不很善于读书，如果说，原因就在国文教学专用逐句讲解的办法，大概也不是过火的话吧。并且逐句讲解的办法，对于一篇中的文句是平均看待的，就是说，对于学生能够了解的文句，教师也不惮烦劳，把它译作口头的语言，而对于学生不甚了解的文句，教师又不过把它译作口头的语言而止。如讲陶潜《桃花源记》，开头"晋太元中，武陵人捕鱼为业"，就说："太元是晋朝孝武帝的年号，武陵是现在湖南常德县；晋朝太元年间，武陵地方有个捕鱼的人。"凡是逢到年号，总是说是某朝某帝的年号；凡是逢到地名，总是说是现在某地；凡是逢到与今语不同的字或词，总是说是什么意思。如果让学生自己去查一查年表、地图、字典、辞典，从而知道某个年号距离如今多少年；某一地方在他们居处的哪一方，距离多远；某一字或词的本义是什么，引申义又是什么：那就非常亲切了，得到很深的印象了。学生做了这番功夫，对于"晋太元中，武陵人捕鱼为业"那样的文句，自己已能了解，不须再听教师的口译。现在却不然，不管学生了解不了解，见文句总是照例讲，照例口译；学生听着听着，非但没有亲切之感与很深的印象，而且因讲法单调，不须口译的文句也要口译，而起厌倦之感。我们偶尔听人演说，说法单调一点，内容平凡一点，尚且感到厌倦，学生成月成年听类似那种演说的讲解与口译，怎得不厌倦呢？厌倦了的时候，身子虽在座位上，心神却离开了读物，或者"一心以为有鸿鹄将至"，或者什么都不想，像禅家的入定。这与养成读书习惯的目标不是相去很远吗？曾经听一位教师讲曾巩《越州赵公救灾记》，开头"熙宁八年夏，吴越大旱；九月，资政殿大学士右谏议大夫知越州赵公，前民之未饥，为书问属县……"在讲明了"熙宁""吴越""资政殿大学士""右谏议大夫""知"之后，便口译道："熙宁八年的夏天，吴越地方遇到大旱灾；九月间，资政殿大学士……赵公，在百姓没有受到灾患以前，发出公文去问属县……"若照逐句讲解的原则，这并没有错。可是学生听了，也许会发生疑问：（一）遇到大旱灾既在夏天，何以到了九月间还说"在百姓没有受到灾患以前"呢？（二）白话明明说"在百姓没有受到灾患以前"，何以文句中的"前"字装到"民"字的前头去呢？这两个疑问，情形并不相同：（一）是学生自己糊涂，没有辨清"旱"和"饥"的分别；（二）却不是学生糊涂，他正看出了白话和文言的语法上的异点。而就教师方面说，对于学生可能发生误会的地方不给点醒，对于学生想要寻根究底的地方不给指导，都只是讲如未讲。专用逐句讲解的办法，不免常常有这样的情形，自然说不上养成读书习惯了。

其次，就培植欣赏文学的能力那个目标来说，所谓欣赏，第一步还在透彻了解整篇文章，没有一点含糊，没有一点误会。这步做到了，然后再进一步，体会作者意念发展的途径及其辛苦经营的功力。体会而有所得，那踌躇满志，与作者完成一篇作品的时候不相上下；这就是欣赏，这就是有了欣赏的能力。而所谓体会，得用内省的方法，根据自己的经验，而推及作品；又得用分析的方法，解剖作品的各部，再求其综合；体会决不是冥心盲索、信口乱说的事。这种能力的培植全在随时的指点与诱导。正如看图画听音乐一样，起初没有门径，只看见一堆形象，只听见一串声音，必得受了内行家的指点与诱导，才渐渐懂得怎么看，怎么听；懂得怎么看怎么听，这就有了欣赏图画与音乐的能力。国文精读教材固然不尽是文学作品，但是文学与非文学，界限本不很严，即使是所谓普通文，他既有被选为精读教材的资格，多少总带点文学的意味；所以，只要指点与诱导得当，凭着精读教材也就可以培植学生的欣赏文学的能力。如果课前不教学生预习，上课又只做逐句讲解的工作，那就谈不到培植。前面已经说过，不教学生预习，他们就经历不到在学习上很有价值的几种心理过程；专教学生听讲，他们就渐渐养成懒得去仔细咀嚼的习惯。综合起来，就是他们对于整篇文章不能做到透彻了解。然而透彻了解正是欣赏的第一步。再请用看图画、听音乐来比喻，指点与诱导固然仰仗内行家，而看与听的能力的长进，还靠用自己的眼睛实际去看，用自己的耳朵实际去听。这就是说，欣赏文学要由教师指一点门径，给一点暗示，是预习之前的事。实际与文学对面，是预习与讨论时候的事。现在把这些事一概捐除，单教学生逐句听讲，那么，纵使教师的讲解尽是欣赏的妙旨，在学生只是听教师欣赏文学罢了。试想，只听内行家讲他的对于图画与音乐的欣赏，而始终不训练自己的眼睛与耳朵，那欣赏的能力还不是只属于内行家方面吗？何况前面已经说过，逐句讲解，把它译作口头的语言而止，结果往往是讲如未讲，又怎么能是欣赏的妙旨？如归有光《先妣事略》末一句，"世乃有无母之人，天乎痛哉！"要与上面的话联带体会，才知道是表达孺慕之情的至性语。上面说母亲死后十二年，他补了学官弟子；这是一件重要事，必须告知母亲的，母亲当年责他勤学，教他背书，无非盼望他能得上进；然而母亲没有了，怎么能告知她呢？又说母亲死后十六年，他结了婚，妻子是母亲所聘定的，过一年生了个女儿；这又是一件重要事，必须告知母亲的，母亲当年给他聘定妻子，就只盼望他们夫妇和好，生男育女；然而母亲没有了，怎么能告知她呢？因为要告知而无从告知，加深了对于母亲的怀念。可是怀念的结果，对于母亲的生平，只有一二"仿佛如昨"，还记得起，其余的却茫然了；这似乎连记忆之中的母亲也差不多要没有了。于是说"世乃有无母之人，天乎痛哉！"好像世间不应当有"无母之人"似的。由于怀念得深，哀痛得切，这样痴绝的话不同平常的话正是流露真性情的话。这是所谓欣赏的一个例子。若照逐句讲解的原则，轮到这一句，不过口译道："世间竟有没有母亲的人，天啊！哀痛极了！"讲是讲得不错。但是，这篇临了，为什么突兀的来这么一句呢？母亲比儿子先死的，世间尽多，为什么这句中含着"世间不应当有的'无母之人'似的"的意思呢？对于这两个疑问都不曾解答。学生听了，也不过听了"世间竟有没有母亲的人，天啊！哀痛极了！"这么一句不相干的话而已；又哪里会得到什么指点与暗示，从而训练他们的欣赏能力？

再其次，就训练写作文章的技能那个目标来说。所谓写作，也不是什么了不得的事。从外面得来的见闻知识，从里面发出的意思情感，都是写作的材料；哪些材料值得写，哪些材料值不得写，得下一番选剔的功夫。材料既选定，用什么形式表现它才合式，用什么形式表现它就不合式，得下一番斟酌的功夫。斟酌妥当了，便连布局、造句、遣词都解决了。写作不过是这么一个过程，粗略地说，只要能识字能写字的人就该会写作。写作的技能所以要从精读方面训练，无非要学生写作得比较精一点。精读教材是挑选出来的，它的写作技能当然有可取之处；阅读时候看出那些可取之处，对于选剔与斟酌就渐渐增进了较深的识力；写作时候凭着那种识力来选剔与斟酌，就渐渐训练成较精的技能。而要看出精读教材的写作技能的可取之处，与欣赏同样（欣赏本来含有赏识技能的意思），第一步在对于整篇文章有透彻的了解；第二步在体会作者意念发展的途径及其辛苦经营的功力。真诚的作者写一篇文章,决不是使花巧,玩公式,他的功力全在使情意与文字达到个完美的境界;换句话说,就是使情意圆融周至,毫无遗憾,而所用文字又恰正传达出那个情意。如范仲淹作《严先生祠堂记》,末句原作"先生之德,山高水长",李泰伯看了,教他把"德"字改为"风"字;又如欧阳修作《醉翁亭记》,开头历叙滁州的许多山,后来完全不要,只作"环滁皆山也"五字:历来传为写作技能方面的美谈。这些技能都不是徒然的修饰。根据《论语》"君子之德风"那句话,用个"风"字不但可以代表"德"字,并且增多了"君子之"的意思;还有,"德"字是呆板的,"风"字却是生动的,足以传达德被世人的意思,要指称高风亮节的严先生,自然用"风"字更好。再说《醉翁亭记》,醉翁亭既在滁州西南琅琊山那方面,何必历叙滁州的许多山?可是不说滁州的许多山,又无从显出琅琊山,唯有用个说而不详说的办法作"环滁皆山也",最为得当。可见范仲淹的原稿与欧阳修的初稿都没有达到完美的境界,经李泰伯的代为改易与欧阳修的自己重作,才算达到了完美的境界。要从阅读方面增进写作的识力,就该在这等地方深切地注意。要从实习方面训练写作的技能,就该效法那些作者的求诚与不苟。无论写一个便条,记一则日记,作一篇《我的家庭》或《秋天的早晨》,都像李泰伯与欧阳修一样的用心。但是,国文教学仅仅等于逐句讲解的时候,便什么都谈不到了。逐句讲解既不足以培植欣赏文学的能力,也不足以训练写作文章的技能。纵使在讲过某一句的时候,加上去说:"这是点题"或"这是题目的反面","这是侧击法"或"这是抑宾扬主法",算是关顾到写作方面;其实于学生的写作技能并没有什么益处。因为这么一说,给与学生的暗示将是:写作只是使花巧、玩公式的事,什么"使情意圆融周至",什么"所用文字恰正传达那个情意",他们心中却没有一点影子。他们的写作技能又怎么训练得成功?

　　因为逐句讲解的办法仅仅包含(一)解释字词的意义,(二)说明成语典故的来历,(三)把书面的文句译作口头的语言三项工作,于是产生了两个不合理的现象：（一）认为语体没有什么可讲，便撇开语体，专讲文言；（二）对于语体，也像文言一样读一句讲一句。语体必须精读，在中学国文课程标准里素有规定；现在撇开语体，一方面是违背规定，另一方面是对不起学生——使他们受不到现代最切要的语体方面的种种训练。至于讲语体像讲文言一样，实在是个可笑的办法。除了各地方言偶有差异而外，纸面的语体与口头的语言几乎全同；现在还要把它口译，那无非逐句复读一遍而已。语体必须教学生预习，必须在上课时候讨论；逐句复读一遍决不能算精读了语体。关于这一点，拟另外作一篇文章细谈。

逐句讲解是最省事的办法；如要指导学生预习，主持课间讨论，教师就麻烦得多。但是专用逐句讲解的办法达不到国文教学的目标，如前面所说；教师为忠于职责忠于学生，自该不怕麻烦，让学生在听讲之外，多做些事，多得些实益。教师自己，在可省的时候正不妨省一点讲解的辛劳，腾出工夫来给学生指导，与学生讨论，也就绰有余裕了。

> 1941年1月7日作，原载《文史教育》创刊号，署名叶绍钧。

4. 国文随谈（节选）

语言文字的学习好比积钱，辛辛苦苦工作，积一个是一个。

三 "求甚解"

前面说过，国文课是教师与学生的共同工作。可是主体究竟是学生，教师的实施方法无论如何精到，如果学生只还他个"不动天君"，也就难有很好的成绩。所以在学生的立场说，教师教得好，固然是幸运，但自己还得努力，才不辜负教师的好教法。教师教得不好，也不妨事，只要自己能够努力，造诣也可以很深。咱们试想，不是有许多少年没有机会进中学的吗？他们中间的一部分，感到实际上的需要，没有人指导，就不要指导，自己来硬干，学习国文，结果也读得很通，写得很好。自学的志向若能立定，以外的什么问题其实都不成问题的。

学习国文，事项只有两种，阅读与写作。阅读不是说让眼光在纸面跑一阵马，写作不是说提起笔杆来胡乱写几句，都得讲究方法。方法不能凭空讲究，没有依据。选一些文篇与书本来读，出一些题目来作，都为的这样才有依据。咱们读这一篇文字这一本书，目的固然在了解这篇文字这本书讲些什么，但同时也在练习一些方法，以便读其他的文字其他的书。咱们作这一个题目，目的固然在说出对于这个题目应说的话，但同时也在练习一些方法以便作其他的题目。对于方法，懂得是一个阶段，应用又是一个阶段。懂得了不一定就能应用，要应用必经练习。练习到了纯熟的地步，方法化为习惯，那才自然而然能够随时应用了。凡是技术方面的事情大都如此，而阅读与写作正是两种技术。所以学习国文的人应当记住：不讲究方法固然根本不对，而讲究方法，只到懂得为止，也还是没有用处。必须使一切方法化为自身的习惯，那才算贯彻了学习国文的本旨。

所谓方法，指什么说的呢？先就阅读说，"不求甚解"不是方法，反过来，"求甚解"便是方法。要做到"求甚解"，第一步，自然从逐词逐句的了解入手。仅仅翻了字典，知道这一词这一句什么意思，还不能算彻底了解，必须更进一步，知道这一词这一句在某种场合才可以用，那才是尤其到家的方法。就如"场合"一词，咱们为什么不能把"教室是上课的地方"说成"教室是上课的场合"呢？要回答得出这个为什么，才算彻底了解了"场合"。又如孟子"城非不高也，池非不深也，兵革非不坚利也，米粟非不多也，委而去之，是地利不如人和也。"咱们知道两个否定等于肯定，而孟子不作"城高，池深，兵革坚利，米粟富足，委而去之，是地利不如人和也。"这又为什么呢？要回答得出这个为什么，才算彻底了解了"……非不……也"的句式。

文字中常使用习语成语，如"不三不四"，"提心吊胆"，"怒发冲冠"，"悲来填膺"，之类。这种习语成语，既经大家公认，原则上是不能更动的，要记须整个儿记，要用须整个儿用。如果记的时候马马虎虎，用的时候把它们改头换面，说成"不五不六"，"提肺吊肝"，"怒发冲帽"，"愁来填胸"，那就是胡说了。

总之，对于一个词儿，一种句式，一句习语或成语，第一须明白它的意义。第二须取许多例子，同样的与近似而实际不同的，互相比勘，来看出它的用法。从这样的方法得来的，才是彻底了解。语言文字的学习好比积钱，辛辛苦苦工作，积一个是一个。积钱还可以用不正当的手段，或是投机，或是舞弊，突然之间到手十万八万。语言文字的学习可不然，除了辛苦工作，日积月累以外，没有简便的办法。

　　词句既已了解，第二步，便可以从头到底，看通篇讲些什么了。要看通篇讲些什么，只做到逐句解释得清楚的地步是不够的，还得辨明它的主旨在哪里，与它怎样表现它的主旨。主旨是文字的灵魂，不辨明主旨，读如未读。表现方法是主旨明显不明显或站不站得住的关键，不辨明表现方法，对于主旨就只有模糊影响。譬如读朱光潜先生的《谈动》（这篇文字，各种初中国文教本差不多都选的，希望读者翻在手头，再看下文），咱们不能说从头到底句句都解释得清楚了，就此完事。咱们还得辨明它的主旨。主旨是不难辨明的，题目上已经标出来了，无非教人家要"能动"。但是，这篇文字怎样表现这个主旨呢？要回答这个问题，就得逐节细看。文中先说那收信的朋友近来心境很不安静，次说作者自己从前也尝过烦恼的况味，那烦恼不是哲学与人生观等等玄谈所能消解的。说到这里，言外就有须得另寻消解方法的意思了。于是把"我们都不过是自然的奴隶，要征服自然，只得服从自然"，以及动是人的自然，作为论据，推到违反自然，不动，才有烦恼，要消解烦恼，只须顺从自然，能动。动的结果是享受快乐，不动的结果是感觉烦恼。何以能享受快乐？因为动倾向于"舒畅"方面。何以会感觉烦恼？因为不动倾向于"抑郁"方面。说到这里，不动与抑郁的关系，抑郁与烦恼的关系，动与舒畅的关系，舒畅与快乐的关系，都已表明。人必须"能动"，除非他不要享受快乐，已可确信无疑。然后推广开来说，孟子"尽性"的主张，实在就是顺从自然，充量求其"能动"的意思。"把'尽性'两字懂得透彻，我以为生活目的在此，生活方法也就在此"。这差不多把"能动"来包括整个人生了。（不想说得太噜苏；即此为止。）咱们一面细看，一面细想。烦恼来时，什么玄谈都抵挡不住，这种经验咱们也有过。文中所取的论据，咱们承认。推衍出来的一些说法咱们也无可辩驳。于是咱们相信，人要"能动"这个主旨是站得住的。为什么相信？因为它的表现方法有条有理，有根有据。另外还可以想呢。这篇文字并非真有一个受信的朋友在那里，为什么要用书信的形式呢？如果不用书信的形式，这个主旨当然也可以表现，但文字的情味上必然有点儿不同，那不同的情形又怎样呢？诸如此类，推求愈多，对于表现方法的了解也愈多。

又如读鲁迅先生的《孔乙己》（这篇小说，读者一定很熟悉，希望也把它翻在手头），咱们不能说这篇小说讲的是一个穷人叫作孔乙己的落魄的情形，就此完事。咱们得注意，这里的孔乙己是从一个酒店小伙计的眼光里看出来的。孔乙己虽是个穷人，一生的言语行动也决不止这里所写的一些，凡是小伙计所未见未闻的这里都没有写。孔乙己所以引起小伙计的注意，因为他来到酒店里的时候，"店内外充满了快活的空气"，小伙计也可以"附和着笑"，消解一点无聊。这便成为前半篇的线索。咱们看，在叙述了酒客嘲笑孔乙己偷东西之后，用"引得众人都哄笑起来：店内外充满了快活的空气"来结束。在叙述了酒客嘲笑孔乙己连半个秀才也捞不到之后，又用"众人也都哄笑起来：店内外充满了快活的空气"来结束。在叙述了邻舍孩子吃孔乙己的茴香豆之后，又用"于是这一群孩子都在笑声里走散了"来结束。以下再来一句总结束："孔乙己是这样的使人快活"。可见小伙计只觉得孔乙己是快活的泉源，对于孔乙己的生活，他是无所批评的。总结束之后，紧接着"可是没有他，别人也便这么过"，这又回到小伙计的无聊生涯去了。后半篇的线索是关于孔乙己的酒账的事情，这也是小伙计亲见亲闻的。咱们看，一节叙述中秋前两三天，掌柜结账，发见孔乙己还欠十九个钱，于是引起酒客与掌柜对于孔乙己的近况的一番谈论。下一节叙述将近初冬的时候，孔乙己忽然又来喝酒了，旧账下回还清，"这一回是现钱"，于是又引起了一阵嘲讽与笑声。下一节叙述直到年关，直到第二年的端午，掌柜都说，"孔乙己还欠十九个钱呢！"以后就不再提起，孔乙己也不再来。于是末节结束说，"我到现在终于没有见——大约孔乙己的确死了。"可见小伙计对于孔乙己的死，是无所怜惜的。可是咱们读者看了这篇小说，认识了小伙计眼光中的孔乙己，就有许多意思好想。读过书，没有进学，又不会营生：这种人在从前科举时代很多。如果进了学,情形就不同了,至少可以设个蒙馆,或者当人家的西席。弃儒就商,会去营生,生活也可以好一点。但孔乙己都不成,只好替人家抄书了。他又有好喝懒做的坏脾气,"坐不到几天,便连人和书籍纸张笔砚一齐失踪",于是抄书的生路又断绝了。抄书时候拿人家的东西,原是顺手牵羊,随便带走,进一步,他偷人家的书,再进一步,就什么东西都偷了。这是孔乙己从读书到行窃的过程,文中没有明说,但咱们应当看出来。他虽然行窃,还是穿着长衫,说着"污人清白""君子固穷"的文句来替自己辩护:从这上头,见出他所受的教育对于他的影响。他听人家嘲笑他连半个秀才也捞不到,"立刻显出颓唐不安模样",可见他对于自己的没有进学,是认为生平穷通的大关键的。综合以上几点,一个旧教育制度下的落伍者的剪影便显出来了,而本篇的主旨就在于此。另外还可以想呢。孔乙己受着酒客的嘲讽,"知道不能和他们谈天",便与小伙计攀谈,把茴香豆给邻舍孩子吃,这是一种什么心情?人家说他脸上添了新伤疤,"他不回答",说他被何家吊着打,他"争辩道,'窃书不能算偷……窃书!读书人的事,能算偷么!'"这又是一种什么心情?诸如此类,小说里照例是不大说明的,咱们推求愈多,对于表现方法的了解也愈多,对于主旨的辨明就愈清。(可说的还有很多,这里只得从略了。)

  文字各式各样,阅读方法自也不能一律。多读些文字,练习到的方法就多些。若在学校国文课里,这些方法便是共同讨论的主要材料,或由教师指导学生再来深求,或由学生提出,教师加以纠正或补充。若是独立自学,这些方法也得充量发见,充量应用。在练习的时候,是用方法去对付文字,意念中有方法存在。到后来纯熟了,遇见文字自然能用最精到的眼光去看它,意念中不再存什么方法不方法,那便终身受用不尽了。

  文字最好能读熟。文言不是咱们现在口头的语言,要习惯它的调子,要辨出它的情味,固然非熟读不可,就是语体文,要体会出作者用词造语的妙处,也得熟读。读语体文当然与读文言不一样,为避免误会起见,"读"字不妨改作"说"字,用国语的调子把语体文熟"说"。文字又最好能复习。学习加减乘除的算法，会了，算术教本不妨丢掉，因为加减乘除的算法很简单，会就会，再没有别的。学习文字的阅读却不然，不能说某篇已经读过了，明白了，就不必再读。重读的时候，也许改正从前的认识，也许扩充从前的了解，也许得到一种新鲜的印象，这都是常有的事。即使不增不减，了解还是与从前一样，但重读一回就是多一回练习，所用的种种阅读方法化为习惯也必然容易一点。

  以上指精读而言。还有所谓略读，方法其实与精读一样。课程标准所以把阅读分作精读略读两项，原来着眼在读物的分量方面。短篇分量少，自成一个单位，解说剖析都容易完事，所以凭它来训练学生精读。成本的书分量多，不便在教室里精细讨论，所以教学生根据着精读的经验，自己去读。略读的"略"字表示学生所受教师的指导简略一点的意思，并不是说马马虎虎地读。至于自学的人，根本不待他人指导，自然无所谓精读略读了。不论短篇与书本，性质相近的，就该用同一读法去读。文字浅易明白的，不妨少用点功夫，看下去就是。文字深微曲折的，就得精细地解说，周到地剖析，达到透彻了解的地步，才歇。

1941年3月5日发表

5. 文艺作品的鉴赏

文字是一道桥梁。这边的桥堍站着读者，那边的桥堍站着作者。通过了这一道桥梁，读者才和作者会面。不但会面，并且了解作者的心情，和作者的心情相契合。

一　要认真阅读

文艺鉴赏不是一桩特别了不起的事，不是只属于读书人或者文学家的事。

我们苏州地方流行着一首儿歌：

> 咿呀咿呀踏水车。水车沟里一条蛇，游来游去捉虾蟆。虾蟆躲（原音"伴"，意义和"躲"相当，可是写不出这个字来）在青草里，青草开花结牡丹。牡丹娘子要嫁人，石榴姊姊做媒人。桃花园里铺"行家"（嫁装），梅花园里结成亲。……

儿童唱着这个歌，仿佛看见春天田野的景物，一切都活泼而有生趣：水车转动了，蛇游来游去了，青草开花了，牡丹做新娘子了。因而自己也觉得活泼而有生趣，蹦蹦跳跳，宛如郊野中一匹快乐的小绵羊。这就是文艺鉴赏的初步。

另外有一首民歌，流行的区域大概很广，在一百年前已经有人记录在笔记中间了，产生的时间当然更早。

月儿弯弯照九州。几家欢乐几家愁？
几家夫妇同罗帐？几个飘零在外头？

唱着这个歌，即使并无离别之感的人，也会感到在同样的月光之下，人心的欢乐和哀愁全不一致。如果是独居家中的妇人，孤栖在外的男子，感动当然更深。回想同居的欢乐，更见离别的难堪，虽然头顶上不一定有弯弯的月儿，总不免簌簌地掉下泪来。这些人的感动也可以说是从文艺鉴赏而来的。

可见文艺鉴赏是谁都有份的。

但是要知道，文艺鉴赏不只是这么一回事。

文艺中间讲到一些事物，我们因这些事物而感动，感动以外，不再有别的什么。这样，我们不过处于被动的地位而已。

我们应该处于主动的地位，对文艺要研究，考察。它为什么能够感动我们呢？同样讲到这些事物，如果说法变更一下，是不是也能够感动我们呢？这等问题就涉及艺术的范围了。而文艺鉴赏正应该涉及艺术的范围。

在电影场中，往往有人为着电影中生离死别的场面而流泪。但是另外一些人觉得这些场面只是全部情节中的片段，并没有什么了不起，反而对于某景物的一个特写、某角色的一个动作点头赞赏不已。这两种人中，显然是后一种人的鉴赏程度比较高。前一种人只被动地着眼于故事，看到生离死别，设身处地一想，就禁不住掉下泪来，后一种人却着眼于艺术，他们看出了一个特写、一个动作对于全部电影所加增的效果。

还就看电影来说。有一些人希望电影把故事交代得清清楚楚，例如剧中某角色去访朋友，必须看见他从家中出来的一景，再看见他在路上步行或者乘车的一景，再看见他走进朋友家中去的一景，然后满意。如果看见前一景那个角色在自己家里，后一景却和朋友面对面谈话了，他们就要问："他们也没出，怎么一会儿就在朋友家中了？"像这样不预备动一动天君的人，当然谈不到什么鉴赏。

散场的时候，往往有一些人说那个影片好极了，或者说，紧张极了，巧妙极了，可爱极了，有趣极了——总之是一些形容词语。另外一些人却说那个影片不好，或者说，一点不紧凑，一点不巧妙，没有什么可爱，没有什么趣味——总之也还是一些形容词语。像这样只能够说一些形容词语的人，他们的鉴赏程度也有限得很。

文艺鉴赏并不是摊开了两只手，专等文艺给我们一些什么。也不是单凭一时的印象，给文艺加上一些形容词语。

文艺中间讲到一些事物，我们就得问：作者为什么要讲到这些事物？文艺中间描写风景，表达情感，我们就得问：作者这样描写和表达是不是最为有效？我们不但说了个"好"就算，还要说得出好在哪里，不但说了个"不好"就算，还要说得出不好在哪里。这样，才够得上称为文艺鉴赏。这样，从好的文艺得到的感动自然更深切。文艺方面如果有什么不完美的地方，也会觉察出来，不至于一味照单全收。

鲁迅的《孔乙己》，现在小学高级和初级中学都选作国语教材，读过的人很多了。匆匆读过的人说："这样一个偷东西被打折了腿的瘪三，写他有什么意思呢？"但是，有耐心去鉴赏的人不这么看，有的说："孔乙己说回字有四样写法，如果作者让孔乙己把四样写法都写出来，那就索然无味了。"有的说："这一篇写的孔乙己，虽然颓唐、下流，却处处要面子，处处显示出他所受的教育给与他的影响，绝不同于一般的瘪三，这是这一篇的出色处。"有一个深深体会了世味的人说："这一篇中，我以为最妙的文字是'孔乙己是这样的使人快活，可是没有他，别人也便这么过。'这个话传达出无可奈何的寂寞之感。这种寂寞之感不只属于这一篇中的酒店小伙计，也普遍属于一般人。'也便这么过'，谁能跳出这寂寞的网罗呢？"

可见文艺鉴赏犹如采矿，你不动手，自然一无所得，只要你动手去采，随时会发现一些晶莹的宝石。

这些晶莹的宝石岂但给你一点赏美的兴趣，并将扩大你的眼光，充实你的经验，使你的思想、情感、意志往更深更高的方面发展。

好的文艺值得一回又一回地阅读，其原由在此。否则明明已经知道那文艺中间讲的是什么事物了，为什么再要反复阅读？

另外有一类也称为文艺的东西，粗略地阅读似乎也颇有趣味。例如说一个人为了有个冤家想要报仇，往深山去寻访神仙。神仙访到了，拜求收为徒弟，从他修习剑术。结果剑术练成，只要念念有词，剑头就放出两道白光，能取人头于数十里之外。于是辞别师父，下山找那冤家，可巧那冤家住在同一的客店里。三更时分，人不知，鬼不觉，剑头的白光不必放到数十里那么长，仅仅通过了几道墙壁，就把那冤家的头取来，藏在作为行李的空皮箱里。深仇既报，这个人不由得仰天大笑。——我们知道现在有一些少年很欢喜阅读这一类东西。如果阅读时候动一动天君，就觉察这只是一串因袭的浮浅的幻想。除了荒诞的传说，世间哪里有什么神仙？除了本身闪烁着寒光，剑头哪里会放出两道白光？结下仇恨，专意取冤家的头，其人的性格何等暴戾？深山里住着神仙，客店里失去头颅，这样的人世何等荒唐？这中间没有真切的人生经验，没有高尚的思想、情感、意志作为骨子。说它是一派胡言，也不算过分。这样一想，就不再认为这一类东西是文艺，不再觉得这一类东西有什么趣味。读了一回，就大呼上当不止。谁高兴再去上第二回当呢？

可见阅读任何东西不可马虎，必须认真。认真阅读的结果，不但随时会发现晶莹的宝石，也随时会发现粗劣的瓦砾。于是吸取那些值得取的，排除那些无足取的，自己才会渐渐地成长起来。

采取走马看花的态度的，谈不到文艺鉴赏。纯处于被动的地位的，也谈不到文艺鉴赏。

要认真阅读。在阅读中要研究，考察。这样才可以走上文艺鉴赏的途径。

二 驱遣我们的想象

原始社会里，文字还没有创造出来，却先有了歌谣一类的东西。这也就是文艺。

文字创造出来以后，人就用它把所见所闻所想所感的一切记录下来。一首歌谣，不但口头唱，还要刻呀，漆呀，把它保留在什么东西上（指使用纸和笔以前的时代而言）。这样，文艺和文字就并了家。

后来纸和笔普遍地使用了，而且发明了印刷术。凡是需要记录下来的东西，要多少份就可以有多少份。于是所谓文艺，从外表说，就是一篇稿子，一部书，就是许多文字的集合体。

当然，现在还有许多文盲在唱着未经文字记录的歌谣，像原始社会里的人一样。这些歌谣只要记录下来，就是文字的集合体了。文艺的门类很多，不止歌谣一种。古今属于各种门类的文艺，我们所接触到的，可以说，没有一种不是文字的集合体。

文字是一道桥梁。这边的桥堍站着读者，那边的桥堍站着作者。通过了这一道桥梁，读者才和作者会面。不但会面，并且了解作者的心情，和作者的心情相契合。

先就作者的方面说。文艺的创作决不是随便取许多文字来集合在一起。作者着手创作，必然对于人生先有所见，先有所感。他把这些所见所感写出来，不作抽象的分析，而作具体的描写，不作刻板的记载，而作想象的安排。他准备写的不是普通的论说文、记叙文；他准备写的是文艺。他动手写，不但选择那些最适当的文字，让它们集合起来，还要审查那些写下来的文字，看有没有应当修改或是增减的。总之，作者想做到的是：写下来的文字正好传达出他的所见所感。

现在就读者的方面说。读者看到的是写在纸面或者印在纸面的文字，但是看到文字并不是他们的目的。他们要通过文字去接触作者的所见所感。

如果不识文字，那自然不必说了。即使识了文字，如果仅能按照字面解释，也接触不到作者的所见所感。王维的一首诗中有这样两句：

大漠孤烟直，
长河落日圆。

大家认为佳句。如果单就字面解释，大漠上一缕孤烟是笔直的，长河背后一轮落日是圆圆的，这有什么意思呢？或者再提出疑问：大漠上也许有几处地方聚集着人，难道不会有几缕的炊烟吗？假使起了风，烟不就曲折了吗？落日固然是圆的，难道朝阳就不圆吗？这样地提问，似乎是在研究，在考察，可是也领会不到这两句诗的意思。要领会这两句诗，得睁开眼睛来看。看到的只是十个文字呀。不错，我该说得清楚一点：在想象中睁开眼睛来，看这十个文字所构成的一幅图画。这幅图画简单得很，景物只选四样，大漠、长河、孤烟、落日，传出北方旷远荒凉的印象。给"孤烟"加上个"直"字，见得没有一丝的风，当然也没有风声，于是更来了个静寂的印象。给"落日"加上个"圆"字，并不是说唯有"落日"才"圆"，而是说"落日"挂在地平线上的时候才见得"圆"。圆圆的一轮"落日"不声不响地衬托在"长河"的背后，这又是多么静寂的境界啊！一个"直"，一个"圆"，在图画方面说起来，都是简单的线条，和那旷远荒凉的大漠、长河、孤烟、落日正相配合，构成通体的一致。

像这样驱遣着想象来看，这一幅图画就显现在眼前了。同时也就接触了作者的意境。读者也许是到过北方的，本来觉得北方的景物旷远、荒凉、静寂，使人怅然凝望。现在读到这两句，领会着作者的意境，宛如听一个朋友说着自己也正要说的话，这是一种愉快。读者也许不曾到过北方，不知道北方的景物是怎样的。现在读到这两句，领会着作者的意境，想象中的眼界就因而扩大了，并且想想这意境多美，这也是一种愉快。假如死盯着文字而不能从文字看出一幅图画来，就感受不到这种愉快了。

上面说的不过是一个例子。这并不是说所有文艺作品都要看作一幅图画，才能够鉴赏。这一点必须清楚。

再来看另一些诗句。这是从高尔基的《海燕》里摘录出来的。

  白濛濛的海面上，风在收集着阴云。在阴云和海的中间，得意洋洋地掠过了海燕……

  海鸥在暴风雨前头哼着，——哼着，在海面上窜着，愿意把自己对于暴风雨的恐惧藏到海底里去。

  潜水鸟也在哼着——它们这些潜水鸟，够不上享受生活的战斗的快乐！轰击的雷声就把它们吓坏了。

  蠢笨的企鹅，畏缩地在崖岸底下躲藏着肥胖的身体……

  只有高傲的海燕，勇敢地，自由自在地，在泛着白沫的海面上飞掠着。

  ——暴风雨！暴风雨快要爆发了！

  勇猛的海燕，在闪电中间，在怒吼的海上，得意洋洋地飞掠着，这胜利的预言者叫了：

  ——让暴风雨来得利害些吧！

如果单就字面解释，这些诗句说了一些鸟儿在暴风雨之前各自不同的情况。这有什么意思呢？或者进一步追问：当暴风雨将要到来的时候，人忧惧着生产方面的损失以及人事方面的阻障不是更要感到不安吗？为什么抛开了人不说，却去说一些无关紧要的鸟儿？这样地追问，似乎是在研究，在考察，可是也领会不到这首诗的意思。

要领会这首诗，得在想象中生出一对翅膀来，而且展开这对翅膀，跟着海燕"在闪电中间，在怒吼的海上，得意洋洋地飞掠着"。这当儿，就仿佛看见了聚集的阴云，耀眼的闪电，以及汹涌的波浪，就仿佛听见了震耳的雷声，怒号的海啸。同时仿佛体会到，一场暴风雨之后，天地将被洗刷得格外清明，那时候在那格外清明的天地之间飞翔，是一种无可比拟的舒适愉快。"暴风雨有什么可怕呢？迎上前去吧！教暴风雨快些来吧！让格外清明的天地快些出现吧！"这样的心情自然萌生出来了。回头来看看海鸥、潜水鸟、企鹅那些东西，它们苟安、怕事，只想躲避暴风雨，无异于不愿看见格外清明的天地。于是禁不住激昂地叫道："让暴风雨来得利害些吧！"

像这样驱遣着想象来看，才接触到作者的意境。那意境是什么呢？就是不避"生活的战斗"。唯有迎上前去，才够得上"享受生活的战斗的快乐"。读者也许是海鸥、潜水鸟、企鹅似的人物，现在接触到作者的意境，感到海燕的快乐，因而改取海燕的态度，这是一种受用。读者也许本来就是海燕似的人物，现在接触到作者的意境，仿佛听见同伴的高兴的歌唱，因而把自己的态度把握得更坚定，这也是一种受用。假如死盯着文字而不能从文字领会作者的意境，就无从得到这种受用了。

我们鉴赏文艺，最大目的无非是接受美感的经验，得到人生的受用。要达到这个目的，不能够拘泥于文字。必须驱遣我们的想象，才能够通过文字，达到这个目的。

三　训练语感

前面说过，要鉴赏文艺，必须驱遣我们的想象。这意思就是：文艺作品往往不是倾筐倒箧地说的，说出来的只是一部分罢了，还有一部分所谓言外之意，弦外之音，没有说出来，必须驱遣我们的想象，才能够领会它。如果拘于有迹象的文字，而抛荒了言外之意、弦外之音，至多只能够鉴赏一半，有时连一半也鉴赏不到，因为那没有说出来的一部分反而是极关重要的一部分。

这一回不说"言外"而说"言内"。这就是语言文字本身所有的意义和情味。鉴赏文艺的人如果对于语言文字的意义和情味不很了了，那就如入宝山空手回，结果将一无所得。

审慎的作家写作，往往斟酌又斟酌，修改又修改，一句一字都不肯随便。无非要找到一些语言文字，意义和情味同他的旨趣恰相贴合，使他的作品真能表达他的旨趣。我们固然不能说所有的文艺作品都能做到这样，可是我们可以说，凡是出色的文艺作品，语言文字必然是作者的旨趣的最贴合的符号。

作者的努力既是从旨趣到符号，读者的努力自然是从符号到旨趣。读者若不能透彻地了解语言文字的意义和情味，那就只看见徒有迹象的死板板的符号，怎么能接近作者的旨趣呢？

所以，文艺鉴赏还得从透彻地了解语言文字入手。这件事看来似乎浅近，但是是最基本的。基本没有弄好，任何高妙的话都谈不到。

陶渊明"好读书不求甚解"，从来传为美谈，因而很有效法他的。我还知道有一些少年看书，遇见不很了了的地方就一眼带过；他们自以为有一宗可靠的经验，只要多遇见几回，不很了了的自然就会了了。其实陶渊明的"好读书不求甚解"究竟是不是胡乱阅读的意思，原来就有问题。至于把不很了了的地方一眼带过，如果成了习惯，将永远不能够从阅读得到多大益处。囫囵吞东西，哪能辨出真滋味来？文艺作品跟寻常读物不同，是非辨出真滋味来不可的。读者必须把捉住语言文字的意义和情味，才有辨出真滋味来——也就是接近作者的旨趣的希望。

要了解语言文字，通常的办法是翻查字典辞典。这是不错的。但是现在许多少年仿佛有这样一种见解：翻查字典辞典只是国文课预习的事情，其他功课内就用不到，自动地阅读文艺作品当然更无需那样了。这种见解不免错误。产生这个错误不是没有原由的。其一，除了国文教师以外，所有辅导少年的人都不曾督促少年去利用字典辞典。其二，现在还没有一种适于少年用的比较完善的字典和辞典。虽然有这些原由，但是从原则上说，无论什么人都该把字典辞典作为终身伴侣，以便随时解决语言文字的疑难。字典辞典即使还不完善，能利用总比不利用好。

不过字典辞典的解释，无非取比照的或是说明的办法，究竟和原字原辞不会十分贴合。例如"踌躇"，解作"犹豫"，就是比照的办法；"情操"，解作"最复杂的感情，其发作由于精神的作用，就是爱美和尊重真理的感情"，就是说明的办法。完全不了解什么叫作"踌躇"、什么叫作"情操"的人看了这样的解释，自然能有所了解。但是在文章中间，该用"踌躇"的地方不能换上"犹豫"，该用"情操"的地方也不能拿说明的解释语去替代，可见从意义上、情味上说，原字原辞和字典辞典的解释必然多少有点距离。

不了解一个字一个辞的意义和情味，单靠翻查字典辞典是不够的。必须在日常生活中随时留意，得到真实的经验，对于语言文字才会有正确丰富的了解力，换句话说，对于语言文字才会有灵敏的感觉。这种感觉通常叫作"语感"。

夏丏尊先生在一篇文章里讲到语感，有下面的一节说：

> 在语感锐敏的人的心里，"赤"不但解作红色，"夜"不但解作昼的反对吧。"田园"不但解作种菜的地方，"春雨"不但解作春天的雨吧。见了"新绿"二字，就会感到希望、自然的化工、少年的气概等等说不尽的旨趣，见了"落叶"二字，就会感到无常、寂寥等等说不尽的意味吧。真的生活在此，真的文学也在此。

夏先生这篇文章提及的那些例子，如果单靠翻查字典，就得不到什么深切的语感。唯有从生活方面去体验，把生活所得的一点一点积聚起来，积聚得越多，了解就越深切。直到自己的语感和作者不相上下，那时候去鉴赏作品，就真能够接近作者的旨趣了。

譬如作者在作品中描写一个人从事劳动，末了说那个人"感到了健康的疲倦"，这是很生动很实感的说法。但是语感欠锐敏的人就不觉得这个说法的有味，他想："疲倦就疲倦了，为什么加上'健康的'这个形容词呢？难道疲倦还有健康的和不健康的的分别吗？"另外一个读者却不然了，他自己有过劳动的经验，觉得劳动后的疲倦确然和一味懒散所感到的疲倦不同；一是发皇的、兴奋的，一是萎缩的、委靡的，前者虽然疲倦但有快感，后者却使四肢百骸都像销融了那样地不舒服。现在看见作者写着"健康的疲倦"，不由得拍手称赏，以为"健康的"这个形容词真有分寸，真不可少，这当儿的疲倦必须称为"健康的疲倦"，才传达出那个人的实感，才引得起读者经历过的同样的实感。

这另外一个读者自然是语感锐敏的人了。他的语感为什么会锐敏？就在乎他有深切的生活经验，他知道同样叫作疲倦的有性质上的差别，他知道劳动后的疲倦怎样适合于"健康的"这个形容词。

看了上面的例子，可见要求语感的锐敏，不能单从语言文字上揣摩，而要把生活经验联系到语言文字上去。一个人即使不预备鉴赏文艺，也得训练语感，因为这于治事接物都有用处。为了鉴赏文艺，训练语感更是基本的准备。有了这种准备，才可以通过文字的桥梁，和作者的心情相契合。

四　不妨听听别人的话

鉴赏文艺，要和作者的心情相契合，要通过作者的文字去认识世界，体会人生，当然要靠读者自己的努力。有时候也不妨听听别人的话。别人鉴赏以后的心得不一定就可以转变为我的心得；也许它根本不成为心得，而只是一种错误的见解。可是只要抱着参考的态度，听听别人的话，总不会有什么害处。抱着参考的态度，采取不采取，信从不信从，权柄还是在自己手里。即使别人的话只是一种错误的见解，我不妨把它搁在一旁；而别人有几句话搔着了痒处，我就从此得到了启发，好比推开一扇窗，放眼望出去可以看见许多新鲜的事物。阅读文艺也应该阅读批评文章，理由就在这里。

批评的文章有各式各样。或者就作品的内容和形式加以赞美或指摘；或者写自己被作品引起的感想；或者说明这作品应该怎样看法；或者推论这样的作品对于社会会有什么影响。一个文艺阅读者，这些批评的文章都应该看看。虽然并不是所有的批评文章都有价值，但是看看它们，就像同许多朋友一起在那里鉴赏文艺一样，比较独个儿去摸索要多得到一点切磋琢磨的益处和触类旁通的机会。

文艺阅读者最需要看的批评文章是切切实实按照作品说话的那一种。作品好在哪里，不好在哪里；应该怎样看法，为什么；对于社会会有什么影响，为什么：这样明白地说明，当然适于作为参考了。

有一些批评文章却只用许多形容词，如"美丽"、"雄壮"之类；或者集合若干形容词语，如"光彩焕发，使人目眩"，"划时代的，出类拔萃的"之类。对于诗歌，这样的批评似乎更常见。从前人论词（从广义说，词也是诗歌），往往说苏、辛豪放，周、姜蕴藉，就是一个例子。这只是读了这四家的词所得的印象而已；为要用语言文字来表达所得的印象，才选用了"豪放"和"蕴藉"两个形容词。"豪放"和"蕴藉"虽然可以从辞典中查出它们的意义来，但是对于这两个形容词的体会未必人人相同，在范围上，在情味上，多少有广狭、轻重的差别。所以，批评家所说的"豪放"和"蕴藉"不就是读者意念中的"豪放"和"蕴藉"。读者从这种形容词所能得到的帮助很少。要有真切的印象，还得自己去阅读作品。其次，说某人的作品怎样，大抵只是扼要而言，不能够包括净尽。在批评家，选用几个形容词，集合几个形容词语，来批评某个作家的作品，固然是他的自由；可是读者不能够以此自限。如果以此自限，对于某个作家的作品的领会就得打折扣了。

阅读了一篇作品，觉得淡而无味，甚至发生疑问，作者为什么要采集这些材料，写成这篇文章呢？这是读者常有的经验。这当儿，我们不应该就此武断地说，这是一篇要不得的作品，没有道理的作品。我们应该虚心地想,也许是没有把它看懂吧。于是去听听别人的话。听了别人的话,再去看作品,觉得意味深长了;这些材料确然值得采集,这篇文章确然值得写作。这也是读者常有的经验。

我有一个朋友给他的学生选读小说,有一回,选了日本国木田独步的一篇《疲劳》。这篇小说不过两千字光景,大家认为国木田独步的佳作。它的内容大略如下:

篇中的主人公叫作大森。所叙述的时间是五月中旬某一天的午后二时到四时半光景。地点是一家叫作大来馆的旅馆里。譬之于戏剧,这篇小说可以分为两场;前一场是大森和他的客人田浦在房间里谈话;后一场是大森出去了一趟回到房间里之后的情形。

在前一场中,侍女阿清拿了来客中西的名片进来报告说,遵照大森的嘱咐,账房已经把人不在馆里的话回复那个来客了。大森和田浦正要同中西接洽事情,听说已经把他回复了,踌躇起来。于是两个人商量,想把中西叫来;又谈到对付中西的困难,迁就他不好,对他太像煞有介事也不好。最后决定送信到中西的旅馆去,约他明天清早到这里来。大森又准备停会儿先出去会一会与事情有关的骏河台那个角色;当夜还要把叫作泽田的人叫来,教他把"样本的说明顺序"预备妥当,以便对付中西。

在后一场中,大森从外面回来,疲劳得很,身子横倒在席上,成了个"大"字。侍女报说江上先生那里来了电话。大森勉强起来去接,用威势堂堂的声气接谈,回答说,"那么就请来。"大森"回到房里,又颓然把身子横倒了,闭上眼睛。忽而举起右手,屈指唱着数目,似乎在想什么。过了一会,手'拍'地自然放下,发出大鼾声来,那脸色宛如死人。"

许多学生读了这篇小说,觉得莫名其妙。大森和田浦要同中西接洽什么事情呢?接洽的结果怎样呢?篇中都没有叙明。像这样近乎无头无尾的小说,作者凭什么意思动笔写作呢?

于是我的朋友向学生提示说:

"你们要注意,这是工商社会中生活的写生。他们接洽的是什么事情,对于领会这篇小说没有多大关系；单看中间提及'样本的说明顺序'，知道是买卖交易上的事情就够了。在买卖交易上需要这么勾心斗角，斟酌对付，以期占得便宜：这是工商社会的特征。

"再看大森和田浦的生活方式完全是工商社会的：他们在旅馆里开了房间商量事情；那旅馆的电话备有店用的和客用的，足见通话的频繁；午后二时光景住客大都出去了，足见这时候正有许多事情在分头进行。大森在房间里拟的是'电报稿'，用的是'自来水笔'，要知道时间，看的是'案上的金时计'。他不断地吸'纸烟'，才把烟蒂放下，接着又取一支在手；烟灰盆中盛满了埃及卷烟的残蒂。田浦呢，匆忙地查阅'函件'；临走时候，把函件整理好了装进'大皮包'里。这些东西好比戏剧中的'道具'，样样足以显示人物的生活方式。他们在商量事情的当儿，不免由一方传染到对方，大家打着'呵欠'。在唤进侍女来教她发信的当儿，却顺便和她说笑打趣。从这上边，可以见到他们所商量的事情并不是怎样有兴味的。后来大森出去了一趟再回来，横倒在席上，疲劳得连洋服也不耐烦脱换。从这上边可以见到他这一趟出去接洽和商量的事情也不是怎样有兴味的。待他接了江上的电话之后，才在'屈指唱着数目，似乎在想什么'，但是一会儿就入睡了，'脸色宛如死人'。这种生活怎样地使人疲倦，也就可想而知了。

"领会了这些，再来看作为题目的'疲劳'这个词，不是有画龙点睛的妙处吗？"

许多学生听了提示，把这篇小说重读一遍，差不多异口同声地说："原来如此。现在我们觉得这篇小说句句有分量，有交代了。"

原载 1937 年 1、2、3、4 月《新少年》第 3 卷第 1、3、5、7 期，后收入叶圣陶与夏丏尊合著的《阅读与写作》一书，开明书店 1938 年出版。

6. 读《五代史·伶官传叙》

要透彻理解这篇文章，篇中提到的一些史事，篇中所有词语的意义，都非知道不可。

我们想谈谈读一篇文章应该注意应该讨论的事项，供读者诸君自修参考。这些事项方面很多，不能面面俱到，分几回谈，各个方面就都谈到了。

这一回想就文言的句式，文言虚字的用法，以及文章的结构等项谈谈。选用的文章是欧阳修的《五代史·伶官传叙》。

呜呼！盛衰之理虽曰天命，岂非人事哉？原庄宗之所以得天下与其所以失之者，可以知之矣。

世言晋王之将终也，以三矢赐庄宗而告之曰："梁吾仇也；燕王吾所立，契丹与吾约为兄弟，而皆背晋以归梁：此三者吾遗恨也。与尔三矢，尔其无忘乃父之志！"庄宗受而藏之于庙。其后用兵，则遣从事以一少牢告庙，请其矢，盛以锦囊，负而前驱，及凯旋而纳之。方其系燕父子以组，函梁君臣之首，入于太庙，还矢先王，而告以成功，其意气之盛可谓壮哉！

及仇雠已灭，天下已定，一夫夜呼，乱者四应，苍皇东出，未及见贼而士卒离散，君臣相顾，不知所归，至于誓天断发，泣下沾襟，何其衰也！

岂得之难而失之易欤，抑本其成败之迹而皆自于人欤？

《书》曰："满招损，谦得益。"忧劳可以兴国，逸豫可以亡身，自然之理也。

故方其盛也，举天下之豪杰莫能与之争；及其衰也，数十伶人困之，而身死国灭，为天下笑。

夫祸患常积于忽微，而智勇多困于所溺，岂独伶人也哉？

作《伶官传》。

要透彻理解这篇文章，篇中提到的一些史事，篇中所有词语的意义，都非知道不可。读者诸君如果早已知道这些，当然最好。如果不大知道，希望用自己的能力去找参考，像平时国文课前做预习的功夫一样。手头有一部《辞源》或者《辞海》，一部通史或者高中本国史，也够参考了。如果方便，找到《二十四史》或者《二十五史》，不妨把欧阳修编的《新五代史》检出来看看。

"虽曰……岂非……哉"这种形式，表示撇开了"虽曰"以下的一层，侧重在"岂非"以下的一层。就这篇文章说，这一句就是表示盛衰之理，与天命的关系比较轻，与人事的关系特别重。

"岂非人事哉"是反诘语气带着感叹语气的判断。反诘与询问不同。询问要人家回答，反诘可根本不要人家回答，只是用一种较强的语气表达出自己的意见。就反诘语气说，通常用"哉"字，与"岂不""岂非"相应。就感叹语气说，也以用"哉"字为常。这篇文章论世代盛衰，见出人事与盛衰关系重大，单凭一个"哉"字，还嫌感叹语气不足，所以开头先来个叹词"呜呼"。这句话如果不用反诘语气带感叹语气，也可以用直陈语气来说，那就是"实亦人事也"或者"实由人事也"。

第二句若不用代名词，该是"原庄宗之所以得天下与庄宗之所以失天下者，可以知'盛衰之理虽曰天命，岂非人事哉'矣。"这多么啰唆，话也没有这么说法的，当然要用代名词以求简约。"其"字就代替第二个"庄宗之"；"所以失之者"跟在"所以得天下"后面，"之"字当然代替"天下"；"原庄宗之……失之者"是个条件，有了这个条件就"可以知之矣"，"之"字当然代替第一句全句。这几处都用了代名词，都不会使人模糊。"所以……者"这种形式，用现在的说法，就是"……的原因"，或者"……的理由"。"所以得天下者"就是"得天下的原因"，"所以失之者"就是"失天下的原因"，用"与"字连起来，就合用一个"者"字了。这种形式还残留在现在的口语里，例如"他要这么做的理由"，"希脱勒①灭亡的原因"，往往说成"他所以要这么做的理由"，"希脱勒所以灭亡的原因"。

"晋王之将终也"，"方其盛也"，"及其衰也"，句式相同。"方其盛也"就是"方庄宗之盛也"，"及其衰也"就是"及庄宗之衰也"。这三个"也"字都表示语气稍稍停顿，带着口语中"呢"的意味。同类的语气如：

　　大道之行也，天下为公。（《礼记》）
　　赤之适齐也，乘肥马，衣轻裘。（《论语》）
　　有功之生也，孺人比乳他子加健。（归有光文）

这里有个问题。写成"大道行"，"赤适齐"，"有功生"，"晋王将终"，意义并无改变，而且也能使人明白，为什么要加个"之"字？因为"大道行"，"赤适齐"，"有功生"，"晋王将终"，本来具备独立成句的资格，现在作为一个句子的一部分，失去了这个资格。加个"之"字，就是在形式上确定它从句子变为词组，见了"……之……"这个形式，就知道那不是独立的句子。再从读者的心理说，"大道行"断了句，接着说"则天下为

---

① "希脱勒"，今译为"希特勒"。

公",我们虽然可以知道"大道行"并不独立,可是不如加上个"之"字,让读者从头就知道句子未完,就期待下文。这样,句子更觉紧凑。(采用吕叔湘《文言虚字》的说法,见第七第八两页)现在口语"大道施行的时候",显然不能独立成句,我们就决不说"大道的施行的时候"了。

  以三矢赐庄宗
  以一少牢告庙
  盛以锦囊
  系燕父子以组
  告以成功

这五语是同类的,可以合在一起讨论。五语分两式,两式调换,意义都一样。如果一律调换成"以"字在前动词在后的一式,就是:

  以三矢赐庄宗
  以一少牢告庙
  以锦囊盛(之)——原当作"盛之以锦囊","之"字代替"矢"。但是"盛"字紧接着上句的"矢"字,习惯上往往省去"之"字。现在调转来,"盛"字与"矢"字隔开,"之"字就不能省了。
  以组系燕父子
  以成功告(之)——"之"字代替"先王"。补上"之"字的理由,与"以锦囊盛之"同。

如果一律调换成动词在前"以"字在后的一式,就是:

  赐庄宗以三矢
  告庙以一少牢

盛（之）以锦囊

系燕父子以组

告（之）以成功

可是这篇里两式并用，不从一律，这也有可以说的。如果作"赐庄宗以三矢而告之曰"，"之"字就与"庄宗"隔远了；虽然不至于使人误会，不如照原文"之"字与"庄宗"贴近更为明白。如果作"则遣从事告庙以一少牢"，下一语"请其矢"的"其"字就与"庙"隔远了；"其"字代替"庙中的"，该与"庙"贴近才见醒豁，要贴近就得作"以一少牢告庙"。如果作"以锦囊盛之"，"以成功告之"，语气就舒缓了；可是就上下文体会，两语都该作紧张急促的语气，"盛以锦囊"，"告以成功"，语气就比较急促。如果作"方其以组系燕父子"，原也可以，可是作"系燕父子以组"，与下一语"函梁君臣之首"恰好成为形式上的对偶。这一篇里有好些语句都作对偶，因而这个对偶也必须保持。

"以三矢赐庄宗而告之曰"的"而"字，作用在把"以三矢赐庄宗"和"告之曰"两个行动连接在一起。他如：

庄宗受而藏之于庙——"受"字下省了"之"字，代替"矢"。也可以作"受之而藏于庙"。如果作"受之而藏之于庙"，那就嫌啰唆了。

负而前驱——"负"字下省了"之"字，代替"矢"。

还矢先王而告以成功

这些"而"字都是把两个行动连接在一起。在口语里，以上例语中用"而"字的地方都不需用什么连接词。如说"把三枝箭赐给庄宗，告诫他说"就成了。

得之难而失之易

祸患常积于忽微而智勇多困于所溺

这两个"而"字，作用也在连接，把两个观念连接在一起。前一例是相对的两个观念，在口语里不需用什么连接词，说成"得天下难，失天下容易"就成了。后一例是相关的两个观念，"智勇多困于所溺"伸说"积于忽微"的容易，在口语里就得说成"祸患常常在不经意中累积起来，并且足智多勇的人大多被溺爱的事物困住"，或者"足智多勇的人又大多被溺爱的事物困住"。"并且"和"又"大致相当于那个"而"字。

及凯旋而纳之

未及见贼而士卒离散

这两个"而"字，作用也在连接，把行动的时间连接到行动上去。"及凯旋"说明"纳之"的时间，"未及见贼"说明"士卒离散"的时间。在口语里，往往把"而"字以上的部分说作"……的时候"，就不再需用什么连接词了。如说"到凯旋的时候，把箭送回庙中"。

燕王吾所立，契丹与吾约为兄弟，而皆背晋以归梁。

数十伶人困之，而身死国灭。

这两个"而"字，作用在转接，表示"而"字以下的话与"而"字以上的话多少有相反的意味。"吾所立"和"与吾约为兄弟"同"背晋以归梁"，在人情上是相反的。"数十伶人困之"，势力并不大，"身死国灭"，受祸很严重，在常理上是相反的。这种转接作用的"而"字，多数相当于"可是"。第二例该说成"只有几十个伶人困住他，可是他命也丧了，国也亡了"。

现在只剩"抑本其成败之迹而皆自于人欤"的"而"字没有说了。这个"而"字是可以不要的，作"抑本其成败之迹皆自于人欤"，并无不妥当。加用个"而"字，只在表示语气的舒缓。那一句接在询问兼感叹语"何其衰也"之后，还是感叹，语气舒缓是足以增强感叹的意味的。

这篇里用了四个"吾"字。"燕王吾所立"，"吾"字等于"我"，在主位。"契丹与吾约为兄弟"，"吾"字等于"我"，在宾位（介词"与"的宾语）。"梁吾仇也"，"此三者吾遗恨也"，"吾"字都等于"我的"，在领位。在古书里，"吾""我"两字用在主位、领位和宾位的都有，只是"吾"字用在宾位的不常见。现在我们写白话，就专用"我"字不用"吾"字了。

燕王吾所立

不知所归

智勇多困于所溺

这三个"所"字，作用在代替与下面的动词相关的事物。"所立"就是"立他为王的人"（全句是"燕王是我立他为王的人"），"所归"就是"归向的处所"，"所溺"就是"溺爱的事物"。现在的口语不能单说"所立"，"所归"，"所溺"，常常要像上面说的把相关的事物说出，因而"所"字用不着了。现在我们还在说"我所厌恨的人"，"他所喜欢的东西"，那是文言的残留。其实说"我厌恨的人"，"他喜欢的东西"，就足够了。试听与古书古文无缘的人的言语，就很少用这样的"所"字。

"而皆背晋以归梁"的"以"字，作用与"而"字一样，连接"背晋"与"归梁"两个动作。径作"而皆背晋而归梁"，也没有什么不可以。现在用"以"字是为了避免"而"字在一语之中重复。"以"字用作这样的连接词，例子很多，如：

天大雷电以风。（《尚书》）

> 使民敬忠以劝，如之何？（《论语》）
>
> 治世之音安以乐，乱世之音怨以怒，亡国之音哀以思。（《诗序》）

这些"以"字都与"而"字相当，都可以换用"而"字。

"尔"与"乃"都是对称代名词。"尔"字可以用在主位，领位和宾位，"乃"字用在主位和领位，可是不用在宾位。这里"与尔三矢"的"尔"字在宾位，第二个"尔"字在主位，"乃"字在领位。

"尔其无忘乃父之志"的"其"字与一般的"其"字不一样。这个"其"字表示叮咛戒勉的语气，与口语里的"可"字相当。就是说"你可别忘了你爸爸的意愿"。

> 藏之于庙——也可以作"藏于庙"，前面已经说过。
> 入于太庙
> 自于人
> 积于忽微
> 困于所溺

就这五语可以讨论"于"字，"于"字是介词，把名词联系到动词，表明那个行动的某种情形。"庙"与"太庙"是"藏"与"入"的处所，"人"与"忽微"与"所溺"是"自"与"积"与"困"的来由。文言里介词用在动词之前或动词之后都有，"于"字多用在动词之后。试看这五语，就一律是"（动词）于（名词）"的形式。翻译成口语，可不能说"于"字一律与口语中的什么字相当，得根据上面那个动词的意义，选用一种说法。"藏于庙"就是"藏在庙里"（"于"与"在……里"相当）。"入于太庙"就是"进太庙"（在口语里，"进"字之下不需要什么介词了。文言也可以不要"于"字，作"入太庙"，可是"藏于庙"决不能作"藏庙")。"自于人"就是"从人事来的"（"于"与"从"相当。"自"字原也是"从"义，但这里是动词不是介词，该是"来"的意义）。"积于忽微"就是"从忽微累积起来"（"于"也与"从"相当）。"困于所溺"就是"被溺爱的事物困住"（"于"与"被"相当）。可以注意的，说成口语，与"于"字相当的介词不一律在动词之后了。

"则遣从事以一少牢告庙"的"则"字的用法，是"则"字各种用法中最通常的一种，与口语中的"就"字相当。

前面说过，反诘语气感叹语气以用"哉"字为常。"可谓壮哉"的"哉"字是表示感叹语气。"岂独伶人也哉"，"哉"字上连个"也"字，表示反诘与感叹的意味更重。"何其衰也"的"也"字，与通常的"也"字不一样。这个"也"字表示询问语气兼带感叹语气。还有两个"欤"字，与"哉"字相类，也是反诘语气兼带感叹语气。

"岂……欤，抑……欤"这种反诘形式，表示撇开"岂"字以下的一层，侧重在"抑"字以下的一层。"抑"字大略与口语中的"还是"相当。

反诘语气不要人家回答，让人家直觉地领会作者正面的意思。询问语气以不说明为说明，让人家自己去找出答语来。两种语气的效果都比直陈语气来得大。因为直陈语气是平静的，反诘语气和询问语气（又兼带感叹语气）却使读者在心理上起一番震荡，因而印入较深。试把篇中的反诘语气询问语气一律改为直陈语气看看。

岂非人事哉	改为	实亦人事也
何其衰也	改为	其衰甚矣
岂得之难而失之易欤	改为	非得之难而失之易也
抑本其成败之迹而皆自于人欤	改为	盖本其成败之迹皆自于人也
岂独伶人也哉	改为	非独伶人也

意义虽然没有什么改变，摄引读者的力量却差得多了。

"至于誓天断发"的"至于"表示一件事情的程度。这儿说当时君臣狼狈的情形。狼狈到什么程度呢？狼狈到"誓天断发，泣下沾襟"。他如：

思之思之，至于不寐。
贫困无以自存，至于乞食。
聪敏殊甚，至于一目十行。

这些"至于"，都是同一的用法。

"忧劳可以兴国，逸豫可以亡身"，还有开头第二句中"可以知之矣"，这三个"可以"需要提出来讨论一下。我们口语说"我可以帮他一手"，"你可以走了"，"这件事情这么办，你说可以不可以"，这几个"可以"，在文言中都只是个"可"字，不是"可以"。文言中的"可以"应该拆开来理解，"可"表示可能，"以"是个介词，把名词联系到动词上去。如果没有可能的意义，像这篇里的三语，本该作"以忧劳兴国"，"以逸豫亡身"，"以'原庄宗之所以得天下与其所以失之者'知之"。这是普通的形式。可是，在加上可能的意义的时候，就不作"可以忧劳兴国"，"可以逸豫亡身"，"可以'原庄宗之所以得天下与其所以失之者'知之"，须把在"以"字之后的名词提到"可"字之前去，这就成了"（名词）可以（动词）"的形式。提到前面去是为的着重那名词。既经这么一提，那名词就处在主位了，"以"字之下又不须用什么代名词来填补，这是"……可以……"式的特别处。如：

诗可以兴，可以观，可以群，可以怨。（《论语》）
沧浪之水清兮，可以濯我缨；沧浪之水浊兮，可以濯我足。（《孟子》）
掺掺女手，可以缝裳。（《诗经》）

都是这种形式。不过也不是一定如此,如:

> 可以人而不如鸟乎?(《礼记》)
> 可以义起也。(《礼记》)

名词仍然在"以"字之下。

"夫祸患常积于忽微"的"夫"字,作用在提示。文言中常常用到"夫"字,口语中可没有相当的说法,大略近于"那"。

这篇文章很简单。第一句表出盛衰之理关乎人事,是全篇的主脑。以下的话无非说明这一层意思。第一句下也可以加一句"何以知之?"这是读者心中应有的问话。可是作者并没有加上这句问话,单把回答这句问话的话写了出来,就是第二句。从"世言晋王之将终也"到"可谓壮哉",叙述庄宗气焰煊赫的情形。从"及仇雠已灭"到"何其衰也",叙述庄宗狼狈不堪的情形。前一节的结尾,"其意气之盛可谓壮哉!"后一节的结尾,"何其衰也!"一个"盛"字,一个"衰"字,照应第一句中"盛衰之理"。接着用反诘句表出"本其成败之迹而皆自于人",其实只是把第一第二两句合起来重说一回。"本其成败之迹"与"原庄宗之所以得天下与其所以失之者"意义相近("迹"是事实,指上面两节叙述的,"所以……者"却是抽象的道理;所以只说相近,不说相同),"皆自于人"就是"岂非人事哉?"以下引用《书经》的话作为论据,又加以伸论,这才对"岂非人事哉"与"皆自于人"作了说明。"满""谦""忧劳""逸豫"都是人事,结果是"招损""得益""兴国""亡身",足见人事的关系特别重,原属"自然之理","天命"与"得之难而失之易"(相信"得之难而失之易"其实就是相信"天命")是不大相干的了。这只是泛说。以下回说到庄宗。"方其盛也"之中,暗含他当时能"谦",能耐"忧劳"的意思。"及其衰也"之中,暗含他当时自"满",耽于"逸豫"的意思。一个"盛"

字，一个"衰"字，又照应第一句中"盛衰之理"。接着推广开来说，祸患不限于伶人，只要"困于所溺"，样样都是祸患。这样把全篇的警戒意味发展到最高点，文章也就此结束了。

写这篇文章的动机就在警戒。警戒的是什么人？是做"人主"的人，说得广泛些，是站在统治地位的人。至于寻常老百姓，是不在警戒之列的，至少在作者那样的史书编撰者，是不措意到什么寻常老百姓的。史书的作用在于警戒，警戒的对象是统治阶级：这是我国古来传统的也就是正统的历史观念。

这篇文章诵读起来，很有音节声调之美。第一，篇中运用感叹句，反诘带感叹句，询问带感叹句，凭这些句子，就有"一唱三叹"的情味。第二，篇中运用一些对偶语，对偶语有匀称的节奏。第三，在叙述庄宗狼狈不堪的一节里，多用四字语，四字语的音节紧张急促，与文情配合。可又不完全用四字语，"而士卒离散"是五个字，"至于誓天断发"是六个字，在整齐中见出变化。变化又正在极度紧张的处所，读起来若在那里特别顿挫，就很足以传情。

这篇文章，就立意说，代表着我国古来传统的也就是正统的历史观念。就结构说，开头提出"盛衰"，以后两次一"盛"一"衰"的作为照应，极类似后来的八股文体。又具有音节声调之美，那也是八股文体竭力追求的。因此，这篇文章被历来选家看中了，一定要把它收在选本里头。

原载 1947 年 1 月 1 日《中学生》第 183 期。

7. 揣　摩

提出来的必须是合情合理的值得揣摩的问题。要是硬找些不相干的问题来抠，那就没有意义了。

一篇好作品，只读一遍未必能理解得透。要理解得透，必须多揣摩。读过一遍再读第二第三遍，自己提出些问题来自己解答，是有效办法之一。说有效，就是增进理解的意思。

空说不如举例。现在举鲁迅的《孔乙己》为例，因为这个短篇大家熟悉。

读罢《孔乙己》，就知道用的是第一人称写法。可是篇中的"我"是咸亨酒店的小伙计，并非鲁迅自己，咱们确切知道鲁迅幼年没当过酒店小伙计。这就可以提出个问题：鲁迅为什么要假托这个小伙计，让这个小伙计说孔乙己的故事呢？

用第一人称写法说孔乙己，篇中的"我"就是鲁迅自己，这样写未尝不可以，但是写成的小说会是另外一个样子，跟咱们读到的《孔乙己》不一样。大概鲁迅要用最简要的方法，把孔乙己活动的范围限制在酒店里，只从孔乙己到酒店里喝酒这件事上表现孔乙己。那么，能在篇中充当"我"的唯有在场的人。在场的人有孔乙己，有掌柜，有其他酒客，都可以充当篇中的"我"，但是都不合鲁迅的需要，因为他们都是被观察被描写的对象。对于这些对象，须有一个观察他们的人。于是假托一个在场的小伙计，让他来说孔乙己的故事。小伙计说的只限于他在酒店里的所见所闻，可是，如果咱们仔细揣摩，就能从其中得到不少东西。

连带想到的可能是如下的问题：幼年当过酒店小伙计的一个人，忽然说起二十多年前的故事来，是不是有点儿不自然呢？

仔细一看，鲁迅交代清楚了。原来小伙计专管温酒，觉得单调，觉得无聊，"只有孔乙己到店，才可以笑几声，所以至今还记得"。至今还记得，说给人家听听，那是很自然的。

从这儿又可以知道第一第二两节并非闲笔墨。既然是说当年在酒店里的所见所闻，当然要说一说酒店的大概情况，这就来了第二节。一个十几岁的孩子勉勉强强留在酒店里当小伙计，这也"侍候不了"，那也"干不了"，只好站在炉边温酒，他所感到的单调和无聊可以想见。因此，第二节就少不得。有了这第二节，又在第三节里说"掌柜是一副凶脸孔，主顾也没有好声气"，那么"只有孔乙己到店，才可以笑几声"的经历，自然深印脑筋，历久不忘了。

故事从"才可以笑几声"说起，以下一连串说到笑。孔乙己一到，"所有喝酒的人便都看着他笑"。"众人都哄笑起来，店内外充满了快活的空气"，说了两回。在这些时候，小伙计"可以附和着笑"。

掌柜像许多酒客一样，问孔乙己一些话，"引人发笑"。此外还有好几处说到笑，不再列举了。注意到这一点，就会提出这样的问题：这篇小说简直是用"笑"贯穿着的，取义何在呢？

小伙计因为"才可以笑几声"而记住孔乙己，自然用"笑"贯穿着他所说的故事；这是最容易想到的回答。但是不仅如此。

故事里被笑的是孔乙己一个人，其他的人全是笑孔乙己的，这不是表明孔乙己的存在只能作为供人取笑的对象吗？孔乙己有他的悲哀，有他的缺点，他竭力想跟小伙计搭话，他有跟别人交往的殷切愿望。所有在场的人可全不管这些，只是把孔乙己取笑一阵，取得无聊生涯中片刻的快活。

这不是表明当时社会里人跟人的关系，冷漠无情到叫人窒息的地步吗？为什么会冷漠无情到这样地步，故事里并没点明，可是咱们从这一点想开去，不是可以想得很多吗？

第九节是这么一句话："孔乙己是这样的使人快活，可是没有他，别人也便这么过。"这句话单独作一节搁在这儿，什么用意呢？

最先想到的回答大概是结束上文。上文说孔乙己到来使酒店里的人怎样怎样快活，这儿结束一下，就说他"是这样的使人快活"。这样回答当然没有错。但是说"可是没有他，别人也便这么过"，又是什么意思呢？这不是说孔乙己来不来，存在不存在，全跟别人没有什么关系吗？别人的生涯反正是无聊，孔乙己来了，把他取笑一阵，仿佛觉得快活，骨子里还是无聊；孔乙己不来，没有取笑的对象，也不过是个无聊罢了，这就叫"也便这么过"。"也便这么过"只五个字，却是全篇气氛的归结语，又妙在确然是小伙计的口吻。当年小伙计在酒店里，专管温酒的无聊职务，不是"也便这么过"吗？

还有不少问题可以提出，现在写一些在这儿。

第一节说酒店的大概情况，点明短衣帮在哪儿喝，穿长衫的在哪儿喝，跟下文哪一处有密切的联系呢？

开始说孔乙己的形象，用"身材很高大；青白脸色，皱纹间时常夹些伤痕；一部乱蓬蓬的花白的胡子"。这些话是仅仅交代形相呢，还是在交代形相之外，还含有旁的意思要咱们自己领会？

为什么"孔乙己一到店，所有喝酒的人便都看着他笑"呢？

孔乙己说的话，别人说的话，都非常简短。他们说这些简短的话的当时，动机是什么，情绪是怎样呢？

孔乙己的话里有"污人清白"，"窃书"，"君子固穷"，"多乎哉？不多也"之类的文言。这除了照实摹写孔乙己的口吻之外，有没有旁的作用呢？

孔乙己到店时候的情形，有泛叙，有特叙，泛叙叙经常的情形，特叙叙某一天的情形。如果着眼在这一点上，是不是可以看出分别用泛叙和特叙的作用呢？

掌柜看孔乙己的账，一次是中秋，一次是年关，一次是第二年的端午，为什么呢？

诸如此类的问题，还可以提许多。

几个人读同一篇作品，各自提出些问题，决不会个个相同，但是可能个个都有价值，足以增进理解。

理解一篇作品，当然着重在它的主要意思。但是主要意思是靠全篇的各个部分烘托出来的，所以各个部分都不能轻轻放过。体会各个部分，总要不离作品的主要意思。提出来的必须是合情合理的值得揣摩的问题。要是硬找些不相干的问题来抠，那就没有意义了。

原载《语文学习》1960年1月号

8. 小学高级学生用《开明国语课本》课后练习举隅[1]

（课文《手和脑》《人类的发明和生物的技能》《打铁》，此略）

练习

一、"各种动物""多数动物""所有的动物"和"其余的动物"，这四个说法有什么分别？

二、"很古很古的时候"这一组字眼里，为什么要用两个"很古"？试举出一些同类的说法。

三、试就任何种动物观察它的生活状况，把有趣味的记起来。

四、读了《打铁》想些什么？试说出来。

（课文《简短的故事四则》《两个学生》，此略）

练习

一、"从前楚国有个卖盾兼卖矛的人"这句话，如果省去"卖盾兼卖矛"也可以的。省和不省意义上有什么不同？

---

[1] 本文标题是编者加的。

二、试说明下面提出来的一些字眼的用处。

1. "房间里不留一点儿空"的"一点儿"

2. "一个学生买了一块钱的干草"的"一块钱的"

3. "人类为什么会有这个开端呢"的"这个"

4. "那人说道"的"那"

5. "你这个是正当的法子"的"正当的"

6. "做一件事要用好的手段才有好的结果"的两个"好的"

三、"矛盾"这字眼是从《简短的故事四则》的第三则故事来的。如果说："你的话自相矛盾了"是什么意思？试说几句话，每一句里要用"矛盾"这字眼。

四、试记述一个有意思的故事。

9.《开明文言读本》练习举隅[1]

（课文《邹忌》，选自《战国策》，此略）

【一】为什么人们有时候不说实话？除这里所说的"私""畏""有所求"以外，还可能有些什么动机呢？

【二】人如何就受蒙蔽？如何才能不受蒙蔽？

【三】这一篇是战国时代人记下，汉朝人编定的，是真正的"古"文，可是外貌反而不及《核工记》古，这是什么道理？

【四】这一篇文章里有许多重复的地方：邹忌和他的太太一问一答，又和他的姨太太一问一答，又和客人一问一答，内容都相同；晚上想明白了这个道理，后来又对齐威王说明这个道理，内容也相同。作者怎么样在相同之中求变化？

【五】一个人怎么高也不会高"八尺有余"。要知道周尺只合现在的尺的七寸光景。一切度量衡单位，尽管名称没有改，古时候跟现在的真实价值不一定相同。

【六】称明天为"旦日"，很有意思。"旦"的本义是早晨，字形就是像太阳出于地面之上；在晚上说话，早晨跟明天是一个意思。同样，"明"

---

[1] 本文标题是编者加的。

是亮，晚上说天亮，也就是明天。德语明天跟早晨是一个字，英语的 morrow（今加 to-）跟 morning 也是一个意思。

【七】把末了两段翻成现代语。

【八】模仿底下的词语造句：

1. 吾妻之美我者，私我也；
2. 吾孰与徐公美？
3. 朝廷之臣莫不畏王。

10.《开明新编高级国文读本》讨论和练习举隅①

（课文《社戏》，此略）

讨论【一】作者在北京看了两回戏，看见的怎样？听到的怎样？想到的怎样？——为什么他愿意去看这两回戏？

【二】他怎样批评这两回戏？

【三】从这两回戏里看作者的性格是怎样的？

【四】北京的人怎样爱看戏？

【五】作者怎样想到了社戏？——日本人的批评对吗？

【六】作者在平桥村的生活是怎样的？

【七】他不能去赵庄看戏，怎样表示他的失望？

【八】赵庄的戏台是怎样的？——戏是怎样的？——他欣赏些什么？讨厌些什么？

【九】土财主的家眷怎样看戏？——为什么他们这样？

【十】孩子们偷豆，他们的天真的态度从哪些处可以见出来？

【十一】六一公公是怎样的人？

【十二】为什么那夜的豆和那夜的戏那么好呢？完全是豆好戏好吗？

---

① 本文标题是编者加的。

练习【一】背诵和默写"两岸的豆"一段和下三段。

【二】作者怎样描写戏园里的挤？——怎样描写那条长凳？

【三】他怎样描写那身旁的绅士和他的胖？

【四】他怎样递进的描写他在第一舞台的不耐烦？

【五】他怎样描写在去赵庄看戏的时候的高兴和性急？

【六】怎样叫"自失"？他听到笛声怎样的"自失"？

【七】为什么有"神棚"？

【八】为什么他们的"白篷的航船本也不愿和乌篷的船在一处"？

【九】怎么"戏子的脸渐渐的有些稀奇"呢？

【十】作者怎样写了母亲的爱？

【十一】为什么作者要写社戏却先从在北京看戏写起？这在全篇的效果上有什么作用？

11. 关于禁止读小说（《给教师的信》之四）

小说在精神训练上有价值，在语文教学上有价值，总括起来，就是它在教育上有价值。

××先生：

现在给您写这一封信，只谈一件事情。听见贵校的几个同学来说，贵校绝对禁止看小说，我就想跟您谈谈禁止看小说。

你也可以猜想而知，我写这一封信是不赞成禁止看小说。我并不是因为自己写过些小说，就把小说看作宝贝，以为非教学生看不可。我也不像有些学生那样，认为一切学科一切作业都可以丢在脑后，只消捧一本小说在手，就可以混日子。我只想说，小说在教育上自有他的价值，教育者应该好好地利用它，以收教育上的效果；不好好地利用它，随学生去乱看，这是消极的办法，我也不赞成；见学生乱看，觉得讨厌，干脆来个禁止，这是更消极的办法，我更不赞成。

这儿我说的小说，是指好小说，先得提明。好的小说这个称谓似乎有点儿空洞，诚然；但是我不便在这儿列举若干小说，然后归结一句说，像这些都是好的小说，就只能用一个抽象的称谓了。

好的小说都有充量的文艺性。所谓文艺性，粗浅地说，就是它不但教人"知"，而且教人"感"；不但教人看了就完事，而且留下若干东西，教人自己去思索，自己去玩味。"感"比较"知"深入一层；"知"是我与事物对立，以我"知"彼；"感"是我与事物融和，彼我不分。再说留下若干东西，教人自己去思索玩味，这就是所谓弦外之音，食余之甘，比较弦停音歇，食尽味绝，受用处自然多些。一般人喜欢看小说，原因就在这儿。而青年人尤其喜欢，这就心理学方面说起来，自有种种解释，咱们暂且不谈；咱们只消想想自己，在青年时代不是也贪看小说，一部《红楼梦》看了一遍又一遍，读了迭更司①的《贼史》②、嚣俄③的《孤星泪》④而久久不能去怀吗？将自己比他人，就可知道青年人看小说实在是正常的事儿，绝对不宜禁止。

学校里的课程各个分立，这是不得已的办法，不分立就无从指导，无从学习。但因为分立了的缘故，每种课程往往偏于一个境界，如数学理化偏于逻辑的境界，历史地理偏于记认的境界，公民训育偏于道德的境界，等等。教育的最后目标却在种种境界的综合，就是说，使各各分立的课程所发生的影响纠结在一块儿，构成个有机体似的境界，让学生的身心都沉浸在其中。要达到这个目标，自然须得教育者竭尽心力，师生共同实践，而让学生看小说，也是达到这个目标的可能途径。小说不偏于逻辑的境界，记认的境界，道德的境界，等等，它直接触着人生，它所表现的境界是个有机体，以人生为它的范围。青年人读了许多小说，吸收了许多好的意思，获得了许多人生经验，因为那些意思与经验都是通过了作者的精神的，青年人渍染既久，其精神也就渐趋高深，即使不能与作者并驾齐驱，至少也会与作者同其倾向，不正是教育所求的效果吗？

也许有人要说，要使教育收综合的效果，有咱们的圣经贤传在，给青年人读些圣经贤传就得了，何必读什么小说？这个话问得有道理，请容我

---

① "迭更司"，今译为"狄更斯"。
② 《贼史》，又译为《雾都孤儿》。
③ "嚣俄"，今译为"雨果"。
④ 《孤星泪》，又译为《悲惨世界》。

回答。我先要说明，小说跟圣经贤传不是相反的，而是同类的两种东西。咱们不能因见"圣""贤"字样，过分的表示崇敬，见小说的名儿用个"小"字，抱着偏见特别的瞧它不起。为什么是同类的两种东西？因为小说跟圣经贤传都触着人生，都是少数人的精神产物。二者在细节上，由于时代观念不同，也许有些抵牾；但在大纲节目上，却无不同。依我的想法，二者都应该读；我决不像某些人那样，写到圣经贤传就特别加个引号，以表示其讽刺的瞧不起的意思。可是，谈到给青年人读，就不能不分个缓急先后。圣经贤传大多是古东西，现在人读起来，先得打破一重语言文字上的隔阂，而青年人往往没有能力打破。其次，圣经贤传受着书写工具的限制，大多写得简约，简约之极，必须反复涵泳，多方揣摩，方才能够理会，而青年人不一定有这种能力。又其次，圣经贤传就古代的社会和人生说话，虽然其中尽多通乎古今的道理，而青年人总不免觉着隔膜一层，不甚亲切，不如就近代与现代的社会和人生说话的来得感觉兴味。当然还有可以说的，现在且不说吧。试再举些具体的例子来谈谈。譬如《论语》，我以为是承受固有文化的现代我国人必须读的，但是教一个中学青年读《论语》，必然遇到上述的三项困难，而感到吃力。又如《史记》，那是最富有小说味的著作了，但是一篇《项羽本记》往往使青年头痛。所以，假如圣经贤传非读不可，也只能将程序排得后一点，分量定得少一点，而将同类的小说排得前一点，定得多一点，因为小说与圣经贤传在教育上收同样的效果，而在青年人心理上却比圣经贤传容易领受。

您是国文教师，现在我要谈到您的领域里来了。国文教师的任务，一般人不大肯想，只觉得茫无涯岸；其实也很明白，只要指导学生，使他们能够阅读，能够写作，就可以俯仰无愧了。这儿单说阅读。学生一辈子要看各种的书，所以在学校里必须养成阅读能力。听老师讲过了才明白，这不能算有了阅读能力。必须自己看明白，不含糊，不误会，不但字面的意义了悟无遗，言外的意义也体会得出，这才算有了阅读能力。学生这种能力不是一朝一夕所养成的，全赖教师给他们引导，譬如小孩子走路，起先是牵着手走，随后是放了手，可是做着手势跟住他，最后才让他自个儿向前走去，教学国文的方法，细说起来虽然头绪繁多，若能认定一点，使学生渐渐能够自己看书，也就把握住了要领。阅读不能没有材料，国文教本当然是材料，但是死捧住一本国文教本还嫌不够；因为阅读能力要在习惯中才能养成，而一本国文教本的习惯未免太少太浅。因此在教本以外，教师必须指导看旁的书。教师指导得法，学生看旁的书也能像看国文教本一样，在先是依赖的成分多，在后是自力的成分多，最后竟可以完全出于自力，这才真个有了阅读能力，真个可以看各种书，受用一辈子了。所谓旁的书当然不限于文艺部门的小说，关于修养的书，关于社会科学的书，乃至关于自然科学的书，都可以作为国文科的课外读物；因为那些书都是用我国的语言文字写的，而国文科所训练的，就在于使学生通过了我国的语言文字了解一切。不过，小说最容易使学生发生兴味，是其一；教国文虽然不就是教文艺，但文艺的鉴赏实在是精神上的绝大补益，让青年人得到这种享受，非但应该而且必须，是其二。为了以上两点，我以为小说在国文科的课外读物中应该占较多的百分比。

说到这儿，我要结束了。小说在精神训练上有价值，在语文教学上有价值，总括起来，就是它在教育上有价值。若有明达的忠诚的教育者，必将选定若干小说，收藏在图书室里，把那些书名大书在揭示牌上，并随时鼓励学生去看，甚至限时督促他们去看。但是，贵校却完全相反，干脆来个禁止看小说。我决不敢说您与您的同事先生们不明达，不忠诚，我以为你们大概是少想了一想，做事情想得欠周到，往往会弄成不妥当的。

你们大概是怕学生看了小说耗费时间，以致旁的功课都弄不好，或者说是见有些青年看了武侠小说就要往武当山去学艺求道，看了黑幕小说就想为非作歹，干那拆白党的行径。于是认定小说是青年人的毒害，无异于鸦片，非彻底禁绝不可。现在我先就前一项说。你们若认为看小说耗费时间，那就有个前提在，小说虽不是反教育的，而是非教育的。非教育的事物当然该排斥在学校以外。可是像前面所说，你们如果以为有些道理，就可见小说并不是非教育的，而确实是教育的。凡是教育的事物，教学生去认识，去实践，都不是耗费时间，因为付出的时间自可取得相当的代价。早晨练几十分钟早操，下午踢几场足球，扔几局篮球，为什么不说耗费时间，妨害旁的功课，而加以禁止？原因是那些事项都是教育的。看小说总可以与练早操、踢足球、扔篮球列在同等地位吧？你们既知道看重学生体魄的补益，也不该忽略学生精神上的补益。

再就后一项说。那些武侠小说，黑幕小说，并非我这儿所说的小说。大概你们很能分别清楚，那些小说，不但你们不赞成学生看，就是我，也不赞成学生看。不过，我的办法不是出一道禁止看小说的布告。我并非要博得宽大的名，实在因为出一道布告没有多大效果。您禁止他们看，他们听命，不敢公开的看了，但是他们偷偷的看，在被窝里，在毛厕里，在自修室的角落里，你将他们怎么办？您说可以随时的侦察，暗暗缉拿。这种侦缉队似的手段，我就不愿意在学校里施用，这且不多说；试问即使让您拿住了，私看小说该当何罪？再说，他们怕您缉得凶，在学校里果真不看了，但是他们星期天在家里看，放了暑假寒假大看特看，您又将他们怎么办？我说没有多大效果，还是客气的话，老实说，禁止简直毫无效果。您要使学生不看那些坏东西，就是指导他们看好小说，你的指导越周到，越深入，他们从好小说领会到的就越丰富，越精辟。到了那个阶段，他们再看那些坏东西，将要恶心呕吐了，随即丢开还来不及，哪待您去禁止？这是根本的有效的办法，且适合于教育者的风度，希望你们采用。

你们如果以为我的话并非逞臆之谈，请即取消你们的禁令，并且指导学生看好的小说。

1944年3月8日作，刊20日《华西晚报》。

辑四

写作：诚实的自己的话

1. 诚实的自己的话

——《作文论》① 节选之一

有一个尺度在这里，用它一衡量，模仿与否将不辨而自明，这个尺度就是"这文字里的表白与感兴是否确实是作者自己的？"

我们试问自己，最爱说的是哪一类的话？这可以立刻回答，我们爱说必要说的与欢喜说的话。语言的发生本是为着要在人群中表白自我，或者要鸣出内心的感兴。顺着这两个倾向的，自然会不容自遏地高兴地说。如果既不是表白，又无关感兴，那就不必鼓动唇舌了。

作文与说话本是同一目的，只是所用的工具不同而已。所以在说话的经验里可以得到作文的启示。倘若没有什么想要表白，没有什么发生感兴，就不感到必要与欢喜，就不用写什么文字。一定要有所写才写。若不是为着必要与欢喜，而勉强去写，这就是一种无聊又无益的事。

勉强写作的事确然是有的，这或者由于作者的不自觉，或者由于别有利用的心思，并不根据所以要写作的心理的要求。有的人多读了几篇别人的文字，受别人的影响，似乎觉得颇欲有所写了；但是写下来的与别人的文字没有两样。有的人存着利用的心思，一定要写作一些文字，才得达某

---

① 《作文论》，1924 年 4 月由商务印书馆印行单行本，列为百科小丛书第 48 种。后收入《万有文库》第 1 集，于 1929 年 10 月出版。署名叶绍钧。

种目的；可是自己没有什么可写，不得不去采取人家的资料。像这样无意的与有意的勉强写作，犯了一个相同的弊病，就是模仿。这样说，无意而模仿的人固然要出来申辩，说他所写的确然出于必要与欢喜；而有意模仿的人或许也要不承认自己的模仿。但是，有一个尺度在这里，用它一衡量，模仿与否将不辩而自明，这个尺度就是"这文字里的表白与感兴是否确实是作者自己的？"拿这个尺度衡量，就可见前者与后者都只是复制了人家现成的东西，作者自己并不曾拿出什么来。不曾拿出什么来，模仿的讥评当然不能免了。至此，无意而模仿的人就会爽然自失，感到这必要并非真的必要，欢喜其实无可欢喜，又何必定要写作呢？而有意模仿的人想到写作的本意，为葆爱这种工具起见，也将遏抑利用的心思。直到确实有了自己的表白与感兴才动手去写。

像那些著述的文字，是作者潜心研修，竭尽毕生精力，获得了一种见解，创成了一种艺术，然后写下来的，写的自然是自己的东西。但是人间的思想、情感往往不甚相悬；现在定要写出自己的东西，似乎他人既已说过的，就得避去不说，而要去找人家没有说过的来说。这样，在一般人岂不是可说的话很少了么？其实写出自己的东西并不是这个意思；按诸实际，也决不能像这个样子。我们说话、作文，无非使用那些通用的言词；至于原料，也免不了古人与今人曾经这样那样运用过了的，虽然不能说决没有创新，而也不会全部是创新。但是，我们要说这席话，写这篇文，自有我们的内面的根源，并不是完全被动地受了别人的影响，也不是想利用来达到某种不好的目的。这内面的根源就与著述家所获得的见解、所创成的艺术有同等的价值。它是独立的；即使表达出来恰巧与别人的雷同，或且有意地采用了别人的东西，都不应受到模仿的讥评；因为它自有独立性，正如两人面貌相似、性情相似，无碍彼此的独立，或如生物吸收了种种东西营养自己，却无碍自己的独立。所以我们只须自问有没有话要说，不用问这话是不是人家说过。果真确有要说的话，用以作文，就是写出自己的东西了。

更进一步说，人间的思想、情感诚然不甚相悬，但也决不会全然一致。先天的遗传，后天的教育，师友的熏染，时代的影响，都是酿成大同中的小异的原因。原因这么繁复，又是参伍错综地来的，这就形成了各人小异的思想、情感。那么，所写的东西只要是自己的，实在很难得遇到与人家雷同的情形。试看许多文家一样地吟咏风月，描绘山水，会有不相雷同而各极其妙的文字，就是很显明的例子。原来他们不去依傍别的，只把自己的心去对着风月山水；他们又绝对不肯勉强，必须有所写才写；主观的情思与客观的景物糅和，组织的方式千变万殊，自然每有所作都成独创了。虽然他们所用的大部分也只是通用的言词，也只是古今人这样那样运用过了的，而这些文字的生命是由作者给与的，终竟是唯一的独创的东西。

讨究到这里，可以知道写出自己的东西是什么意义了。

既然要写出自己的东西，就会连带地要求所写的必须是美好的：假若有所表白，这当是有关于人间事情的，则必须合于事理的真际，切乎生活的实况；假若有所感兴，这当是不倾吐不舒快的，则必须本于内心的郁积，发乎情性的自然。这种要求可以称为"求诚"。试想假如只知写出自己的东西而不知求诚，将会有什么事情发生？那时候，臆断的表白与浮浅的感兴，因为无由检验，也将杂出于笔下而不自觉知。如其终于不觉知，徒然多了这番写作，得不到一点效果，已是很可怜悯的。如其随后觉知了，更将引起深深的悔恨，以为背于事理的见解怎能够表白于人间，贻人以谬误，浮荡无着的偶感怎值得表现为定形，耗己之劳思呢？人不愿陷于可怜的境地，也不愿事后有什么悔恨，所以对于自己所写的文字，总希望确是美好的。

虚伪、浮夸、玩戏，都是与诚字正相反对的。在有些人的文字里，却犯着虚伪、浮夸、玩戏的弊病。这个原因同前面所说的一样，有无意的，也有有意的。譬如论事，为才力所限，自以为竭尽智能，还是得不到真际。就此写下来，便成为虚伪或浮夸了。又譬如抒情，为素养所拘，自以为很有价值，但其实近于恶趣。就此写下来，便成为玩戏了。这所谓无意的，都因有所蒙蔽，遂犯了这些弊病。至于所谓有意的，当然也如上文所说的那样怀着利用的心思，借以达某种的目的。或者故意颠倒是非，希望淆惑人家的听闻，便趋于虚伪；或者谀墓、献寿，必须彰善颂美，便涉于浮夸；或者作书牟利，迎合人们的弱点，便流于玩戏。无论无意或有意犯着这些弊病，都是学行上的缺失，生活上的污点。假如他们能想一想是谁作文，作文应当是怎样的，便将汗流被面，无地自容，不愿再担负这种缺失与污点了。

我们从正面与反面看，便可知作文上的求诚实含着以下的意思：从原料讲，要是真实的、深厚的，不说那些不可征验、浮游无着的话；从写作讲，要是诚恳的、严肃的，不取那些油滑、轻薄、卑鄙的态度。

我们作文，要写出诚实的、自己的话。

2. 写作的源头

——《作文论》节选之二

我们要记着，作文这件事离不开生活，生活充实到什么程度，才会做成什么文字。

"要写出诚实的、自己的话"，空口念着是没用的，应该去寻到它的源头，有了源头才会不息地倾注出真实的水来。从上两章里，我们已经得到暗示，知道这源头很密迩，很广大，不用外求，操持由己，就是我们的充实的生活。生活充实，才会表白出、发抒出真实的深厚的情思来。生活充实的涵义，应是阅历得广，明白得多，有发现的能力，有推断的方法，情性丰厚，兴趣饶富，内外合一，即知即行，等等。到这地步，会再说虚妄不诚的话么？我们欢喜读司马迁的文，认他是大文家，而他所以致此，全由于修业、游历以及伟大的志操。我们欢喜咏杜甫的诗，称他是大诗家，而他所以致此，全由于热烈的同情与高尚的人格。假若要找反面的例，要找一个生活空虚的真的文家，我们只好说无能了。

生活的充实是没有止境的，因为这并非如一个瓶罐，有一定的容量，而是可以无限地扩大，从不嫌其过大过充实的。若说要待充实到极度之后才得作文，则这个时期将永远不会来到。而写作的欲望却是时时会萌生的，难道悉数遏抑下去么？其实不然。我们既然有了这生活，就当求它充实（这是论理上的话，这里单举断案，不复论证）。在求充实的时候，也正就是生活着的时候，并不分一个先，一个后，一个是预备，一个是实施。从这一点可以推知只要是向着求充实的路的，同时也就不妨作文。作文原是生活的一部分呵。我们的生活充实到某程度，自然要说某种的话，也自然能说某种的话。譬如孩子，他熟识了人的眨眼，这回又看见星的妙美的闪耀，便高兴地喊道，"星在向我眨眼了"。他运用他的观察力、想象力，使生活向着充实的路，这时候自然要倾吐这么一句话，而倾吐出来的又恰好表达了他的想象与欢喜。大文家写出他每一篇名作，也无非是这样的情形。

所以我们只须自问，我们的生活是不是在向着求充实的路上？如其是的，那就可以绝无顾虑，待写作的欲望兴起时，便大胆地、自信地写作。因为欲望的兴起这么自然，原料的来源这么真切，更不用有什么顾虑了。我们最当自戒的就是生活沦没在虚空之中，内心与外界很少发生关系，或者染着不正当的习惯，却要强不知以为知，不能说、不该说而偏要说。这譬如一个干涸的源头，哪里会倾注出真实的水来？假若不知避开，唯有陷入模仿、虚伪、浮夸、玩戏的弊病里罢了。

要使生活向着求充实的路，有两个致力的目标，就是训练思想与培养情感。从实际讲，这二者也是互相联涉，分割不开的。现在为论列的便利，姑且分开来。看它们的性质，本应是一本叫作《做人论》里的章节。但是，因为作文是生活的一部分，所以它们也正是作文的源头，不妨在这里简略地讨究一下。

请先论训练思想。杜威一派的见解以为"思想的起点是实际上的困难，因为要解决这种困难，所以要思想；思想的结果，疑难解决了，实际上的活动照常进行；有了这一番思想作用，经验更丰富一些，以后应付疑难境地的本领就更增长一些。思想起于应用，终于应用；思想是运用从前的经验来帮助现在的生活,更预备将来的生活。"① 这样的思想当然会使生活的充实性无限地扩大开来。它的进行顺序是这样:"(一)疑难的境地;(二)指定疑难之点究竟在什么地方;(三)假定种种解决疑难的方法;(四)把每种假定所涵的结果一一想出来,看哪一个假定能够解决这个困难;(五)证实这种解决使人信用,或证明这种解决的谬误,使人不信用。"② 在这个顺序里,这第三步的"假设"是最重要的,没有它就得不到什么新东西。而第四、第五步则是给它加上评判和证验,使它真能成为生活里的新东西。所以训练思想的涵义,"是要使人有真切的经验来作假设的来源;使人有批评、判断种种假设的能力;使人能造出方法来证明假设的是非真假。"③

至此,就得归根到"多所经验"上边去。所谓经验,不只是零零碎碎地承受种种见闻接触的外物,而是认清楚它们,看出它们之间的关系,使成为我们所有的东西。不论愚者和智者,一样在生活着,所以各有各的自得的经验。各人的经验有深浅广狭的不同。所谓愚者,只有很浅很狭的一部分,仅足维持他们的勉强的生活;除此以外就没有什么了。这个原因当然在少所接触;而接触的多少不在乎外物的来不来,乃在乎主观的有意与无意;无意应接外物,接触也就少了。所以我们要经验丰富,应该有意地应接外物,常常持一种观察的态度。这样,将见环绕于四围的外物非常多,都足以供我们认识、思索,增加我们的财富。我们运用着观察力,明白它们外面的状况以及内面的情形,我们的经验就无限地扩大开来。譬如对于一个人,如其不加观察,摩肩相值,瞬即东西,彼此就不相关涉了。如其一加观察,至少这个人的面貌、姿态在意念中留下一个印象。若进一步与他结识,更可以认识他的性情,品格。这些决不是无益的事,而适足以使我们获得关于人的种种经验,于我们持躬论人都有用处。所以随时随

---

① 见《胡适文存》卷二第一二六页。——作者注
② 见《胡适文存》卷二第一二〇页。——作者注
③ 见《胡适文存》卷二第一二七页。——作者注

地留意观察，是扩充经验的不二法门。由多所观察，方能达到多所经验。经验愈丰富，则思想进行时假设的来源愈广，批评、判断种种假设的能力愈强，造出方法以证明假设的是非真假也愈有把握。

假如我们作文是从这样的源头而来的，便能表达事物的真际，宣示切实的意思，而且所表达、所宣示的也就是所信从、所实行的，所以内外同致，知行合一。写出诚实的话不是做到了么？

其次，论培养情感。遇悲喜而生情，触佳景而兴感，本来是人人所同的。这差不多是莫能自解的，当情感兴起的时候，浑然地只有这个情这个感，没有工夫再去剖析或说明。待这时候已过，才能回转去想。于是觉得先前的时候悲哀极了或者喜悦极了，或者欣赏了美的东西了。情感与经验有密切的关系。它能引起种种机会，使我们留意观察，设法试证，以获得经验；它又在前面诱导着，使我们勇往直进，全心倾注，去享用经验。它给我们极大的恩惠，使我们这世界各部互相关联而且固结不解地组织起来；使我们深入生活的核心，不再去计较那些为什么而生活的问题。它是粘力，也是热力。我们所以要希求充实的生活，而充实的生活的所以可贵，浅明地说，也就只为我们有情感。

情感的强弱周偏各人不同。有些人对于某一小部分的事物则倾致他们的情感，对其他事物则不然。更有些人对于什么都淡漠，不从这方面倾致，也不从那方面倾致，只是消极地对待，觉得什么东西总辨不出滋味，一切都是无边的空虚，世界是各不相关联的一堆死物，生活是无可奈何的消遣。所以致此的原因，在于与生活的核心向来不曾接近过，永久是离开得远远；而所以离开，又在于不多观察，少具经验，缺乏切实的思想能力。（因此，在前面说思想情感是"互相联涉，分割不开的"，原来是这么如环无端，迭为因果的呵。）于此可见，我们如不要陷入这一路，就得从经验、思想上着手。有了真切的经验、思想，必将引起真切的情感；成功则喜悦，失败则痛惜，不特限于一己，对于他人也会兴起深厚的同情。而这喜悦之情的享受与痛惜之后的奋发，都足以使生活愈益充实。人是生来就怀着情感的核的,果能好好培养,自会抽芽舒叶,开出茂美的花,结得丰实的果。生活永远涵濡于情感之中,就觉这生活永远是充实的。

现在回转去论到作文。假如我们的情感是在那里培养着的,则凡有所写,都属真情实感;不是要表现于人前,便是吐其所不得不吐。写出诚实的话不是做到了么?

我们要记着,作文这件事离不开生活,生活充实到什么程度,才会做成什么文字。所以论到根本,除了不间断地向着求充实的路走去,更没有可靠的预备方法。走在这条路上,再加写作的法度、技术等等,就能完成作文这件事了。

必须寻到源头,方有清甘的水喝。

3. 文章的组织

——《作文论》节选之三

一篇文字的所以独立，不得与别篇合并，也不得剖分为数篇，只因它有一个总旨，它是一件圆满的东西……

我们平时有这么一种经验：有时觉得神思忽来，情意满腔，自以为这是值得写而且欢喜写的材料了。于是匆匆落笔，希望享受成功的喜悦。孰知成篇以后，却觉这篇文字并不就是我所要写的材料，先前的材料要胜过这成篇的文字百倍呢。因此爽然自失，感到失败的苦闷。刘勰说："方其搦翰，气倍辞前；暨乎篇成，半折心始。何则？意翻空而易奇，言征实而难巧也。"① 他真能说出这种经验以及它的来由。从他的话来看，可知所以致此，一在材料不尽结实，一在表达未得其道。而前者更重于后者。表达不得当，还可以重行修改；材料空浮，那就根本上不成立了。所以虽然说，如其生活在向着求充实的路上，就可以绝无顾虑，待写作的欲望兴起时，便大胆地、自信地写作，但不得不细心地、周妥地下一番组织的功夫。既经组织，假如这材料确是空浮的，便立刻会觉察出来，因而自愿把写作的欲望打消了。假如并非空浮，只是不很结实，那就可以靠着组织的

---

① 见《文心雕龙·神思》。——作者注

功能，补充它的缺陷。拿什么来补充呢？这唯有回到源头去，仍旧从生活里寻找，仍旧从思想、情感上着手。

有人说，文字既然源于生活，则写出的时候只须顺着思想、情感之自然就是了。又说组织，岂非多事？这已在前面解答了，材料空浮与否，结实与否，不经组织，将无从知晓，这是一层。更有一层，就是思想、情感之自然未必即与文字的组织相同。我们内蓄情思，往往于一刹那间感其全体；而文字必须一字一句连续而下，仿佛一条线索，直到终篇才会显示出全体。又，蓄于中的情思往往有累复、凌乱等等情形；而形诸文字，必须不多不少、有条有理才行。因此，当写作之初，不得不把材料具体化，使成为可以独立而且可以照样拿出来的一件完美的东西。而组织的功夫就是要达到这种企图。这样才能使写出来的正就是所要写的；不致被"翻空"的意思所引诱，徒然因"半折心始"而兴叹。

所以组织是写作的第一步功夫。经了这一步，材料方是实在的，可以写下来，不仅是笼统地觉得可以写下来。经过组织的材料就譬如建筑的图样，依着兴筑，没有不成恰如图样所示的屋宇的。

组织到怎样才算完成呢？我们可以设一个譬喻，要把材料组成一个圆球，才算到了完成的地步。圆球这东西最是美满，浑凝调合，周遍一致，恰是一篇独立的、有生命的文字的象征。圆球有一个中心，各部分都向中心环拱着。而各部分又必密合无间，不容更动，方得成为圆球。一篇文字的各部分也应环拱于中心（这是指所要写出的总旨，如对于一件事情的论断，蕴蓄于中而非吐不可的情感之类），为着中心而存在。而且各部分应有最适当的定位列次，以期成为一篇圆满的文字。

至此，我们可以知道组织的着手方法了。为要使各部分环拱于中心，就得致力于剪裁。为要使各部分密合妥适，就得致力于排次。把所有的材料逐部审查，而以是否与总旨一致为标准，这时候自然知所去取，于是检定一致的、必要的，去掉不一致的、不切用的，或者还补充上遗漏的、不容少的，这就是剪裁的功夫。经过剪裁的材料方是可以确信的需用的材料。然后把材料排次起来，而以是否合于论理上的顺序为尺度，这时候自然有所觉知。于是让某部居开端，某部居末梢，某部与某部衔接；而某部与某部之间如其有复叠或罅隙，也会发现出来，并且知道应当怎样去修补。到这地步，材料的具体化已经完成了；它不特是成熟于内面的，而且是可以照样宣示于外面的了。

一篇文字的所以独立，不得与别篇合并，也不得剖分为数篇，只因它有一个总旨，它是一件圆满的东西，据此以推，则篇中的每一段虽是全篇的一部分，也必定自有它的总旨与圆满的结构，所以不能合并，不能剖分，而为独立的一段。要希望一段果真达到这样子，当然也得下一番组织的功夫，就一段内加以剪裁与排次。逐段经过组织，逐段充分健全，于是有充分健全的整篇了。

若再缩小范围，每节的对于一段，每句的对于一节，也无非是这样情形。唯恐不能尽量表示所要写出的总旨，所以篇、段、节、句都逐一留意组织。到每句的组织就绪，作文的事情也就完毕了。因此可以说，由既具材料到写作成篇，只是一串组织的功夫。

要实行这种办法，最好先把材料的各部分列举出来，加以剪裁，更为之排次，制定一个全篇的纲要。然后依着写作，同时再注意于每节每句的组织。这样才是有计划有把握的作文；别的且不讲，至少可免"暨乎篇成，半折心始"的弊病。

或以为大作家写作，可无须组织，纯任机缘，便成妙文。其实不然。大作家技术纯熟，能在意念中组织，甚且能不自觉地组织，所谓"腹稿"，所谓"宿构"，便是；而决非不须组织。作文的必须组织，正同作事的必须筹划一样。

4. 作自己要作的题目

我们要把生活与作文结合起来，多多练习，作自己要作的题目。

一篇文，一首诗，一支歌曲，总得有个题目。从作者方面说，有了题目，可以表示自己所写的中心。从读者方面说，看了题目，可以预知作品所含的内容。题目的必要就在乎此。从前有截取篇首的几个字作题目的，第一句是"学而时习之"，就称这一篇为《学而》；有些人作诗，意境惝恍迷离，自己也不知道该题作什么，于是就用《无题》两字题在前头：这些是特殊的例子，论到作用，只在便于称说，同其他的篇章有所区别，其实用甲、乙、丙、丁来替代也未尝不可；所以这样办的向来就不多。

题目先文章而有呢，还是先有了文章才有题目？这很容易回答。可是问题不应该这样提。我们胸中有了这么一段意思，一种情感，要保留下来，让别人知道，或者备自己日后覆按，这时候才动手写文章。在写下第一个字之前，我们意识着那意思那情感的全部。在意思的全部里必然有论断或主张之类，在情感的全部里至少有一个集注点；这些统称为中心。把这些中心写成简约的文字，不就是题目么？作者动手写作，总希望收最大限的效果，如果标明白中心所在，那是更能增加所以要写作的效果的（尤其是就让别人知道这一点说）。所以作者在努力写作之外，不惮斟酌尽善，把中心写成个适切的题目。这功夫该在文章未成之前做呢，还是在已成之后做？回答是在前在后都一样，因为中心总是这么一个。那么，问题目先文章而有还是文章先题目而有，岂不是毫无意义？我们可以决定地说的，是先有了意思情感才有题目。

胸中不先有意思情感，单有一个题目，而要动手写文章，我们有这样的时机么？没有的。既没有意思情感，写作的动机便无从发生。题目生根于意思情感，没有根，那悬空无着的题目从何而来呢？

但是，我们中学生确有单有一个题目而也要动手写文章的时机。国文教师出了题目教我们作文，这时候，最先闯进胸中的是题目，意思情感之类无论如何总要迟来这么一步。这显然违反了一篇文章产生的自然程序。若因为这样就不愿作文，那又只有贻误自己。作文也同诸般技术一样，要达到运用自如的境界，必须经过充分的练习。教师出题目，原是要我们练习，现在却说不愿练习，岂非同自己为难？所以我们得退一步，希望教师能够了解学生的生活，能够设身处地地想象学生内部的意思和情感，然后选定学生能够作的愿意作的题目给学生作。如果这样，教师出题目就等于唤起学生作文的动机，也即是代学生标示了意思情感的中心，而意思情感原是学生先前固有的。从形迹讲，诚然题目先有；按求实际，却并没违反一篇文章产生的自然程序。贤明的教师选题目，一定能够这样做。

我们还要说的是作文这件事情既须练习，单靠教师出了题目才动笔，就未免回数太少，不能收充分的效果。现在通行的不是两星期作一回文么？一学年在学四十星期，只作得二十篇文章。还有呢，自己有了意思情感便能动手写出来，这是生活上必要的习惯，迟至中学时代须得养成。假若专等教师出了题目才动手，纵使教师如何贤明，所出题目如何适切，结果总不免本末倒置，会觉得作文的事情单为应付教师的练习功课，而与自己的意思情感是没有关涉的。到这样觉得的时候，这人身上便已负着人生的缺陷，缺陷的深度比哑巴不能开口还要利害。

要练习的回数多，不用说，还须课外作文。要养成抒写意思情感的习惯，那只须反问自己，内部有什么样的意思情感，便作什么样的文。两句话的意思合拢来，就是说除了教师出的题目以外，自己还要作文，作自己要作的题目。

自己要作的题目似乎不多吧？不，决不。一个中学生，自己要作的题目实在很多。上堂听功课，随时有新的意想，新的发现，是题目。下了课，去运动，去游戏，谁的技术怎样，什么事情的兴趣怎样，是题目。读名人的传记，受了感动，看有味的小说，起了想象，是题目。自然科学的实验和观察，如种树，如养鸡，如窥显微镜，如测候风、雨、寒、温，都是非常有趣的题目。校内的集会，如学生会、交谊会、运动会、演说会，校外的考查，如风俗、人情、工商状况、交通组织，也都是大可写作的题目。这些岂是说得尽的？总之，你只要随时反省，就觉得自己胸中决不是空空洞洞的；随时有一些意思情感在里头流衍着，而且起种种波澜。你如果不去把捉住这些，一会儿就像烟云一样消散了，再没痕迹。你如果仗一枝笔把这些保留下来，所成文字虽未必便是不朽之作，但因为是你自己所想的所感的，在你个人的生活史上实有很多的价值。同时，你便增多了练习作文的回数。

一个教师会出这样一个题目，《昨天的日记》。这题目并没不妥，昨天是大家度过了的。一天里总有所历、所闻、所思、所感，随便取一端两端写出来就得了。但是，一个学生在他的练习簿上写道："昨日晨起夜眠，进三餐，上五课，皆如前日，他无可记。"教师看了没有别的可说，只说"你算是写了一条日记的公式！"这个学生难道真个无可记么？哪有的事？他不是不曾反省，便是从什么地方传染了懒惰习惯，不高兴动笔罢了。一个中学生一天的日记，哪会没有可写的呢？

就教师出的题目作文，虽教师并不说明定须作多少字，而作者自己往往立一个约束，至少要作成数百字的一篇才行，否则似乎不像个样儿。这是很无谓的。文篇的长短全视内容的多少，内容多，数千字尽写，内容少，几十字也无妨；或长或短，同样可以成很好的文章。不问内容多少，却先自规定至少要作多少字，这算什么呢？存着这样无谓的心思，会错过许多自己习作的机会。遇到一些片段的意想或感兴时，就觉这是不能写成像模样的一篇的，于是轻轻放过。这不但可惜，并且昧于所以要作文的意义了。

　　作文不该看作一件特殊的事情，犹如说话，本来不是一件特殊的事情。作文又不该看作一件呆板的事情，犹如泉流，或长或短，或曲或直，自然各异其致。我们要把生活与作文结合起来，多多练习，作自己要作的题目。久而久之，将会觉得作文是生活的一部分，是一种发展，是一种享受，而无所谓练习；这就与文章产生的自然程序完全一致了。

原载中学生杂志社编的《写作的健康与疾病》，开明书店 1935 年 6 月出版。

5.《文章例话》序

一般人都要认识文字,练习写作,并不是为着给自己捐上一个"读书人"或者"文学家"的头衔,而是使自己的生活更见丰富,更见充实。

今年《新少年杂志》创刊,朋友们建议应该有这么一栏,选一些好文章给少年们读。这件事由我担任下来,按期选录一篇文章,加上一些谈话,栏名叫作《文章展览》。现在把这些文章选录二十四篇,集成这本书,书名叫作《文章例话》。为了切近读者的意趣,我只选现代人的文章。所选文章有些是文艺作品,也把它们当作普通文章,就普通文章的道理来谈。

文章不是茶余饭后作为消遣写成的,也不是怕人家认为不会写文章,不得不找几句话来说说,勉勉强强写成的。凡是好文章必然有不得不写的缘故。自己有了一种经验,一种意思,觉得它和寻常的经验、寻常的意思不同,或者比较新鲜,或者特别深切,值得写下来,作为生活的标记,备将来需用的时候查考。这才提起笔来写文章。这些经验和意思,有的必须向自己心目中的一些人倾诉。这才也提起笔来写文章。前者为的是自己,后者为的是他人,总之都不是无所为的笔墨游戏。

学校中有作文的科目。学生本来不想写什么文章,先生出了题目,学生就得写。既然没有不得不写的缘故,那就似乎近于无所为的笔墨游戏了。但是,学校中作文为的是练习写作,练习就不得不故意找一些题目来写,好比算术科为了练习计算,必须作一些应用题目一样。善于教导学生的先生无不深知学生的底细,他出的题目往往在学生经验和意思的范围以内。学生本来不想写什么文章,可是经他一提醒,觉得大有可写了。这就和其他作者的写作过程没有什么两样,也为着有得写,需要写,才翻开他的作文簿来。

以上的意思为什么必须明白呢?因为这是一种正确的写作态度。抱着这种写作态度就能够辨别什么材料值得一写,什么材料不必徒费笔墨,还能够辨别人家的文章,哪些是合于这种写作态度的,值得阅读,哪些相去很远,不妨搁在一旁。

写文章不是什么神秘的事,艰难的事。文章的材料是经验和意思,文章的根据是语言。只要有经验和意思,只要会说话加上会识字写字,就能够写文章了。这不是寻常不过容易不过的事情吗?所谓好的文章,也不过材料选得精当一点,话说得周密一点罢了。如果单为着要写好文章而去求经验和意思的精当,语言的周密,那就是本末倒置。但是一个人在实际生活中,本来就该求经验和意思的精当,语言的周密。这为的并不是写文章,为的是生活。生活中有这样修养的人往往会觉得有许多文章要写,而写出来的往往是好文章。生活就如泉源,文章犹如溪水,泉源丰盈而不枯竭,溪水自然活泼泼地流个不歇。

从前以为写文章是几个读书人特有的技能,那技能奥妙难知,几乎同于方士的画符念咒。这种见解必须打破。现在我们要相信,不论什么人都可以写文章。车间里的工人可以写文章,田亩中的农人可以写文章,乃至店铺里的店员,码头上的搬运工,都可以写文章,因为他们各有各的生活。写文章不是生活上的一种点缀,一种装饰,而就是生活的本身。一般人都要认识文字,练习写作,并不是为着给自己捐上一个"读书人"或者"文学家"的头衔,而是使自己的生活更见丰富,更见充实。能写文章算不得什么可以夸耀的事，不能写文章却是一种缺陷，这种缺陷同哑巴差不多，对生活有相当大的坏影响。

以上的意思为什么必须明白呢？因为这是对于写作训练的一种正确的认识。有了这种认识才可以充分利用写作这一项技能，而不至于作文章的奴隶，为写文章而写文章，或者把文章看得高不可攀，不敢接近。

这本书选录的文章可以作为上面的话的例证。第一，它们都不是无聊消遣的游戏笔墨，内容各有值得一写的价值。第二，它们都不是幻术那样的把戏，内容都是作者生活的泉源里的一股溪水，流出来那样地自然。我并不说它们以外再没有好文章，我只想拿它们做例子，给读者看看，这样的文章就是好文章。要写出好文章，决不是铺开一张纸，拿起一枝笔，硬想一阵所能办到的。读了这些篇，至少可以领悟这个道理。

我在每篇之后加上的谈话，内容并不一致。有时候指出这篇文章的好处，有时候说明这类文章的作法，有时候就全篇文章来说，有时候只说到中间的一部分。读者看了这些话，犹如听了国语教师讲解一篇文章之后，再来一个概要的总述。以后，自己读其他文章，眼光就会比较明亮，比较敏锐，不待别人指说就能够把好处和作法等等看出来。如果有不妥当不合法度的地方，也能够看出来，不轻轻滑过。这既有益于眼光，也有益于手腕。自己写作，什么道路应该遵从，什么毛病应该避免，大致也就有数了。总之，我写这本书的意思和国语教师所怀的志愿一样，希望对读者的阅读和写作有一点帮助。

末了还得说明，阅读和写作都是一种行为，凡是行为必须养成习惯才行。譬如坐得正，立得正，从生理学看来，是有益于健康的。但是决不能到了要坐要立的时候再来想坐立的姿势应该怎样。必须养成坐得正立得正的习惯，连生理学什么的也绝不想起，这才可以终身受用。阅读和写作也是这样。临时搬出一些知识来，阅读应该怎样，写作应该怎样，岂不要把整个儿的兴致分裂得支离破碎了吗？所以阅读和写作的知识必须化为技能，养成习惯，必须在不知不觉之间受用着它，才是真正的受用。读者看这本书，请不要忘记这一句：养成习惯。

1936 年 12 月 20 日

6. 文章例话（节选）

读一篇文章，如果不明白它的主旨，而只知道一点零零碎碎的事情，那就等于白读。

背 影
朱自清

……父亲要到南京谋事，我也要回北京念书，我们便同行。

到南京时，有朋友约去游逛，勾留了一日；第二日上午便须渡江到浦口，下午上车北去。父亲因为事忙，本已说定不送我，叫旅馆里一个熟识的茶房陪我同去。他再三嘱咐茶房，甚是仔细。但他终于不放心，怕茶房不妥帖；颇踌躇了一会。其实我那年已二十岁，北京已来往过两三次，是没有什么要紧的了。他踌躇了一会，终于决定还是自己送我去。我两三回劝他不必去；他只说，"不要紧，他们去不好！"

我们过了江，进了车站。我买票，他忙着照看行李。行李太多了，得向脚夫行些小费，才可过去。他便又忙着和他们讲价钱。我那时真是聪明过分，总觉他说话不大漂亮，非自己插嘴不可。但他终于讲定了价钱；就送我上车。他给我拣定了靠车门的一张椅子；我将他给我做的紫毛大衣铺好坐位。他嘱我路上小心,夜里要警醒些,不要受凉。又嘱托茶房好好照应我。我心里暗笑他的迂;他们只认得钱,托他们直是白托!而且我这样大年纪的人,难道还不能料理自己么?唉,我现在想想,那时真是太聪明了!

我说道,"爸爸,你走吧。"他望车外看了看,说,"我买几个桔子去。你就在此地,不要走动。"我看那边月台的栅栏外有几个卖东西的等着顾客。走到那边月台,须穿过铁道,须跳下去又爬上去。父亲是一个胖子,走过去自然要费事些。我本来要去的,他不肯,只好让他去。我看见他戴着黑布小帽,穿着黑布大马褂,深青布棉袍,蹒跚地走到铁道边,慢慢探身下去,尚不大难。可是他穿过铁道,要爬上那边月台,就不容易了。他用两手攀着上面,两脚再向上缩;他肥胖的身子向左微倾,显出努力的样子。这时我看见他的背影,我的泪很快地流下来了。我赶紧拭干了泪,怕他看见,也怕别人看见。我再向外看时,他已抱了朱红的桔子望回走了。过铁道时,他先将桔子散放在地上,自己慢慢爬下,再抱起桔子走。到这边时,我赶紧去搀他。他和我走到车上,将桔子一股脑儿放在我的皮大衣上。于是扑扑衣上的泥土,心里很轻松似的。过一会说,"我走了;到那边来信!"我望着他走去。他走了几步,回过头看见我,说,"进去吧,里边没人。"等他的背影混入来来往往的人里,再找不着了,我便进来坐,我的眼泪又来了。……

这篇《背影》,大家说是朱自清先生的好文章,各种初中国文教科书都选了它。现在我们选读它的中部。删去的头和尾,分量大约抵全篇的三分之一。

一篇文章印出来,都加得有句读符号。依着句读符号读下去,哪里该一小顿,哪里该一大顿,不会弄错。但是句中词与词间并没有什么符号。就得用我们的心思给它加上无形的符号划分清楚。例如看见"父亲要到南京谋事",就划分成"父亲——要——到——南京——谋事",看见"我也要回北京念书",就划分成"我——也——要——回——北京——念书"。这一番功夫要做得完全不错,先得逐一明白生字和难语。例如,"勾"字同"留"字,"蹒"字同"蹰"字,"蹒"字同"跚"字是不是连在一起的呢?"一股脑儿"是不是"一股的脑子"的意思呢?这等问题不解决,词就划分不来。解决这等问题有三个办法:一是凭自己的经验,一是查词典,一是请问别人。

词划分清楚了,还要能够辨明哪些是最主要的词。例如读到"叫旅馆里一个熟识的茶房陪我同去",就知道最主要的词只是"叫——茶房——去",读到"我将他给我做的紫毛大衣铺好坐位",就知道最主要的词只是"我——铺——坐位"。能这样,就不致不明白或者误会文章的意思了。

这篇文章把父亲的背影作为主脑。父亲的背影原是作者常常看见的,现在写的却是使作者非常感动的那一个背影。那么,在什么时候、什么地方看见那一个背影,当然非交代明白不可。这篇文章先要叙明父亲和作者同到南京,父亲亲自送作者到火车上,就是为此。

有一层可以注意:父子两个到了南京,耽搁了一天,第二天渡江上车,也有大半天的时间,难道除了写出来的一些事情以外再没有旁的事情吗?那一定有的,朋友约去游逛不就是事情吗?然而只用一句话带过,并不把游逛的详细情形写出来,又是什么缘故?缘故很容易明白:游逛的事情和父亲的背影没有关系,所以不用写。凡是和父亲的背影没有关系的事情都不用写;凡是要写出来的事情都和父亲的背影有关系。

这篇文意叙述看见父亲和背影,非常感动,计有两回:一回在父亲去买桔子,爬上那边月台的时候,一回在父亲下车走去,混入来往的人群里头的时候。前一回把父亲的背影描写得很仔细;他身上穿什么衣服,他怎样走到铁道边,穿过铁道,怎样爬上那边月台,都依照当时眼见的写出来。在眼见这个背影的当儿,作者一定想到父亲不肯让自己去买桔子,仍旧把自己当小孩子看待,这和以前的不放心让茶房送,定要他亲自来送,以及他的忙着照看行李，和脚夫讲价钱，嘱托车上的茶房好好照应他的儿子等等行为是一贯的。作者一定又想到父亲为着爱惜儿子，情愿在铁道两边爬上爬下，做一种几乎不能胜任的工作。这中间含蓄着一段多么感人的爱惜儿子的深情！以上这些意思当然可以写在文章里头，但是不写也一样，读者看了前面的叙述，看了对背影的描写，已经能够领会到这些意思了。说话要没有多余的话，作文要没有多余的文句。既然读者自能领会到，那么明白写下反而是多余的了，所以不写，只写了"我的泪很快地流下来了"。后一回提到父亲的背影并不描写，只说"他的背影混入来来往往的人里，再找不着了"。这一个消失在人群里头的背影是爱惜他的儿子无微不至的，是再三叮咛舍不得和他的儿子分别的，但是现在不得不"混入来来往往的人里"去了。做儿子的想到这里，自然起一种难以描摹的心绪，也说不清是悲酸还是惆怅。和前面所说的理由相同，这些意思也是读者能够领会到的，所以不写，只写了"我的眼泪又来了"。

到这里，全篇的主旨可以明白了。读一篇文章，如果不明白它的主旨，而只知道一点零零碎碎的事情，那就等于白读。这篇文章的主旨是什么呢？就是把父亲的背影作为叙述的主脑，从其间传出父亲爱惜儿子的一段深情。

这篇文章记父亲的话只有四处，都非常简单。并不是在分别的那一天父亲只说了这几句简单的话。而是因为这几句简单的话都是深情的流露，所以特地记下来。在作者再三劝父亲不必亲自去送的当儿，父亲说，"不要紧，他们去不好！"在到了车上，作者请父亲回去的当儿，父亲说，"我买几个桔子去。你就在此地，不要走动。"在买来了桔子将要下车的当儿，父亲说，"我走了；到那边来信！"在走了几步回过头来的当儿，父亲说，"进去吧，里边没人。"这里头含蓄着多少怜惜、体贴，依依不舍的意思！我们读到这几句话，不但感到了这些意思，还仿佛听见了那位父亲当时的声音。

其次要说到叙述动作的地方。叙述一个人的动作当然先得看清楚他的动作。看清楚了，还得用最适当的话写出来，才能使读者宛如看见这些动作一样。这篇文章叙述父亲去买桔子，从走过铁路去到回到车上来，动作不少。作者所用的话都很适当，排列又有条理，使我们宛如看见这些动作，还觉得那位父亲真做了一番艰难而愉快的工作。还有，所有叙述动作的地方都是实写，唯有加在"扑扑衣上的泥土"下面的"心里很轻松似的"一语是作者眼睛里看出来的，是虚写。这一语很有关系，把"扑扑衣上的泥土"的动作衬托得非常生动，而且把父亲情愿去做这一番艰难工作的心情完全点明白了。

有几处地方是作者说明自己的意思的：在叙述父亲要亲自去送的当儿，说自己"北京已来往过两三次"了；在叙述父亲和脚夫讲价钱的当儿，说自己"总觉他说话不大漂亮"；在叙述父亲郑重嘱托车上的茶房的当儿，说自己"心里暗笑他的迂"。这些都有衬托的作用，可以看出父亲始终把作者看作一个还得保护的孩子，所以随时随地给他周到的照顾。至于"我那时真是聪明过分"，"那时真是太聪明了"，那是作者事后省悟过来责备自己的意思。"聪明过分"，"太聪明了"，换句话说就是"一点也不聪明"。为什么一点也不聪明？因为当时只觉得父亲"说话不大漂亮"，暗笑父亲"迂"，而不能够体贴父亲疼爱儿子的心情。

这篇文章通体干净，没有多余的话，没有多余的字眼。即使一个"的"字一个"了"字也是必须用才用。多读几遍，自然有数。

原载叶圣陶著的《文章例话》，
开明书店 1937 年 2 月出版。

7. "通"与"不通"

一篇文章怎样才算得"通"?"词"使用得适合,"篇章"组织得调顺,便是"通"。

讲到一篇文章,我们常常用"通"或"不通"的字眼来估量。在教师批改习作的评语里,这些字眼也极易遇见。我们既具有意思情感,提笔写作文章,到底要达到怎样的境界才算得"通"? 不给这"通"字限定一个界域,徒然"通"啊"不通"啊大嚷一通,实在等于空说。假若限定了"通"字的界域,就如作其他事情一样定下了标准,练习的人既有用功的趋向,评判的人也有客观的依据。同时,凡不合乎这限定的界域的,当然便是"不通"。评判的人即不至单凭浑然的感觉,便冤说人家"不通";而练习的人如果犯了"不通"的弊病,自家要重复省察,也不至茫无头绪。

从前有一些骄傲的文人,放眼当世文坛,觉得很少值得称数的人,便说当世"通"人少极了,只有三五个;或者说得更少,就只有一个——这一个当然是自己了。这些骄傲的文人把个"通"字抬得那么博大高深,决不是我们中学生作文的标准。我们只须从一般人着想,从一般人对自己的写作能力的期望着想来限定"通"字的界域,这样的界域就很够我们应用。我们中学生不一定要做文人,尤其不要做骄傲的文人。

我们期望于我们的写作能力,最初步而又最切要的,是在乎能够找到那些适合的"字眼",也就是适合的"词"。怎样叫作适合呢？我们内面所想的是这样一件东西,所感的是这样一种情况,而所用的"词"刚好代表这样一件东西,这样一种情况,让别人看了不至感到两歧的意义,这就叫作适合。同时,我们还期望能够组成调顺的"语句",调顺的"篇章"。怎样叫作调顺呢？内面的意思情感是浑凝的,有如球,在同一瞬间可以感知整个的含蕴；而语言文字是联续的,有如线,须一贯而下,方能表达全体的内容。作文同说话一样,是将线表球的功夫,能够经营到通体妥帖,让别人看了便感知我们内面的意思情感,这就叫作调顺。适合的"词"犹如材料,用这些材料,结构为调顺的"篇章",这才成功一件东西。

动笔写作之前,谁不抱着上面所说的期望呢？这种期望是跟着写作的欲望一同萌生的。唯有"词"适合,"篇章"调顺,方才真个写出了我们所想写的。否则只给我们的意思情感铸了个模糊甚至矛盾的模型而已。这违反所以要写作的初意,绝非我们所甘愿的。

在这里,所谓"通"的界域便可限定了。一篇文章怎样才算得"通"？"词"使用得适合,"篇章"组织得调顺,便是"通"。反过来,"词"使用得乖谬,"篇章"组织得错乱,便是"不通"。从一般人讲,只用这么平淡的两句话就够了。这样的"通"没有骄傲的文人所说的那样博大高深,所以是不论何人都可能达到的,并且是必须达到的。

既已限定了"通"的界域,我们写成一篇文章,就无妨自家来考核,不必待教师的批订。我们先自问,使用的"词"都适合了么？要回答这个问题,先得知道不适合的"词"怎样会参加到我们的文章里来。我们想到天,写下"天"字,想到汹涌的海洋,写下"汹涌的海洋"几个字,这其间,所写与所想一致,决不会有不适合的"词"闯入。但在整篇的文章里,情形并不全是这么简单。譬如我们要形容某一晚所见的月光,该说"各处都像涂上了白蜡"呢还是说"各处都浸在碧水一般的月光里"？或者我们要叙述足球比赛,对于球员们奔驰冲突的情形,该说"拼死斗争"呢还是说"奋勇竞胜"？这当儿就有了斟酌的余地。如果我们漫不斟酌,或是斟酌而决定得不得当，不合适的"词"便溜进我们的文章来了。漫不斟酌是疏忽，疏忽常常是贻误事情的因由，这里且不去说它。而斟酌过了何以又会决定得不得当呢？这一半缘于平时体认事物未能真切，一半缘于对使用的"词"未能确实了知它们的义蕴。就拿上面的例来讲，"涂上白蜡"不及"浸在碧水里"能传月光的神态，假若决定的却是"涂上白蜡"，那就是体认月光的神态尚欠功夫；"拼死斗争"不及"奋勇竞胜"合乎足球比赛的事实，假若决定的却是"拼死斗争"，那就是了知"拼死斗争"的义蕴尚有未尽。我们作文，"词"不能使用得适合，病因全在这两端。关于体认的一点，只有逐渐训练我们的思致和观察力。这是一步进一步的，在尚不曾进一步的当儿，不能够觉察现在一步的未能真切。关于义蕴的一点，那是眼前能多用一些功夫就可避免毛病的。曾见有人用"聊寞"二字，他以为"无聊"和"寂寞"意义相近，拼合起来大概也就是这么一类的意义，不知这是使人不解的。其实他如果翻检过字典辞书，明白了"无聊"和"寂寞"的义蕴，就不至写下这新铸而不通的"聊寞"来了。所以勤于翻检字典辞书，可使我们觉察哪些"词"在我们的文章里是适合的而哪些是不适合的。他人的文章也足供我们比照。在同样情形之下，他人为什么使用这个"词"不使用那个"词"呢？这样问，自会找出所以然，同时也就可以判定我们自己所使用的适合或否了。还有个消极的办法，凡义蕴和用法尚不能确切了知的"词"，宁可避而不用。不论什么事情，在审慎中间往往避去了不少的毛病。

其次，我们对自己的文章还要问，组织的"语句"和"篇章"都调顺了么？我们略习过一点文法，就知道在语言文字中间表示关系神情等，是"介词""连词""助词"等的重要职务。这些"词"使用得不称其职，大则会违反所要表达的意思情感，或者竟什么也不曾表达出来，只在白纸上涂了些黑字；小也使一篇文章琐碎涩拗，不得完整。从前讲作文，最要紧"虚字"用得通，这确不错；所谓"虚字"就是上面说的几类"词"。我们要明白它们的用法，要自己检查使用它们得当与否，当然依靠文法。文法能告诉我们这一切的所以然。我们还得留意我们每天每时的说话。说话是不留痕迹在纸面的文章。发声成语，声尽语即消逝，如其不经训练，没养成正确的习惯，随时会发生错误。听人家演说，往往"那么，那么""这个，这个"特别听见得多，颇觉刺耳。仔细考察，这些大半是不得当的，不该用的。只因口说不妨重复说，先说的错了再说个不错的，又有人身的姿态作帮助，所以仍能使听的人了解。不过错误终究是错误。说话常带错误，影响到作文，可以写得教人莫明所以。蹩脚的测字先生给人代写的信便是个适宜的例子；一样也是"然而""所以"地写满在信笺上，可是你只能当它神签一般猜详，却不能确切断定它说的什么。说话常能正确，那就是对于文法所告诉我们的所以然不单是知，并且有了遵而行之的习惯。仅靠文法上的知是呆板的，临到作文，逐处按照，求其不错，结果不过不错而已。遵行文法成为说话的习惯，那时候，怎么恰当地使用一些"虚字"，使一篇文章刚好表达出我们的意思情感，几乎如灵感自来，不假思索。从前教人作文，别的不讲，只教把若干篇文章读得烂熟。我们且不问其他，这读得烂熟的办法并不能算坏。读熟就是要把一些成例化为习惯。现在我们写的是"今话文"，假若说话不养成正确的习惯，虽讲求文法，也难收十分的效果。一方讲求文法，了知所以然，同时把了知的化为说话的习惯，平时说话总不与之相违背，这才于作文上大有帮助。我们写成一篇文章，只消把它诵读几遍，有不调顺的所在自然会发现，而且知道应该怎样去修改了。

"词"适合了，"篇章"调顺了，那就可以无愧地说，我们的文章"通"了。

这里说的"通"与"不通"，专就文字而言，是假定内面的思想情感没有什么毛病了的。其实思想情感方面的毛病尤其要避免。曾见小学生的练习簿，说到鸦片，便是"中国的不强皆由于鸦片"，说到赌博，便是"中国的不强皆由于赌博"。中国不强的缘由这样简单么？中国不强果真"皆由"所论到的一件事物么？这样一反省，便将自觉意思上有了毛病。

要避免这样的毛病在于整个的生活内容的充实，所以本篇里说不到。

原载 1935 年中学生杂志社编的《写作的健康与疾病》。

8. "好"与"不好"

说一篇文章里如果具有这两点，大概是可以称为"好"的了；不具有呢，那便是"不好"。这两点是"诚实"与"精密"。

提笔作文，如果存心这将是"天地间之至文"，或者将取得"文学家"的荣誉，就未免犯了虚夸的毛病。"天地间之至文"历来就有限得很，而且须经时间的淘汰才会被评定下来。岂是写作者动笔的时候自己可以判定的？"文学家"呢，依严格说，也并不是随便写一两篇文章可以取得的——只有不注重批评的社会里才到处可以遇见"文学家"，这样的"文学家"等于能作文完篇的人而已。并且，这些预期与写作这件事情有什么关系呢？存着这些预期，文章的本身不会便增高了若干的价值。所以"至文"呀，"文学家"呀，简直不用去想。临到作文，一心一意作文就是了。

作文是我们生活里的一件事情。我们做其他事情总愿望做得很好，作文当然也不愿望平平而止。前此所说的"通"，只是作文最低度的条件。文而"不通"，犹如一件没制造完成的东西，拿不出去的。"通"了，这其间又可以分作两路：一是仅仅"通"而已，这像一件平常的东西，虽没毛病，却不出色；一是"通"而且"好"，这才像一件精美的物品，能引起观赏者的感兴，并给制作者以创造的喜悦。认真不肯苟且的人，写一篇文章必求它"通"，又望它能"好"，是极自然的心理。自己的力量能够做到的,假若不去做到,不是会感到像偷工减料一般的抱歉心情么?

怎样才能使文章"好"呢?或者怎样是"不好"的文章呢?我不想举那些玄虚的字眼如"超妙""浑厚"等等来说,因为那些字眼同时可以拟想得很多,拿来讲得天花乱坠,结果把握不定它们的真切意义。我只想提出两点,说一篇文章里如果具有这两点,大概是可以称为"好"的了;不具有呢,那便是"不好"。这两点是"诚实"与"精密"。

在写作上,"诚实"是"有什么说什么",或者是"内面怎样想怎样感,笔下便怎样写"。这个解释虽浅显,对于写作者却有一种深切的要求,就是文字须与写作者的思想、性情、环境等一致。杜甫的感慨悲凉的诗是"好"的,陶渊明的闲适自足的诗是"好"的,正因为他们所作各与他们的思想、性情、环境等一致,具有充分的"诚实"。记得十五六岁的时候,有一个同学死了,动手作挽文。这是难得遇到的题目。不知怎样写滑了手,竟写下了"恨不与君同死"这样意思的句子来。父亲看过,抬一抬眼镜问道,"你真这样想么?"哪里是真?不过从一般哀挽文字里看到这样的意思,随便取来填充篇幅罢了。这些句子如果用词适合,造语调顺,不能说"不通"。然而"不好"是无疑的,因为内面并非真有这样的情感,而纸面却这样说,这就缺少了"诚实"。我又想到有一些青年写的文章。"人生没有意义"啊,"空虚包围着我的全身"啊,在写下这些语句的时候,未尝不自以为直抒胸臆。但是试进一步自问:什么是"人生"?什么是"有意义",什么是"空虚"?不将踌躇疑虑,难以作答么?然而他们已经那么写下来了。这其间"诚实"的程度很低,未必"不通"而难免于"不好"。

也有人说,文章的"好""不好",只消从它的本身评论,不必问写作者的"诚实"与否;换一句说,就是写作者无妨"不诚实"地写作,只要写来得法,同样可以承认他所写是"好"的文章。这也不是没有理由。古人是去得遥遥了,传记又多简略,且未能尽信;便是并世的人,我们又怎能尽知他们的心情身世于先,然后去读他们的文章呢?我们当然是就文论文；以为"好"，以为"不好"，全凭着我们的批评知识与鉴赏能力。可是要注意，这样的说法是从阅读者的观点说的。如果转到写作者的观点，并不能因为有这样的说法就宽恕自己，说写作无需乎一定要"诚实"。这其间的因由很明显，只要这样一想就可了然。我们作文，即使不想给别人看，也总是出于这样的要求：自己有这么一个意思情感，觉得非把它铸成个定型不可，否则便会爽然若失，心里不舒服。这样提笔作文，当然要"诚实"地按照内面的意思情感来写才行。假若虚矫地掺入些旁的东西，写成的便不是原来那意思情感的定型，岂非仍然会爽然若失么？再讲到另一些文章，我们写来预备日后自己复按，或是给别人看的。如或容许"不诚实"的成分在里边，便是欺己欺人，那内心的愧疚将永远是洗刷不去的。爽然若失同内心愧疚纵使丢开不说，还有一点很使我们感觉无聊的，便是"不诚实"的文章难以写得"好"。我们不论做什么事情，发于自己的，切近于自己的，容易做得"好"，虚构悬揣，往往劳而少功。我们愿望文字写得"好"，而离开了自己的思想、性情、环境等，却向毫无根据和把握的方面乱写，怎能够达到我们的愿望呢？

到这里，或许有人要这样问：上面所说，专论自己发抒的文章是不错的，"不诚实"便违反发抒的本意，而且难以写得"好"；但是自己发抒的文章以外还有从旁描叙的一类，如有些小说写强盗和妓女的，若依上说，便须由强盗妓女自己动手才写得"好"，为什么实际上并不然呢？回答并不难。从旁描叙的文章少不了观察的功夫，观察得周至时，已把外面的一切收纳到我们内面。然后写出来，这是另一意义的"诚实"；同样可以写成"好"的文章。若不先观察，却要写从旁描叙的文章，就只好全凭冥想来应付，这是另一意义的"不诚实"。这样写成的文章，仅是缺乏亲切之感这一点，阅读者便将一致评为"不好"了。

所以，自己发抒的文字以与自己的思想、性情、环境等一致为"诚实"，从旁描叙的文章以观察得周至为"诚实"。

其次说到"精密"。"精密"的反面是粗疏平常。同样是"通"的文章，却有"精密"和粗疏平常的分别。写一封信给朋友，约他明天一同往图书馆看书，如果把这意思写了，用词造句又没毛病，不能不说这是一封"通"的信，但"好"是无法加上去的，因为它只是平常。或者作一篇游记，叙述到某地方去的经历，如果把所到的各地列举了，所见的风俗、人情也记上了，用词造句又没毛病，不能不说这是一篇"通"的游记，但"好"与否尚未能断定，因为它或许粗疏。文字里要有由写作者深至地发现出的、亲切地感受到的意思情感，而写出时又能不漏失它们的本真，这才当得起"精密"二字，同时这便是"好"的文章。有些人写到春景，总是说"桃红柳绿，水碧山青"，无聊的报馆访员写到集会，总是说"有某人某人演说，阐发无遗，听者动容"。单想敷衍完篇，这样地写固是个办法；若想写成"好"的文章，那是无论如何做不到的。必须走向"精密"的路，文章才会见得"好"。譬如柳宗元《小石潭记》写鱼的几句，"潭中鱼可百许头，皆若空游无所依。日光下澈，影布石上，怡然不动。俶尔远逝，往来翕忽，似与游者相乐。"是他细玩潭中的鱼，看了它们动定的情态，然后写下来的。大家称赞这几句是"好"文字。何以"好"呢？因为能传潭鱼的神。而所以能传神，就在乎"精密"。

不独全篇整段，便是用一个字也有"精密"与否的分别。文学家往往教人家发现那唯一适当的字用入文章里。说"唯一"固未免言之过甚，带一点文学家的矜夸；但同样可"通"的几个字，若选定那"精密"的一个，文章便觉更好，这是确然无疑的。以前曾论过陶渊明《和刘柴桑》诗里"良辰入奇怀"的"入"字，正可抄在这里，以代申说。

> 这个"入"字下得突兀。但是仔细体味，却下得非常好。——除开"入"换个什么字好呢？"良辰感奇怀"吧，太浅显太平常了；"良辰动奇怀"吧，也不见得高明了多少。而且，用"感"字用"动"字固然也是说出"良辰"同"奇怀"的关系，可是不及用"入"字来得圆融，来得深至。所谓"良辰"包举外界景物而言，如山的苍翠，水

的潺湲,晴空的晶耀,田畴的欣荣,飞鸟的鸣叫,游鱼的往来,都在里头;换个说法,这就是"美景","良辰美景"本来是连在一起的。不过这"良辰美景",它自己是冥无所知的:它固不曾自谦道"在下蹩脚得很,丑陋得很",却也不曾一声声勾引人们说"此地有良辰美景,你们切莫错过"。所以有许多人对于它简直没有动一点心:山苍翠吧,水潺湲吧,苍翠你的,潺湲你的,我自耕我的田,钓我的鱼,走我的路,或者打我的算盘。试问,如果世人全属此辈,"良辰美景"还在什么地方?不过,全属此辈是没有的事,自然会有些人给苍翠的山色、潺湲的水声移了情的。说到移情,真是个不易描摹的境界。勉强述说,仿佛那个东西迎我而来,倾注入我心中,又仿佛我迎那个东西而去,倾注入它的底里;我与它之外不复有旁的了,而且浑忘了我与它了:这样的时候,似乎可以说我给那个东西移了情了。山也移情,水也移情,晴空也移情,田畴也移情,游鱼也移情,一切景物融和成一整个而移我们的情时,我们就不禁脱口而出,"好个良辰美景呵!"这"良辰美景",在有些人原是视若无睹的;而另有些人竟至于移情,真是"嗜好与人异酸咸",这种襟怀所以叫作"奇怀"。到这里,"良辰"同"奇怀"的关系已很了然。"良辰"不自"良","良"于人之襟怀;寻常的襟怀未必能发见"良辰",这须得是"奇怀";中间缀一个"入"字,于是这些意思都含蓄在里头了。如其用"感"字或者"动"字,除开不曾把"良辰"所以成立之故表达外,还有把"良辰"同"奇怀"分隔成离立的两个之嫌。这就成一是感动者,一是被感动者;虽也是个诗的意境,但多少总有点索然。现在用的是"入"字。看字面,"良辰"是活泼泼地流溢于"奇怀"了。翻过来,不就是"奇怀"沉浸在"良辰"之中么?这样,又不就是浑泯"辰"与"怀"的一种超妙的境界么?所以前面说用"入"字来得圆融而深至。

从这一段话看,"良辰入奇怀"的所以"好",在乎用字的"精密"。文章里凡能这般"精密"地用字的地方,常常是很"好"的地方。

要求"诚实"地发抒自己,是生活习惯里的事情,不仅限于作文一端。要求"诚实"地观察外物,"精密"地表出情意,也不是临作文时"抱佛脚"可以济事的。我们要求整个生活的充实,虽不为着预备作文,但"诚实"的"精密"的"好"文章必导源于充实的生活,那是无疑的。

原载1935年中学生杂志社编的《写作的健康与疾病》。

9. 论写作教学（节选）

训练学生写作，必须注重于倾吐他们的积蓄，无非要他们生活上终身受用的意思。这便是"修辞立诚"的基础。

国文课定期命题作文，原是不得已的办法。写作的根源是发表的欲望；正同说话一样，胸中有所积蓄，不吐不快。同时写作是一种技术；有所积蓄，是一回事，怎样用文字表达所积蓄的，使它恰到好处，让自己有如量倾吐的快感，人家有情感心通的妙趣，又是一回事。依理说，心中有所积蓄，自然要说话；感到说话不足以行远传久，自然要作文。作文既以表达所积蓄的为目的，对于一字一词的得当与否，一语一句的顺适与否，前后组织的是否完密，材料取舍的是否合宜，自然该按照至当不易的标准，一一求能解答。不能解答，果真表达了与否就不可知；能解答，技术上的能事也就差不多了。这样说来，从有所积蓄而打算发表，从打算发表而研求技术，都不妨待学生自己去理会好了。但是国文科写作教学的目的，在养成两种习惯：（一）有所积蓄，须尽量用文字发表；（二）每逢用文字发表，须尽力在技术上用功夫。这并不存在着奢望，要学生个个成为著作家、文学家；只因在现代做人，写作已经同衣食一样，是生活上不可缺少的一个项目，这两种习惯非养成不可。唯恐学生有所积蓄而懒得发表，或打算发表而懒得在技术上用功夫，致与养成两种习惯的目的相违反，于是定期命题作文。……

定期作文是不得已的办法，这一层意思，就教师说，非透彻理解不可。理解了这一层，才能使不自然的近于自然。教师命题的时候必须排除自己的成见与偏好；唯据平时对于学生的观察，测知他们胸中该当积蓄些什么，而就在这范围之内拟定题目。学生遇见这种题目，正触着他们胸中所积蓄，发表的欲望被引起了，对于表达的技术自当尽力用功夫；即使发表的欲望还没有到不吐不快的境界，只要按题作去，总之是把积蓄的拿出来，决不用将无作有，强不知以为知，勉强的成分既少，技术上的研磨也就绰有余裕。题目虽是教师临时出的，而积蓄却是学生原来有的。这样的写作，与著作家、文学家的写作并无二致；不自然的便近于自然了。学生经过多年这样的训练，习惯养成了，有所积蓄的时候，虽没有教师命题，也必用文字发表；用文字发表的时候，虽没有教师指点，也能使技术完美。这便是写作教学的成功。

胜义精言，世间本没有许多。我们的作文，呕尽心血，结果与他人所作，或仅大同小异，或竟不谋而合；这种经验差不多大家都有。因此，对于学生作文，标准不宜太高。若说立意必求独创，前无古人，言情必求甚深，感通百世，那么，能文之士也只好长期搁笔，何况学生？但有一层最宜注意的，就是学生所写的必须是他们所积蓄的。只要真是他们所积蓄，从胸中拿出来的，虽与他人所作大同小异或不谋而合，一样可取；倘若并非他们所积蓄，而从依样葫芦、临时剽窃得来的，虽属胜义精言，也要不得。写作所以同衣食一样，成为生活上不可缺少的一个项目，原在表白内心，与他人相感通。如果将无作有，强不知以为知，徒然说一番花言巧语，实际上却没有表白内心的什么；写作到此地步便与生活脱离关系，又何必去学习它？训练学生写作，必须注重于倾吐他们的积蓄，无非要他们生活上终身受用的意思。这便是"修辞立诚"的基础。一个普通人，写一张便条，作一份报告，要"立诚"；一个著作家或文学家，撰一部论著，写一篇作品，也离不了"立诚"。日常应用与立言大业都站在这个基础上，又怎能不在教学写作的时候着意训练？

……

不幸我国的写作教学继承着科举时代的传统，兴办学校数十年，还摆脱不了八股的精神。八股是明太祖所制定，内容要"代圣人立言"，这是不要说自己的话，而要代替圣人说话，说一番比圣人所说的更详尽的话。……八股不要了，科举废止了，新式教育兴起来了。新式教育的目标虽各有各说，但有一点为大家所公认，就是造就善于处理生活的公民。按照这个目标，写作既是生活上不可缺少的一个项目，自然应该摆脱八股的精神，顺着自然的途径，消极方面不阻遏发表的欲望，积极方面更诱导发表的欲望，这样来着手训练。无奈大家的习染太深了，提出目标是一回事，见诸实践又是一回事。……

学生写给朋友的信，还过得去；可是当教师出了《致友人书》的题目的时候，写来往往不很着拍。这种经验，教师差不多都有。为什么如此，似乎难解释，其实不难解释。平常写信给朋友，老实倾吐胸中的积蓄；内容决定形式，技术上也乐意尽心，而且比较容易安排。待教师出了《致友人书》的题目，他们的错觉以为这是"作文"，与平常写信给朋友是两回事，不免做一些拉扯套合的功夫；于是写下来的文章不着拍了。学校中出壁报，上面的论文、记载、小说、诗歌，往往使人摇头。依理说，这种文章都是学生的自由倾吐，该比命题作文出色一点，而仍使人摇头，也似乎难以解释。其实命题作文也没有什么不好，命题作文而合着八股的精神，才发生毛病；学生中了那种毛病，把胸中所积蓄与纸面所写看作互不相干的两回事，以为写壁报文章也就是合着八股的精神的"作文"；所以写下来的文章也不足观了。无论写什么文章，只要而且必须如平常写信给朋友一样，老实倾吐胸中的积蓄。现在作文已不同于从前作八股，拉扯套合的功夫根本用不到，最要紧的是"有"，而且表达出那"有"：这两层，学生何不幸而得不到训练呢？……

改变观念，头绪很多，但有一个总纲，就是：完全摆脱八股的精神。

所有指导与暗示，是八股的精神，彻底抛弃；能使学生真实受用的，务必着力：这就不但改变了观念，而连实践也革新了。至于命题作文的实施，罗庸先生的话很可以参酌。他说："国文教师似应采取图画一课的教法，教学生多写生，多作小幅素描，如杂感短札之类，无所为而为，才是发露中诚的好机会。"

1940 年 12 月 23 日作，原载叶圣陶
与朱自清合著的《国文教学》。

10. 写作是极平常的事（节选）

最要问清楚的是：这经验和情思是不是自己胸中的？把它写出来是不是适应生活上的需要？如果是的，那就做到了一个"诚"字了；写作和说话一样，"立诚"是最要紧的。

写作就是说话，为了生活上的种种需要，把自己要说的话说出来；不过不是口头说话，而是笔头说话。各人有他要说的话，我写作是我说我的话，你写作是你说你的话。并没有话而勉强要说话，或者把别人的话拿来，当作自己的话，都是和写作的本意相违反的。写成的文字平凡一点，浅近一点，都不妨事；胸中只有这些平凡的经验和浅近的情思，如果硬要求其奇特深远，便是勉强了。最要问清楚的是：这经验和情思是不是自己胸中的？把它写出来是不是适应生活上的需要？如果是的，那就做到了一个"诚"字了；写作和说话一样，"立诚"是最要紧的。

咱们小时候不会说话，学习又学习，渐渐的会说话了，其经过自己往往记不清楚。但是只要看小孩们学习说话的经过，就知道这是一串很自然可是很辛苦的工作。小孩要想吃东西的时候，就学着大人说"饭"或"吃"；要得到大人的爱抚的时候，就学着大人说"抱"或"欢喜"：这岂不是很自然的？但是，若把语音发错了，或者该说"吃"的却说了"抱"了，就不能满足他的欲望，必须随时努力矫正，使说出来的刚好表白他的意念：这岂不是很辛苦的？从简单的一词一语起，直到能够说连续的一串话，能够讲一个故事，情形都如此。再进一步，他就要用笔说话了。想把教师的话记下来，就有写笔记的需要；想把自己的情意告诉许多同学，就有写一篇文字的需要；离开了家庭或朋友，就有写信的需要，才拿起笔来说话，这正同他孩子时代说"吃"和"饱"一样的自然。但是，笔记记得不成样子，查看时候就弄不明白；情意说得不畅达，同学看了就莫名其妙；信写得糊里糊涂，接信的对方就摸不着头脑；在初动笔的时候，写不好几乎是必然的。从写不好到写得像样子，这其间也要经过一段辛苦的学习过程。学习无非依傍人家，但消化的功夫还在自己。人家的笔记怎样记的？人家的情意怎样表达的？人家的信是怎样写的？把人家的"怎样"看出来是一层，把自己的不"怎样"看出来是一层，把人家的"怎样"矫正自己的不"怎样"，使它成为自己的习惯，又是一层。到习惯养成了的时候，他才算学习及格，能够用笔说话；用来应付生活上的种种需要，可得许多便利，和能够用嘴说话一个样。

我说以上的话，意在表明写作是极平常的可是极需要认真的一件事情。这个观念很重要，非在学习写作的时候认清不可。从前科举时代，学生在书塾里学习写作，那是有一个特殊的目标的，就是：写成投合考官眼光的文章，希望在仕宦的阶梯上一步步爬上去。现在虽然仍旧有考试，但考试的性质和科举时代不同了；你若认为学习写作的目标只在应付几回升学考试、毕业考试或其他考试，你就根本没有弄明白写作对于你有什么意义。从前书塾里也有一些高明的先生，不仅要学生去应考试，他们对学生期望得更高，要学生成为著作家或文章家，写作的教学就以此为目标。这样的目标显然也是特殊的；现在的国文教师不自觉的承袭着这个传统的，似乎还有，如在"批语"中发挥"立言"或"著作"的大道理的，以及迫着学生揣摩"神气""阴阳"等抽象理法的，就是了。试想自古到今，成功的著作家或文章家有多少？即不说成功，想做著作家或文章家的又有多少？如果写作的目标只在做著作家或文章家，那么，让想做的人去学习好了，何必人人都学习？现在人人要学习写作，就因为把从前那种特殊目标丢开了。看出了它的平常，虽说平常，却又是人生所必需的缘故。说得具体一点，现在学习写作，并不为应考试，也不为要做著作家或文章家；只因为要记笔记，要把情意告诉别人，要写信给家庭或朋友，诸如此类这些事都是极平常的，但做不来便是人生的缺陷。咱们不愿意有这种缺陷，所以非学习写作不可。

从前科举时代，作经义题目，是"代圣贤立言"；作策论题目，是代帝王划策。一个人对于经籍，如果确有所得，而所得又正是与圣贤的见解相合，诚实的发挥出来，就迹象说，便是"代圣贤立言"：这并没有什么可议之处。一个人对于政治，如果确有真知灼见，或可以救一时之弊，或可以开万世之利，详尽的表示出来，就迹象说，便是代帝王划策：这也是很有意思的事儿。然而读经籍而能有所得，研究政治而能有真知灼见，只有极少数的人才办得到。科举制度却把文章的作用规定了，一般士子既要去应考试，学习写作就得顺着那方向走；你即使对于经籍毫无所得，也须代圣贤立言，你即使对政治一窍不通，也须代帝王划策；只有极少数人办得到的事情，硬要多数人也勉强去做。试想其结果怎样？必然是言不由衷，语不切实，把人家的现成语抄袭一番，搬弄一番而已。这样的功夫做得到家，对于应考试是有益的，可以蒙考官录取；然而对于整个生活却是有害的，因为无论说话作文，最要不得的言不由衷，语不切实，而那些人偏偏落在这个陷阱里。做不到家的更不必说了，一辈子学习写作，既不能取得功名，又没有在生活上得到什么便利，真是被笔砚误了一辈子。

……

认真的学习写作也不是什么艰难的事情。简单的说，自己有什么写什么，就是认真。一件事物，你知道得清楚的，一个道理，你明白得透彻的，一个意思，你思索得周到的，一种情感，你感受得真切的，这些都是你自己的东西；如果为了需要须动手写作，你就以这些为范围。反过来说，自己没有什么而勉强要写什么，就是不认真。所以，没有弄清楚孔子的学术思想而论孔子之道，没有某种经验和想象而作某种小说，自己一毛钱也不捐而作劝人献金的传单，平时从不想到国家民族而作爱国家爱民族的诗歌都是不认真。其次，写什么定要竭尽自己的能力把它写出来就是认真。你心里知道得清楚，明白得透彻，是一回事；把它写出来，大半是为了给人家看，人家看了你的文字能不能知道得清楚，明白得透彻，又是一回事，两回事必须合而为一，你的写作才不是白费心力。理想的目标当然是写出来的刚好和你心里所有的一模一样，不多不少。但是把意念化为文字，要做到这般地步，事实上几乎不大可能；唯有竭尽你当时所有的能力，使写出来的差不多贴合你心里所有的，使人家看了你写出来的差不多看见了你的心。

……

写作虽说就是说话，究竟与寻常口头说话有所不同。咱们寻常口头说话，想到一事说一句，看到一事又说一句；和人家谈话，问询这个是一句，回答那个又是一句。不要说一天工夫，就是把一点钟内的说话集拢来，便是噜噜苏苏不相连续的一大堆。写作决不是写这么噜噜苏苏不相连续的一大堆。咱们要写作，必然有个主旨；前面所说读书得到的意思，从事情中悟出的道理，这些都是主旨。写作的时候，有关主旨的话才说，而且要说得正确，说得妥帖，说得没有遗漏；无关主旨的话却一句也不容多说，多说一句就是累赘，就是废话，就是全篇文字的一个疵点。这情形和当众讲话或演说倒有些相像；咱们站起来当众讲话或演说，也不能像平时一样杂七杂八的说，必须抓住一个主旨，让一切的话都集中在那主旨上头才行。有些人写作，写了一大堆，自己不知道说了些什么；拿给别人看，别人也不知道他说了些什么。这就是忘记了写作必然有个主旨的毛病。主旨是很容易认定的，只要问自己为什么要写作这篇文字，那答案便是主旨。认定了主旨，还得自始至终不放松它；写一段，要说得出这一段与主旨有什么关系；写一句，要说得出这一句对主旨有什么作用。要做到这地步，最好先开列一个纲要，第一段是什么，第二段是什么，然后动手写第一段的第一句。这个办法，现在有许多国文教师教学生照做了。其实无论哪一个写作，都得如此。即使不把纲要写在纸面上，也必须预先想定纲要，写在自己的心上。有些人提笔就写，写来很像个样子，好像是不假思索的天才；实则也不是什么天才，他们只因太纯熟了，预先想定纲要的阶段仅需一会儿工夫，而且准不会有错儿，从外表看，便好像是不假思索了。

1941 年 9 月 18 日作，原载于《中学生》战时月刊第 50 期。

11. 谈文章的修改

修改文章不是什么雕虫小技，其实就是修改思想，要它想得更正确，更完美。

有人说，写文章只该顺其自然，不要在一字一语的小节上太多留意。只要通体看来没有错，即使带着些小毛病也没关系。如果留意了那些小节，医治了那些小毛病，那就像个规矩人似的，四平八稳，无可非议，然而也只成个规矩人，缺乏活力，少有生气。文章的活力和生气全仗信笔挥洒，没有拘忌，才能表现出来。你下笔，多所拘忌，就把这些东西赶得一干二净了。

这个话当然有道理，可是不能一概而论。至少学习写作的人不该把这个话作为根据，因而纵容自己，下笔任它马马虎虎。

写文章就是说话，也就是想心思。思想，语言，文字，三样其实是一样。若说写文章不妨马虎，那就等于说想心思不妨马虎。想心思怎么马虎得？养成了习惯，随时随地都马虎地想，非但自己吃亏，甚至影响到社会，把种种事情弄糟。向来看重"修辞立其诚"，目的不在乎写成什么好文章，却在乎绝不马虎地想。想得认真，是一层。运用相当的语言文字，把那想得认真的心思表达出来，又是一层。两层功夫合起来，就叫作"修辞立其诚"。

学习写作的人应该记住，学习写作不单是在空白的稿纸上涂上一些字句，重要的还在乎学习思想。那些把小节小毛病看得无关紧要的人大概写文章已经有了把握，也就是说，想心思已经有了训练，偶尔疏忽一点，也不至于出什么大错。学习写作的人可不能与他们相比。正在学习思想，怎么能稍有疏忽？把那思想表达出来，正靠着一个字都不乱用，一句话都不乱说，怎么能不留意一字一语的小节？一字一语的错误就表示你的思想没有想好，或者虽然想好了，可是偷懒，没有找着那相当的语言文字；这样说来，其实也不能称为"小节"。说毛病也一样，毛病就是毛病，语言文字上的毛病就是思想上的毛病，无所谓"小毛病"。

修改文章不是什么雕虫小技，其实就是修改思想，要它想得更正确，更完美。想对了，写对了，才可以一字不易。光是个一字不易，那不值得夸耀。翻开手头一本杂志，看见这样的话："上海的住旅馆确是一件很困难的事，廉价的房间更难找到，高贵的比较容易，我们不敢问津的。"什么叫作"上海的住旅馆"？就字面看，表明住旅馆这件事属于上海。可是上海是一处地方，决不会有住旅馆的事，住旅馆的原来是人。从此可见这个话不是想错就是写错。如果这样想："在上海，住旅馆确是一件很困难的事。"那就想对了。把想对的照样写下来："在上海，住旅馆确是一件很困难的事。"那就写对了。不要说加上个"在"字去掉个"的"字没有多大关系，只凭一个字的增减，就把错的改成对的了。推广开来，几句几行甚至整篇的修改也无非要把错的改成对的，或者把差一些的改得更正确，更完美。这样的修改，除了不相信"修辞立其诚"的人，谁还肯放过？

思想不能空无依傍，思想依傍语言。思想是脑子里在说话——说那不出声的话，如果说出来，就是语言，如果写出来，就是文字。朦胧的思想是零零碎碎不成片段的语言，清明的思想是有条有理组织完密的语言。常有人说，心中有个很好的思想，只是说不出来，写不出来。又有人说，起初觉得那思想很好，待说了出来，写了出来，却变了样儿，完全不是那回事了。其实他们所谓很好的思想还只是朦胧的思想，就语言方面说，还只是零零碎碎不成片段的语言，怎么说得出来，写得出来？勉强说了写了，又怎么能使自己满意？那些说出来写出来有条有理组织完密的文章，原来在脑子里已经是有条有理组织完密的语言——也就是清明的思想了。说他说得好写得好，不如说他想得好尤其贴切。

因为思想依傍语言，一个人的语言习惯不能不求其好。坏的语言习惯会牵累了思想，同时牵累了说出来的语言，写出来的文字。举个最浅显的例子。有些人把"的时候"用在一切提冒的场合，如谈到物价，就说"物价的时候，目前恐怕难以平抑"，谈到马歇尔，就说"马歇尔的时候，他未必真个能成功吧"。试问这成什么思想，什么语言，什么文字？那毛病就在于沾染了坏的语言习惯，滥用了"的时候"三字。语言习惯好，思想就有了好的依傍，好到极点，写出来的文字就可以一字不易。我们普通人难免有些坏的语言习惯，只是不自觉察，在文章中带了出来。修改的时候加一番检查，如有发现就可以改掉。这又是主张修改的一个理由。

原载 1946 年 5 月 1 日《中学生》第 175 期。

12. 和教师谈写作

总因为思想认识有欠深入处，欠透彻处，表达出来才会晦涩，含糊。总因为思想认识还不能像活水那样自然流动，表达出来才会呆板，滞钝。

想清楚然后写

想清楚然后写，这是个好习惯。养成了这个好习惯，写出东西来，人家能充分了解我的意思，自己也满意。

谁都可以问一问自己，平时写东西是不是想清楚然后写的？要是回答说不，那么写不好东西的原因之一就在这里了（当然还有种种原因）。往后就得自己努力，养成这个好习惯。

不想就写，那是没有的事。没想清楚就写，却是常有的事。自以为想清楚了，其实没想清楚，也是常有的事。

没想清楚也能写，那时候情形怎么样呢？边写边想，边想边写。这样地想，本该是动笔以前的事，现在却就拿来写在纸上了。假如动笔以前这样地想，还得有所增删，有所调整，然后动笔，现在却已经成篇了。

这样写下来的东西，假如把它看作草稿，再加上增删和调整的功夫才算数，也未尝不可。事实上确也有些人肯把草稿看过一两遍，多少改动几处的。但是有两点很难避免。既然写下来了，这就是已成之局，而一般心理往往迁就已成之局，懒得作太大的改动，因此，专靠事后改动，很可能不及事先通盘考虑的好，这是一点。东西写成了，需要紧迫，得立刻拿出去，连稍微改动一下也等不及，这是又一点。有这两点，东西虽然写成，可是自己看看也不满意，至于能不能叫人家充分了解我的意思，那就更难说了。

这样说来，自然应该事先通盘考虑，就是说，应该想清楚然后写。

什么叫想清楚呢？为什么要写，该怎样写，哪些必要写，哪些用不着写，哪些写在前，哪些写在后，是不是还有什么缺漏，从读者方面着想是不是够明白了……诸如此类的问题都有了确切的解答，这才叫想清楚。

要写东西，诸如此类的问题都是非解答不可的。与其在写下草稿之后解答，不如在动笔以前解答。"凡事预则立"，不是吗？

想清楚其实并不难，只要抓住关键，那就是为什么要写。如果写信，为什么要写这封信？如果写报告，为什么要写这篇报告？如果写总结，为什么要写这篇总结？此外可以类推。

如果不为什么，干脆不用写。既然有写的必要，就不会不知道为什么。这个为什么好比是个根，抓住这个根想开来，不以有点儿朦胧的印象为满足，前边提到的那些问题都可以得到解答。这样地想，是思想方法上的过程，也是写作方法上的过程。写作方法跟思想方法原来是二而一的。

怕的是以有点儿朦胧的印象为满足。前边说的自以为想清楚了，其实没想清楚，就指的这种情形。

教学生练习作文，要他们先写提纲，就是要他们想清楚后写，不要随便一想就算，以有点儿朦胧的印象为满足。先写提纲的习惯养成了，一辈子受用不尽，而且受用不仅在写作方面。我们自己写东西，当然也要先想清楚，写下提纲，然后按照提纲顺次地写。提纲即使不写在纸上，也得先写在心头，那就是所谓腹稿。叫腹稿，岂不是已经成篇，不再是什么提纲了吗？不错，详细的提纲就跟成篇的东西相差不远。提纲越详细，也就是想得越清楚，写成整篇越容易，只要把扼要的一句化为充畅的几句，在需要接榫的地方适当地接上榫头就是了。

这样写下来的东西，还不能说保证可靠，得仔细看几遍，加上斟酌推敲的功夫。但是，由于已成之局的"局"基础好，大体上总不会错到哪里去。如果需要改动，也是把它改得更好些，更妥当些，而不是原稿简直要不得。

这样写下来的东西，基本上达到了要写这篇东西的目的，作者自己总不会感到太不满意。人家看了这样写下来的东西，也会了解得一清二楚，不发生误会，不觉得含糊。

想清楚然后写，朋友们如果没有这个习惯，不妨试一试，看效果怎样。

修改是怎么一回事

写完了一篇东西，看几遍，修改修改，然后算数，这是好习惯。工作认真的人，写东西写得比较好的人，大都有这种好习惯。语文老师训练学生作文，也要在这一点上注意，教学生在实践中养成这种好习惯。

修改究竟是怎么一回事呢？

从表面看，自然是检查写下来的文字，看有没有不妥当的地方，如果有，就把它改妥当。但是文字是语言的记录，语言妥当，文字不会不妥当，因此，需要检查的，其实是语言。

怎样的语言才妥当，怎样的语言就不妥当呢？这要看有没有充分地确切地表达出所要表达的意思（也可以叫思想），表达得又充分又确切了，就是妥当，否则就是不妥当，需要改。这样寻根究底地一想，就可见需要检查的，其实是意思，检查过后，认为不妥当需要修改的，其实是意思。

这本来是自然的道理，可是很有些人不领会。常听见有人说："这篇东西基本上不错，文字上还得好好修改。"好像文字和意思是两回事，竟可以修改文字而不变更意思似的。实际上哪有这样的事？凡是修改，都由于意思需要修改，一经修改就变更了原来的意思。

譬如原稿上几层意思是这样排列的，检查过后，发觉这样排列不妥当，须得调动一下，作那样排列，这不是变更了原来的意思的安排吗？

譬如原稿上有这一层意思，没有那一层意思，检查过后，发觉这一层意思用不着，应该删去，那一层意思非有不可，必须补上，这不是增减了原来的意思的内容吗？增减内容就是变更意思。

譬如原稿上用的这个词，这样的句式，这样的接榫，检查过后，发觉这个词不贴切，应该用那个词，这样的句式和这样的接榫不顺当，应该改成那样的句式和那样的接榫，这不是变更了原来的词句吗？词句需要变更，不为别的，只为意思需要变更。前边说的不贴切和不顺当，都是指意思说的。你觉得用"发动"这个词不好，要改"推动"，你觉得某地方要加个"的"字，某地方要去个"了"字，那是根据意思决定的。

说到这儿，似乎可以得到这样的理解：修改必然会变更原来的意思，不过变更有大小的不同，大的变更关涉到全局，小的变更仅限于枝节，也就是一词一句。修改是就原稿再仔细考虑，全局和枝节全都考虑到，目的在尽可能做到充分地确切地表达出所要表达的意思。实际情形不是这样吗？

这样的理解很关重要。有了这样的理解，对修改就不肯草率从事。把这样的理解贯彻在实践中，才真能养成修改的好习惯。

把稿子念几遍

写完一篇东西，念几遍，对修改大有好处。

报社杂志社往往接到一些投稿，附有作者的信，信里说稿子写完之后没心思再看，现在寄给编辑同志，请编辑同志给看一看，改一改吧。我要老实不客气地说，这样的态度是要不得的。写完之后没心思再看，这表示对稿子不负责任。请编辑同志给看一看，改一改，这表示把责任推到编辑同志身上。编辑同志为什么非代你担负这个责任不可呢？

我们应该有个共同的理解，修改肯定是作者分内的事。

有人说，修改似乎没有止境，改了一遍两遍，还可以改第三遍第四遍，究竟改到怎样才算完事呢？我想，改到自己认为无可再改，那就算尽了责任了。也许水平高的人看了还可以再改，但是我没有他那样的水平，一时要达到他的水平是勉强不来的。

修改稿子不要光是"看"，要"念"。就是把全篇稿子放到口头说说看。也可以不出声念，只在心中默默地说。一路念下去，疏忽的地方自然会发现。下一句跟上一句不接气啊，后一段跟前一段连得不紧密啊，词跟词的配合照应不对头啊，句子的成分多点儿或者少点儿啊，诸如此类的毛病都可以发现。同时也很容易发现该怎样说才接气，才紧密，才对头，才不多不少，而这些发现正就是修改的办法。

曾经问过好些人，有没有把稿子念几遍的习惯，有没有依据念的结果修改稿子的习惯。有人说有，有人说没有。我就劝没有这种习惯的人不妨试试看。他们试了，其中有些人后来对我说，这个方法有效验，不管出声不出声，念下去觉得不顺当，顿住了，那就是需要修改的地方，再念几遍，修改的办法也就来了。

这是很容易理解的。念下去顺当，就因为语言流畅妥帖，而语言流畅妥帖，也就是意思流畅妥帖。反过去，念下去不顺当，必然是语言有这样那样的疙瘩，而语言的任何疙瘩，也就是意思上的疙瘩。写东西表达意思，本来跟说一番话情形相同，所不同的仅仅在于说话用嘴，写东西用笔。因此，用念的办法——也就是用说话的办法来检验写成的稿子，最为方便而且有效。

古来文章家爱谈文气，有种种说法，似乎很玄妙。依我想，所谓文气的最实际的意义无非念下去顺当，语言流畅妥帖。念不来的文章必然别扭，就无所谓文气。现在我们不谈文气，但是我们训练学生说话作文，特别注重语言的连贯性,个个词要顺当,句句话要顺当,由此做到通体顺当。这跟古人谈文气其实相仿。语言的连贯性怎样,放到口头去说,最容易辨别出来。修改的时候"念"稿子大有好处,理由就在这里。

平时的积累

写任何门类的东西,写得好不好,妥当不妥当,当然决定于构思、动笔、修改那一连串的功夫。但是再往根上想,就知道那一连串的功夫之前还有许多功夫,所起的决定作用更大。那许多功夫都是在平时做的,并不是为写东西作准备的,一到写东西的时候却成了极关重要的基础。基础结实,构思、动笔、修改总不至于太差,基础薄弱,构思、动笔、修改就没有着落,成绩怎样就难说了。

写一篇东西乃至一部大著作虽然是一段时间的事,但是大部分是平时的积累的表现。平时的积累怎样,写作时候的努力怎样,两项相加,决定写成的东西怎样。

现在谈谈平时的积累。

举个例子,写东西需要谈到某些草木鸟兽的形态和生活,或者某些人物的状貌和习性,是依据平时的观察和认识来写呢,还是现买现卖,临时去观察和认识来写呢?回答大概是这样:多半依据平时的观察和认识,现买现卖的情形有时也有,但是光靠临时的观察和认识总不够。因为临时的观察认识不会怎么周到和真切。达到周到和真切要靠日积月累。日积月累并不为写东西,咱们本来就需要懂得某些草木鸟兽,熟悉某些人物的。而写东西需要谈到那些草木鸟兽那些人物,那日积月累的成绩就正好用上了。一般情形不是这样吗?

无论写什么东西,立场观点总得正确,思想方法总得对头。要不然,写下来的决不会是有意义的东西。正确的立场观点是从斗争实践中得来的。立场观点正确,思想方法就容易对头。这不是写东西那时候的事,而是整个生活里的事，是平时的事。平时不错，写东西错不到哪儿去，平时有问题，写东西不会没有问题。立场观点要正确，思想方法要对头，并不为写东西，咱们在社会主义社会里做公民本来应当这样。就写东西而言，唯有平时正确和对头，写东西才会正确和对头。平时正确和对头也就是平时的积累。

写东西就得运用语言。语言运用得好不好，在于得到的语言知识确切不确切，在于能不能把语言知识化为习惯，经常实践。譬如一个词或者一句成语吧，要确切地知道它的意义而不是望文生义，还要确切地知道它在哪样的场合才适用，在哪样的场合就不适用，知道了还要用过好些回，回回都得当，才算真正掌握了那个词或者那句成语。这一批词或者成语掌握了，还有其他的词或者成语没掌握。何况语言知识的范围很广，并不限于词或者成语方面。要在语言知识的各方面都有相当把握，显然不是一朝一夕的事，非日积月累不可。积累得多了，写东西才能运用自如。平时的积累并不是为了此时此刻要写某一篇东西，而是由于咱们随时要跟别人互通情意，语言这个工具本来就必须掌握好。此时此刻写某一篇东西，语言运用得得当，必然由于平时的积累好。

写东西靠平时的积累，不但著作家、文学家是这样，练习作文的小学生也是这样。小学生今天作某一篇文，其实就是综合地表现他今天以前知识、思想、语言等等方面的积累。咱们不是著作家、文学家，也不是小学生，咱们为了种种需要，经常写些东西，情形当然也是这样。为要写东西而注意平时的积累，那是本末倒置。但是知识、思想、语言等等方面本来需要积累，不写东西也需要积累，而所有的积累正是写东西的极重要的基础。

准确、鲜明、生动

写东西全都有所为。要把所为的列举出来，那是举不尽的。归总来说，所为的有两项，一项是有什么要通知别人，一项是有什么要影响别人。假如什么也没有，就不会有写东西这回事。假如有了什么而不想通知别人或者影响别人，也不会有写东西这回事。写日记和读书笔记跟别人无关，算是例外，不过也可以这样说，那是为了通知将来的自己。

通知别人，就是把我所知道的告诉别人，让别人也知道。影响别人，就是把我所相信的告诉别人，让别人受到感染，发生信心，引起行动。无论是要通知别人还是要影响别人，只要咱们肯定写些什么总要有益于社会主义之世，就可以推知所写的必须是真话、实话，不能是假话、空话。假话、空话对别人毫无好处，怎么可以拿来通知别人呢？假话、空话对别人发生坏影响，那更糟了，怎么可以给别人坏影响呢？这样想，自然会坚决地作出判断，非写真话、实话不可。

真话、实话不仅要求心里怎样想就怎样说，怎样写。譬如不切合实际的认识，不解决问题的论断，这样那样的糊涂思想，我心里的确是这样想的，就照样说出来或者写下来，这是真话、实话吗？不是。真话、实话还要求有个客观的标准，就是准确性。无论心里怎样想，必须所想的是具有准确性的，照样说出来或者写下来才是真话、实话。不准确，怎么会"真"和"实"呢？"真"和"实"是注定跟准确连在一起的。

立场和观点正确的，一步一步推断下来像算式那样的，切合事物的实际的，足以解决问题的，诸如此类的话就是具有准确性的，就是名实相符的真话、实话。

准确性这个标准极重要。发言吐语，著书立说，都需要用这个标准来衡量。具有准确性的话才是真话、实话，才值得拿来通知别人，才可以拿来影响别人。

除了必须具有准确性而外，还要努力做到所写的东西具有鲜明性和生动性。

鲜明的反面是晦涩，含糊。生动的反面是呆板，滞钝。要求鲜明性和生动性，就是要求不晦涩，不含糊，不呆板，不滞钝。这好像只是修辞方面的事，其实跟思想认识有关联。总因为思想认识有欠深入处，欠透彻处，表达出来才会晦涩，含糊。总因为思想认识还不能像活水那样自然流动，表达出来才会呆板，滞钝。这样说来，鲜明性、生动性跟准确性分不开。所写的东西如果具有充分的准确性，也就具有鲜明性、生动性了。具有鲜明性、生动性，可是准确性很差，那样的情形是不能想象的。在准确性之外还要提出鲜明性和生动性，为的是给充分的准确性提供保证。

再就通知别人或者影响别人着想。如果写得晦涩，含糊，别人就不能完全了解我的意思，甚至会把我的意思了解错。如果写得呆板，滞钝，别人读下去只觉得厌倦，不发生兴趣，那就说不上受到感染，发生信心，引起行动。这就可见要达到通知别人或者影响别人的目的，鲜明性和生动性也是必要的。

> 1958 年刊于《教师报》，原有 8 篇，此处选 5 篇，发表日期分别为 4 月 11 日、18 日、25 日，5 月 2 日、16 日。

辑五

方法：养成习惯和教为不教

1. "教师下水"

作文教学的事不限于改文。凡是有关作文的事，老师实践越多，经验越丰富，给学生的帮助就越大。

在成都听一位中学老师谈，他学校的领导向语文老师提出"教师下水"的要求，很有意思。"下水"是从游泳方面借过来的。教游泳当然要讲一些游泳的道理，但是教的人熟谙水性，跳下水去游几阵给学的人看，对学的人好处更多。语文老师教学生作文，要是老师自己经常动动笔，或者作跟学生相同的题目，或者另外写些什么，就能更有效地帮助学生，加快学生的进步。经常动动笔，用比喻的说法说，就是"下水"。

这无非希望老师深知作文的甘苦，无论取材布局，遣词造句，知其然又知其所以然，而且非常熟练，具有敏感，几乎不假思索，而自然能左右逢源。这样的时候，随时给学生引导一下，指点几句，全是最有益的启发，最切用的经验。学生只要用心领会，努力实践，作一回文就有一回进步。

老师出身于学生。当学生的时候，谁不曾练习作文？当了老师之后，或者工作上需要，或者个人有兴趣，经常动动笔的也有。但是多数老师就只教学生作文，而自己不作文了。只教而不作，能派用场的不就是学生时代得来的一点儿甘苦吗？老话说，三日不弹，手生荆棘。这点儿甘苦永久保得住吗？固然，讲语法修辞的书，讲篇章结构的书，都可以拿来参考，帮助教学。但是真要对学生练习作文起作用，给学生切合实际的引导和指点，还在乎老师消化那些书而不是转述那些书，还在乎老师在作文的实践中深知作文的甘苦。因此，经常动动笔是大有好处的，"教师下水"确然是个切要的要求。

试拿改文做例子来说。给学生改文，最有效的办法是当面改。当面改可以提起笔来就改，也可以跟学生共同念文稿，遇到需要改的地方就顿住，向学生提出些问题，如"这儿怎么样""这儿说清楚了没有"之类，让学生自己去考虑。两种办法比较起来，后一种对学生更有好处。学生经这一点醒，本来忽略了的地方他注意了，他动脑筋了。动过脑筋之后，可能的情形有二。一是他悟出来了，原稿写得不对，说该怎么样才对。这多好啊，这个不对那个对由他自己悟出，印象当然最深刻。二是他动过脑筋还是不明白，不知道老师为什么要在这儿向他提问题。这时候他感到异常困惑，在这异常困惑的时候听老师的改正，也将会终身忘不了。前面说，让学生自己去考虑的办法对学生更有好处，理由就在此。现在要说的是老师要念下去就有数，哪儿该给学生点醒，哪儿该提怎么样的问题给学生点醒最为有效，这并不是轻易办得了的。要不是对作文非常熟练，具有敏感，势将无能为力。怎么达到非常熟练，具有敏感的境界呢？唯有经常动笔，勤写多作而已。

当面改不是经常可行的办法。一般是把全班的文稿改好，按期给学生评讲指导。只要评讲得当，指导切要，而且能使学生真正领会，深印脑筋，当然也是有效的办法。既然如此，就不能说某一段不怎么好，所以要改；某一句不大通顺，所以要改。必须扣得很准，辨得很明，某一段为什么不好，所以要改，某一段为什么不通顺，所以要改，评讲才有可靠的资料，指导才有确切的依据。而要处处能扣准，处处能辨明，哪怕一个"的"一个"了"，增删全有交代，哪怕一个逗号一个问号，改动全有理由，非对作文非常熟练，具有敏感不可。怎么达到非常熟练，具有敏感的境界呢？唯有经常动笔，勤写多作而已。

　　作文教学的事不限于改文。凡是有关作文的事，老师实践越多，经验越丰富，给学生的帮助就越大。教学的方式方法多种多样，自然要仔细研究，看准本班学生的实际，乃至某一个学生的实际，挑选适当的来用。但是老师的实践中得来的经验是根本。根本深固，再加上适当的教学的方式方法，成绩就斐然可观了。

　　新华通讯社曾经发动一个练笔运动，要求社中人员认真地经常地练习作文。当时我非常赞成这个运动。通讯社担任的是宣传报道工作，而直接跟读者见面的，没有别的，唯有写出来的文章。要是文章差点儿，问题不在乎文章不好，而在乎做不好宣传报道的工作。因此，练笔是非常必要的。现在说到语文老师。语文老师担任的工作，有一项是教学生作文，而教好作文，根本在乎老师深知作文的甘苦。那么，练笔不是也非常必要吗？语文老师练笔，通讯社人员练笔，目的并无不同，都是为做好所担任的工作。我非常赞成"教师下水"，乐于写这篇短文来宣传，就是为此。

　　还可以推广开来说几句。语文老师担任的工作，再有一项是讲读教学。讲读教学就是教学生读书。跟教作文一样，唯有老师善于读书，深有所得，才能教好读书。只教学生读书，而自己少读书或者不读书，是不容易收到成效的。因此，在读书方面，也得要求"教师下水"。

原载 1961 年 7 月 22 日《文汇报》。

2. 阅读是写作的基础

有些人把阅读和写作看作不甚相干的两回事，而且特别着重写作，总是说学生的写作能力不行，好像语文程度就只看写作程度似的。阅读的基本训练不行，写作能力是不会提高的。

在中小学语文教学中，基础知识和基本训练都重要，我看更要着重训练。什么叫训练呢？就是要使学生学的东西变成他们自己的东西。譬如学一个字，要他们认得，不忘记，用得适当，就要训练。语文方面许多项目都要经过不断练习，锲而不舍，养成习惯，才能变成他们自己的东西。现在语文教学虽说注意练习，其实练的不太多，这就影响学生掌握基础知识。老师对学生要求要严格。严格不是指老师整天逼着学生练这个练那个，使学生气都透不过来，而是说凡是要学生练习的，不要练过一下就算，总要经常引导督促，直到学的东西变成他们自己的东西才罢手。

有些人把阅读和写作看作不甚相干的两回事，而且特别着重写作，总是说学生的写作能力不行，好像语文程度就只看写作程度似的。阅读的基本训练不行，写作能力是不会提高的。常常有人要求出版社出版"怎样作文"之类的书，好像有了这类书，依据这类书指导作文，写作教学就好办了。实际上写作基于阅读。老师教得好，学生读得好，才写得好。这样，老师临时指导和批改作文既可以少辛苦些，学生又可以多得到些实益。

阅读课要讲得透。叫讲得透，无非是把词句讲清楚，把全篇讲清楚，作者的思路是怎样发展的，感情是怎样表达的，诸如此类。有的老师热情有余，可是本钱不够，办法不多，对课文不能透彻理解，总希望求助于人，或是请一位高明的老师给讲讲，或是靠集体备课。这不是从根本上解决问题的办法。功夫还在自己。只靠从别人那里拿来，自己不下功夫或者少下功夫，是不行的。譬如文与道的问题。人家说文与道该是统一的，你也相信文与道该是统一的，但是讲课文，该怎样讲才能体现文道统一，还得自辟蹊径。如果词句不甚了解，课文内容不大清楚，那就谈不到什么文和道了。原则可以共同研究商量，怎样适当地应用原则还是靠自己。根本之点还是透彻理解课文。所以靠拿来不行，要自己下功夫钻研。

我去年到外地，曾经在一些学校听语文课。有些老师话说得很多，把四十五分钟独占了。其实许多话是大可不讲的。譬如课文涉及农村人民公社，就把课文放在一旁，大讲农村人民公社的优越性。这个办法比较容易，也见得热情，但是不能说完成了语文课的任务。

在课堂里教语文，最终目的在达到"不需要教"，使学生养成这样一种能力，不待老师教，自己能阅读。学生将来经常要阅读，老师能经常跟在他们背后吗？因此，一边教，一边要逐渐为"不需要教"打基础。打基础的办法，也就是不要让学生只是被动地听讲，而要想方设法引导他们在听讲的时候自觉地动脑筋。老师独占四十五分钟固然不适应这个要求，讲说和发问的时候启发性不多，也不容易使学生自觉地动脑筋。怎样启发学生，使他们自觉地动脑筋，是老师备课极重要的项目。这个项目做到了，老师才真起了主导作用。

听见有些老师和家长说，现在学生了不起，一部《创业史》两天就看完了，颇有点儿沾沾自喜。我想，且慢鼓励，最要紧的是查一查读得怎么样，如果只是眼睛在书页上跑过，只知道故事的极简略的梗概，那不能不认为只是马马虎虎地读。马马虎虎地读是不值得鼓励的。一部《创业史》没读好，问题不算大。养成了马马虎虎的读书习惯，可要吃一辈子的亏。阅读必须认真，先求认真，次求迅速，这是极重要的基本训练。要在阅读课中训练好。

阅读习惯不良，一定会影响到表达，就是说，写作能力不容易提高。因此，必须好好教阅读课。譬如讲文章须有中心思想。学生听了，知道文章须有中心思想，但是他说："我作文就是抓不住中心思想。"如果教好阅读课，引导学生逐课逐课地体会，作者怎样用心思，怎样有条有理地表达出中心思想，他们就仿佛跟作者一块儿想过考虑过，到他们自己作文的时候，所谓熟门熟路，也比较容易抓住中心思想了。

总而言之，阅读是写作的基础。

作文出题是个问题。最近有一个学校拿来两篇作文让我看看，是初中三年级学生写的，题目是《伟大鲁迅的革命精神》。两篇里病句很多，问我该怎样教学生避免这些病句。我看，病句这么多，毛病主要出在题目上。初中学生读了鲁迅的几篇文章，就要他们写鲁迅的革命精神。他们写不出什么却要勉强写，病句就不一而足了。

有些老师说《难忘的一件事》《我的母亲》之类的题目都出过了，要找几个新鲜题目，搜索枯肠，难乎其难。我想，现在老师都是和学生经常在一起的，对学生了解得多，出题目该不会很困难。

有些老师喜欢大家挂在口头的那些好听的话，学生作文写上那些话，就给圈上红圈。学生摸准老师喜欢这一套，就几次三番地来这一套，常常得五分。分数是多了，可是实际上写作能力并没提高多少。特别严重的是习惯于这一套，往深处想和写出自己真情实意的途径就给挡住了。

老师改作文是够辛苦的。几十本，一本一本改，可是劳而少功。是不是可以改变方法呢？我看值得研究。要求本本精批细改，事实上是做不到的。与其事后辛劳，不如事前多作准备。平时不放松口头表达的训练，多注意指导阅读，钻到学生心里出题目，出了题目作一些必要的启发，诸如此类，都是事前准备。作了这些准备，改作文大概不会太费事了，而学生得到的实益可能多些。

原载 1962 年 4 月 10 日《文汇报》。

3. 评《读和写》，兼论读和写的关系

也无非像阅读一样，看它从哪儿出发，怎样一步一步往前走，直到它的终点，凡是脱空一段的地方或是走上歪路的地方，就是要修改的地方。

〔原作〕

读 和 写

〔一〕语文是人类交流思想的工具，它包括阅读和写作两个方面。作为一个国家干部，如果没有一定的语文知识，就不容易全面而正确地领会党的指示和政策，当然也就不容易更好地贯彻执行。不但做革命工作如此，就是日常生活也是如此。譬如我们去看京剧或者听曲艺，如果你语文知识很差，你就不能更全面更深刻地理解这出戏或这段大鼓演唱的内容。再进一步讲，我们日常说话也必须具备一定语文知识，否则你说的话人家可能听不懂，或者你想的是一码事说的却是另一码事。从而说明每个人都必须具备一定的语文知识，才能更好地工作和生活，语文水平越高越能正确地理解别人的感情，也越能正确地表达自己的思想，也就有更好的条件做好工作。

〔二〕可是如何才能提高语文水平呢？读写结合是提高阅读能力

和写作能力的根本方法。

〔三〕读是学好语文的基础，就如同盖房子一样，基础打的越深越坚实，房子才能盖的越高越大。读就是打基础。因此读书必须由浅入深，循序渐进。但是一定要多读，所谓多读有三：（一）要持之以恒，每天必读，长期坚持；（二）要读多种多样的文章，不但读有关写作技巧方面的书，而且要读报纸、读小说、读科学理论方面的文章，更要读毛主席的著作；（三）不仅要读现代的、中国的文章，古今中外一切好的文章都应认真阅读。只有读的多了才能了解更多的语文知识，才能提高阅读能力，也才能有条件去提高写作能力。

〔四〕写是学好语文的关键。语文既是一门学问，也是一种技能，因此只懂得写作技巧还不行，必须去具体的练习，通过长期实践才能掌握它、运用它。这就像学骑脚踏车一样，道理很简单，但是你只懂得道理而没有实际的练习，骑上去还是要摔下来的。写就是练习的过程，写也必须由浅入深，一步一步的来。开始可以从写生、写日记入手。经过长期不断的磨练才能把学到的知识变成自己的，才能得心应手想写什么就写什么。

〔五〕读和写是学好语文的两个方面，它们之间是相辅相成的，只读不写是不行的，其结果是眼高手低。只懂得写作理论还是写不出好文章来，正像一个只懂得骑脚踏车理论而实际不会骑车的人一样，硬上去也是要摔下来的。可是只写不读更不行，没有足够的基础知识，不懂得写作技巧，想写出好文章来是绝对不可能的。没有基础的大楼是不存在的。因此只有多读多写，并且把读写密切结合起来，阅读能力与写作能力才会逐步得到提高。

这一篇谈读和写。现在借讨论这一篇的机会，把读和写的关系重新考虑一下，我想是对大家有好处的。

先思考一个问题：作者写这一篇，思路是怎样开展的？换句话说，是怎样一步接着一步想的？如果能够自觉地注意思路的开展，对读和写都有很大好处。

咱们听人家说话，读人家的文章，或者自己说话，自己写文章，往往觉得有的很顺畅，一句接一句，一段接一段，意思前后连贯，语言一气呵成；有的可不然，意思和语言好像断了串的珠子，一会儿说这个，一会儿说那个，前前后后可以划好几道杠杠。这样的经验几乎人人都有，而且所觉得的大多符合实际，就是说，觉得它顺畅的，实际上的确顺畅，觉得它不怎么顺畅的，实际上的确不怎么顺畅。可是仅仅觉得，还只是个朦胧的印象。如果进一步问为什么这样就顺畅，那样就不怎么顺畅，可能回答不上来。回答不上来，那就对读和写的练习没有什么帮助。咱们要求读和写的能力逐步长进，必须能够回答为什么这样就顺畅，那样就不怎么顺畅，必须说得出个所以然。这是基本功之一。练这项基本功，得注意思路的开展。思路，是个比喻的说法，把一番话一篇文章比作思想走的一条路。思想从什么地方出发，怎样一步一步往前走，最后达到这条路的终点，都要踏踏实实摸清楚，这就是注意思路的开展。踏踏实实摸下来，发现思想走这条路步步落实，没有跳过一两段路，没有在中途走到歪路上去，最后达到的终点正好是这条路的终点，这就是顺畅的话或是顺畅的文章。如果发现的情形相反，那就是不怎么顺畅的话或是不怎么顺畅的文章。这时候说顺畅和不怎么顺畅，跟仅仅觉得不同了，而是从考核思路开展的实际情况得出来的，是有凭有据的。练就这样的基本功，无论听人家的，读人家的，或是自己说，自己写，就都有了凭准，不至于不着边际地去瞎揣摩。所以我希望大家在练习读和写的时候，自觉地注意思路的开展。下一句跟上一句怎么连上的，后一段跟前一段怎么连上的，某一句跟前面哪一句有关系，某几段从前面哪一段分派出来的，诸如此类，全都辨一辨，想一想，这就是所谓自觉地注意思路的开展的具体办法。

现在咱们看一看这一篇文章，算是举个实例。有了实例，大概能明白了。

这一篇共有五段。现在看第一段。第一段开头说"语文是人类交流思想的工具"，咱们就知道这一篇以说明语文的性质为思想的出发点，接下去说"它包括阅读和写作两个方面"。"它"称代"语文"，也就是"语文包括阅读和写作两个方面"。仔细一想，语文本身无所谓阅读和写作两个方面，人类运用语文来交流思想才有阅读和写作两个方面。作者没想准，应该说"运用语文包括阅读和写作两个方面"才对。前面说语文是什么，接着说运用语文，意思承贯，连得很紧。以下假设三项事例，说（一）领会党的指示和政策，（二）日常生活中如看戏听曲艺等事，（三）日常跟人家谈话，都得有一定的语文知识才成。前面说到运用语文，这三项事例都说明运用语文得有一定的语文知识，是推进一步想。这儿还有两点须得辨一辨。一点是"作为一个国家干部……"跟上文怎么联系起来的。咱们知道作者是个国家干部，他就本身着想，假设事例来说明运用语文得有一定的语文知识，这就提出了国家干部。虽然就本身着想，可不光指他个人，凡是国家干部都如此，这是可以体会出来的。又一点是三项事例里都提到"语文知识"，这三个"语文知识"是不是同一内容。第一项事例里说领会党的指示和政策，实际就是理解党的各种文件，所以所说的"语文知识"是关于阅读的语文知识。第二项事例里说看戏听曲艺，都是听，听和阅读都要求理解，是同类的事，所以所说的"语文知识"类乎关于阅读的语文知识。第三项事例里说跟人家谈话，说话和写文章都是表达，是同类的事，所以所说的"语文知识"类乎关于写作的语文知识。固然，关于阅读的语文知识和关于写作的语文知识并非截然不相干的两回事，但是也不能说竟是一回事。所以咱们看到这三个"语文知识"须得辨一辨。现在再看下去。从前面的三项事例达到一个论点，"每个人都必须具备一定的语文知识，才能更好地工作和生活"。以下从具备一定的语文知识更进一步，说语文水平越高就越善于理解，越善于表达，而善于理解和表达是做好工作的条件。这儿有三点可以商量的。一点是对别人只说"理解别人的感情"，对自己只说"表达自己的思想"。照心理学的分析，人类有种种的心理活动，而照通常的习惯，往往用"思想感情"概括所有的心理活动。因此，无论理解别人的，表达自己的，都该是"思想感情"才见得周全。又一点是说善于理解和表达，"就有更好的条件做好工作"。做好工作的条件很多，不止是善于理解别人的思想感情和善于表达自己的思想感情。这儿固然没有说这是唯一的条件，但是没有带出还有其他条件的意思，就好像是唯一的条件了。如果改为"这是做好工作的条件之一"，那就把还有其他条件的意思带出来了。还有一点可以商量的，前一句说"才能更好地工作和生活"，明明分成工作和生活两项，而这一句说"这是做好工作的条件之一"，只承接了前一句所说两项里的一项（工作），就叫人感觉前后不相配称。猜测作者的想法，或许以为工作最重要，生活是次要的，所以略去生活，光说工作。

到这儿，咱们把第一段看完了。我所说的自觉地注意思路的开展，就是指这样阅读人家的文章，这样检查自己的文章。总之，扣紧思想的路，一步也不放松，前后连贯不连贯，意思周到不周到，都要仔细考虑；为什么连贯，为什么不连贯，为什么周到，为什么不周到，都要回答得出个所以然。我相信用这个办法练习读和写，练就这样一项基本功，将会一辈子受用不尽。

以下还有四段。说得简略些。

现在看第二段。第二段只有两句话，一句是设问，一句是回答这个设问。前一段末了说到语文水平越高就怎样怎样，那当然应该要求语文水平高。因此，这一段提出"如何才能提高语文水平"，是连得很紧的。不过开头的"可是"用得不合适，因为从意思上揣摩，这儿是顺接上文，用不着表示转接语气的"可是"。回答的一句话里用"阅读能力和写作能力"来替换问句里的"语文水平"，把"语文水平"具体化了，这是好的。整句话的意思是"读写结合是提高语文水平的根本方法"。看到这儿，"读写结合"是怎样结合还不能明白，要看下文才知道。这时候咱们心中产生一种期望，说到"结合"，大概要阐明读和写的关系了。读和写的关系究竟怎样，倒要仔细看看作者的意见，同时把咱们自己平时的想法检查一下呢。

现在把第三第四两段连起来看。这两段主要的意思都在第一句提出来，第三段的第一句说"读是学好语文的基础"，第四段的第一句说"写是学好语文的关键"。"学好语文"相当于第二段里说的"提高语文水平"，这是一望而知的。再看第三段里说打基础是怎么个打法。咱们看到"必须由浅入深，循序渐进"，"一定要多读"，这些都是打基础的方法。"多读"又分为三点，一要有恒，二要读多种多样的文章，三要读古今中外一切好文章。唯有这样多读，才能有足够的语文知识，"才能提高阅读能力，也才能有条件去提高写作能力"。这就是说，多读的目的在丰富语文知识，提高阅读能力，而写作能力的提高以阅读能力的提高为条件。第四段开头说"写是学好语文的关键"，咱们已经看过第三段，看到这一句，自然会理解这儿所谓"写"，是在勤读多读的基础上学写。同时咱们不能不注意"关键"这个词，读是基础，写是关键，关键是最关紧要的地方，可见作者所谓学好语文，最紧要的是学好写作。连着上文看，可以知道这里头暗藏着一层意思，阅读只是一种手段，学好写作才是目的。是不是这样呢，后边再讨论，现在且往下看。下边说语文是一门学问，也是一种技能。说语文是一种技能，跟第一段里说语文包括阅读和写作两个方面同样有毛病。语文本身不是什么技能，人类运用语文来交流思想要经过练习，要练习得又准确又纯熟，这才是技能。下边说既然运用语文是一种技能，所以"只懂得写作技巧还不行"，必须练习，"通过长期实践"，才能掌握那写作技巧，运用那写作技巧。以下以骑车打比方，光懂骑车的道理不行，得真个去骑，练得纯熟，才不会掉下来。看到这儿，咱们进一步了解第三段里所说的勤读多读那些方法，目的只在懂得写作技巧，别无其他。懂得写作技巧是为练习写作作准备。练习写作的目的在掌握写作技巧，运用写作技巧。咱们又发现，"练习"这个词只用于写作方面，没看到用于阅读方面，就不能不想，作者所认为的"练习"只是动笔写作，阅读方面似乎没有什么练习的事了。以下说练习写作的具体办法,"由浅入深","从写生、写日记入手"。经过长期练习,"才能把学到的知识变成自己的,才能得心应手想写什么就写什么"。这儿有两点可以想一想。一点是所谓"学到的知识"指什么。从第三段和本段一路看下来,可以断定指的就是写作技巧。又一点是掌握了写作技巧,是不是能够"想写什么就写什么"。关于这一点,留到后边讨论。

现在看第五段。这一段承接第三第四两段,开头提出读和写相辅相成。接下去分两层,只读不写不行,只写不读更不行。只读不写会得到什么后果呢?"眼高手低","还是写不出好文章来"。随即重复用已经用过的比方,拿不能好好儿骑车来比写不出好文章。这儿有一点可以注意,忽然出现了"写作理论",上文没有提起过"写作理论"。仔细揣摩,这个"写作理论"就是上文的"写作技巧",不过换了个说法。我要特别说一句,这样换个说法是不好的,"写作技巧"是一个概念,"写作理论"是另外一个概念,不能随便替换。只写不读为什么更不行呢?"没有足够的基础知识,不懂得写作技巧",不可能写出好文章来。随即重复用第三段里用过的比方,拿没有基础造不起大楼来比不懂得写作技巧写不出好文章。看到这儿,咱们就要想,只读不写,写不出好文章,只写不读,同样是写不出好文章,为什么说只写不读"更"不行呢?咱们还要想,本段开头提出读和写相辅相成的说法,按"相辅相成"的意思,不就是说读有利于写,写也有利于读吗?而接下去说的是读了还得写,只读不写不行,必须在读的基础上写,只写不读不行,这不是偏在读有利于写一面,没顾到写也有利于读一面吗?这不是不成其为"相辅相成"吗?现在看末了一句,走到了思路的终点,照应到第二段里提出的论点,说唯有读写结合,阅读能力和写作能力才会逐步得到提高。方才看完第二段的时候,咱们说过"读写结合"是怎样结合还不能明白,现在完全明白了。要读又要写,读是为了写,就是这样的结合。

这一篇文章不满一千字,咱们扣紧作者思想开展的路阅读,一步也不放松，现在总算把作者所想的所说的摸清楚了，真正摸清楚他是怎样想怎样说的了，不只是知道他大概想些什么说些什么了。达到这个地步，才叫作理解——真正的理解。有了真正的理解，才能进一步考虑，作者的意见对还是不对，或者有对有不对。对的就信从它，不对的就批驳它。要是理解得不很清楚，只是朦朦胧胧地理解，那么说它对或者不对都可能并不正中要害，成为无的放矢。所以阅读首先要求达到真正的理解。而达到真正的理解，自觉地注意思路的开展是重要方法之一。再说检查咱们自己写的东西或者斟酌人家写的东西，看它妥当不妥当，完整不完整，要不要修改，要修改又怎样修改。怎样检查，怎样斟酌呢？也无非像阅读一样，看它从哪儿出发，怎样一步一步往前走，直到它的终点，凡是脱空一段的地方或是走上歪路的地方，就是要修改的地方。这关涉到全篇的中心意思，所谓检查和斟酌，主要的着眼点应该放在这上头。其次才看用词用语是不是妥适，前后照应是不是顺当。所以自觉地注意思路的开展又是改作的重要方法之一。

下面根据阅读这一篇得到的理解，咱们来讨论这一篇的想法和说法。第一段里说运用语文包括阅读和写作两个方面，接着假设三项事例，第一项是关于阅读方面的，第二项是类乎关于阅读方面的，第三项是类乎关于写作方面的，用来证明人人都必须具备一定的语文知识才行。以下说语文水平越高，越能正确地理解别人的思想感情，越能正确地表达自己的思想感情，这是做好工作的条件之一。正确地理解别人的思想感情是阅读方面的要求，正确地表达自己的思想感情是写作方面的要求。可见在第一段里，作者是把阅读和写作看作对等的两回事的。可是以下就不然了。第二段提出"读写结合"，第五段提出读和写"相辅相成"。怎样"结合"呢？怎样"相辅相成"呢？回答就是第三第四两段开头的两句话，"读是学好语文的基础"，"写是学好语文的关键"。这就不是把阅读和写作看作对等的两回事了，是把善于写作看作学习语文的目的，而把阅读看作达到善于写作的手段了。换句话说，阅读是为了写作。咱们还可以回上去辨一辨第一段末了一句"也越能正确地表达"的"也"字。如果这个"也"字表示"越能正确地理解"那就"越能正确地表达"的意思,语气侧重在表达方面,那么在第一段的这句话里就露出苗头,认为学好写作是目的,阅读只是手段了。这样看来,这一篇的中心意思是学习语文的目的在达到善于写作,而阅读是达到这个目的的手段。

咱们不妨凭实际的经验想一想,善于写作固然是咱们学习语文的目的,可是阅读仅仅是达到这个目的的手段吗?善于阅读不也是学习语文的目的吗?

小学中学都有语文课程。语文课程教学生阅读课本,通过阅读课本培养他们的阅读能力,也就是理解能力,目的在达到能够独立阅读跟他们的程度相适应的书籍报刊。语文课程教学生练习作文,通过练习作文培养他们的写作能力,也就是表达能力,目的在达到能够自由写作工作中生活中需用的文章。阅读和写作是对等的两回事,各有各的目的,这是很清楚的。说两回事,是从各有各的目的来的。说对等的两回事,并不等于说彼此不相干的两回事,这是应该辨明白的。阅读自有它的目的,主要在真正地理解所读的东西,从而得到启发,受到教育,获得间接经验,从而提高觉悟,丰富见识,使咱们得以在革命和生产中很好地贡献力量。请想一想,咱们阅读文件、阅读书籍报刊,不正是为了这样的目的吗?阅读要达到真正地理解的地步,是要经过练习的。笼统看一两遍,决不会真正地理解。必须认真地辨析词义、句意和语气,像我刚才所说那样地注意作者思路的开展,该翻查工具书或是参考书就不惮烦地翻查,才能达到真正地理解的地步。这是一种技能。凡是技能,唯有在实践中才能练就。所以阅读的技能要在阅读各种文件或是书籍报刊中练习;练习阅读不只是练习写作的手段,练习阅读自有它的目的,如刚才所说的。

刚才咱们仔细看这一篇文章,理解到第三段末了一句的"语文知识",第四段末了一句的"学到的知识",第五段的"写作理论"和"基础知识",实际上都是指"写作技巧"。作者认为勤读多读就只为懂得写作技巧,给练习写作打基础。这个想法不全面。咱们学习毛主席著作,难道只为学习写作技巧,给练习写作打基础吗?当然不是。这就可见这个想法不全面。如果换个想法,阅读任何文章,主要在得到启发,受到教育,获得间接经验,等等,而在真正地理解的同时,咱们对文章的写作技巧必然有所领会,可以作为练习写作的借鉴,那就想得比较全面了。"主要在得到启发,受到教育,获得间接经验,等等",这是认清了阅读的目的。"同时对文章的写作技巧必然有所领会,可以作为练习写作的借鉴",这是认清了阅读跟写作的关系。由此推出一个论断,阅读和写作是对等的两回事,可不是彼此不相干的两回事,认真阅读有助于练习写作。还有一点可以考虑的,为什么说"借鉴"而不说"榜样"或是"范例"呢?人家写文章表达人家的思想感情,咱们写文章表达咱们的思想感情,彼此的思想感情不会完全相同,因而彼此的表达方法(就是写作技巧)也不会完全相同。如果死死咬定,一切要以人家的表达方法为榜样或是范例,很可能走上形式主义的道路,结果人家的表达方法是学像了,却不能恰当地表达出自己的思想感情。以人家的表达方法为借鉴就不然。借鉴就是自己处于主动地位,活用人家的方法而不为人家的方法所拘。为了恰当地表达思想感情的需要,利用人家的方法不妨斟酌损益,取长去短,还可以创立自己的方法。志愿认真练习写作的人不是应当抱这样的态度吗?

  这一篇第三段里说多读,分为三点。三点的第二点说要读有关写作技巧方面的书,要读多种多样的文章,第三点说要读古今中外一切好文章,这样多读才能了解更多的语文知识,也就是更多的写作技巧。咱们已经讨论过,阅读的主要目的不在于学习写作技巧。现在退一步,光就学习写作技巧一方面想,要花这么多功夫,要读这么多书籍和文章吗?写作技巧果真是那样繁复多端,非广收博采就学不周全吗?花了这么多功夫,读了这么多书籍和文章,繁复多端的写作技巧学到手了,写作就有了足够的依靠,可以保证无往而不利吗?按实际说,花这么多功夫,读这么多书籍和文章,那是很难办到的。如果写作技巧一定要照样办到之后才能学到手,也就很难学到手了。按实际说，写作技巧也并不怎么繁复，扣准自己的用意来写是要注意的，怎样针对读者打动读者是要注意的，表达得准确是要注意的，通篇连贯有照应是要注意的，当繁即繁当简即简是要注意的，大概不过这么些事儿吧。按实际说，写作技巧仅仅是技巧而已，而写得好不好，不是光看技巧好不好，主要是看内容好不好。这样一想，可见这一篇第三段的想法是不切实际的。过分强调了写作技巧的繁复，过分强调了写作技巧的作用，几乎把学习写作技巧看成学习写作的唯一的事，看成学习语文的唯一的事了。

第四段末了说，经过长期练习，把所学的写作技巧变成自己的，才能得心应手，想写什么就写什么。过分强调写作技巧的作用，自然会达到这样的论断。实际情形是不是这样呢？咱们知道，作为一个国家干部，写各种性质的文件，作为一个文艺工作者，写各种体裁的作品，都必须深切体会党的方针政策，都必须深入实际，得到真实的经验和明确的观点，这是主要的，根本的，然后运用适当的写作技巧，才能写成好文件好作品。不顾主要的，根本的，光凭所学的写作技巧，怎么能想写什么就写什么呢？如果套用"唯武器论""唯成分论"的说法，这可以说是"唯技巧论"了。"唯技巧论"不切实际，对认真练习写作是有妨碍的。

说到这儿，这一篇可以讨论的地方说完了。刚才理解原作的时候，在有些地方曾经说过，按照原作的意思，要改为怎样说才妥当，如第一段第一句的"它"字改成"运用语文"才对，第一段的末了要说成"这是做好工作的条件之一"，意思才见得周到。这一篇的中心意思，我是有不同意见的，这些意见都说了。我不能把自己的意见强加于人，因而不能依据自己的意见修改这一篇。至于一个词一个句的修改，以前几回做得多了，这一回不再做。希望诸位自己推敲。

我诚恳地请求诸位，包括写这一篇的同志在内，各自依据学习经验，本着独立思考的精神，认真考虑我所说的意见。对还是不对，或者哪一点对哪一点不对，都得出个确切的答案。这是认识方面的事，同时是实践方面的事。咱们要学好语文，必须好好考虑才行。

原载1964年10月《语文学习讲座》第20辑。

4. 养成两种好习惯

——《学习国文的新路》序

"凭文字吸收"与"用文字发表"都是随时需用的事,也就是一辈子需用的事。大凡一辈子需用的事最需养成好习惯。

国文这门学科与其他学科不一样。其他学科都有特殊的材料,譬如,数学的材料是各种算法,历史的材料是以往人类活动的种种事迹,化学的材料是各种元素分析化合的种种关系。国文的特殊的材料是什么呢?很难回答。

就最广泛的方面说,凡是用我国文字写成的东西都是国文的材料,刻在龟甲牛骨上的殷墟文字是,《五经》与诸子的书是,历代的正史稗史是,所有的文集与笔记是,诗词歌赋是,唱本宝卷是,现代的新文艺作品也是。

就最狭窄的方面说,只有语文法的研究,写作技术的研究,修辞的研究才是国文的材料。读无论什么书籍文篇,都只作为着手研究的凭借,目的在从其中研究出一些法则来。因为研究不能凭空着手,必须有所凭借,譬如,研究化学必须凭借物质,离开物质就无从研究化学。

可是,如今各级学校里所谓国文以及一班从业青年口头嚷着的"学习国文"的国文没有那么广泛,也不能那么狭窄。理由很显然的。把从古到今所有用我国文字写成的东西一齐拿来阅读，加上研究的功夫，事实上没有这种必要，而且谁也办不到。至于语文法的研究，写作技术的研究，修辞的研究，那是少数人的专门之业，普通人各有负责做的喜欢做的事情要做，不能抛开了倒去做这些。

普通人在国文方面，大概只巴望养成两种好习惯——吸收的好习惯与发表的好习惯。

吸收与发表并不是生活上的点缀，却是实实在在的必需。人既然生活在社会里，社会里既然有这么一种文字，作为交换经验思想情感的工具，若不能"凭"文字吸收人家的经验思想情感，"用"文字发表自己的经验思想情感，吃亏之大是不必细说的。这吃亏而且不限于个人，因为社会仿佛一个有机体，一个人有了什么缺陷，牵连开来，往往会影响全社会。所以许多人意想中的理想社会，条件各个不同，却有一个条件几乎是共通的，就是：必须根绝文盲。全社会里没有一个文盲，就是人人能凭文字吸收人家的经验思想情感，人人能用文字发表自己的经验思想情感，人与人的交互影响更见密切，种种方面自然更易进展。

上面所说的"凭文字吸收"与"用文字发表"都是随时需用的事，也就是一辈子需用的事。大凡一辈子需用的事最需养成好习惯。在习惯没有养成之前，取个正当适宜的开端，集中心力，勉强而行之。渐渐的不大觉着勉强了，渐渐的习惯成自然，可以行所无事了。这就是好习惯已经养成，足够一辈子的受用。如果开端不怎么正当适宜，到后来就成了坏习惯。坏习惯染在身上，自己不觉察，永远的吃亏下去，自己觉察了，改掉它得费很大的劲儿，而且不一定完全改得掉。所以学习国文不能不取个正当适宜的开端，务求把吸收与发表的好习惯养成。

养成好习惯必须实践。换一句话说，那不仅是知识方面的事，心里知道该怎样怎样，未必就能养成好习惯，必须怎样怎样做去，才可以养成好习惯。向人家打听，听听人家的意见，当然是有益的，但是吸收的好习惯还得在继续不断的阅读中养成，发表的好习惯还得在继续不断的写作中养成。废书不观，搁笔不写，尽在那里问什么阅读方法写作方法，以为一朝听到了方法，事情就解决了，好习惯就养成了，那是决无之理。

起孟、翔勋两位先生的这一本书曾经在《中学生》上分期登载过，对于学习国文，我认为他们说的是个正当适宜的开端。末了一篇叫作《从全面生活学习》，这个题目揭出了全书的宗旨。学习国文不是为了博得"读书"的美名，学习国文不是为了做个"能文之士"。为了生活，为了要求生活的充实，不能不像他们所说的那样着手学习。可惜抱这样见解的国文老师不怎么多，不然，大家依据这样见解指导他们的学生，我国的国文教学可以改观了。对于看了这本书的，我还想提醒一句：必须把两位先生说的一一实践，才可以养成吸收与发表的好习惯。

1947年11月5日，题目是至善拟的。

5. 语言和语言教育

思想决不是无所依傍的，思想依傍语言。

今天让我在这里发言。可以说的很多，可是不能散漫地说，不能想到哪里说到哪里，只能限定个范围来说。我想文学是语言的艺术，我就把我的发言限定在语言这个范围里。并不是我对于语言有什么特别研究，我只想在同志们面前说一说我的理解，请同志们看我的理解对不对。根据我的理解，我还有一个希望，希望大家互相勉励，在语言方面多多注意，因为我们搞的是语言的艺术。

斯大林的《马克思主义与语言学问题》的译本出版之后，我读了两三遍。我不敢说对于这部著作有多少领会，现在只想从这部著作里摘出少数语句来谈谈。从一部著作里摘出几句来，往往容易犯断章取义的毛病，我希望我不至于犯这个毛病。斯大林的著作里说："语言是直接与思维联系的，它把人的思维活动的结果，认识活动的成果，用词及由词组成的句子记载下来，巩固起来，这样就使人类社会中思想交流成为可能的了。"这是我要摘出的一句话。另外还要摘出几句，就是以下的几句。"不论人的头脑中会产生什么样的思想，以及这些思想在什么时候产生，他们只有在语言的材料的基础上、在语言的术语和词句的基础上才能产生和存在。完全没有语言的材料和完全没有语言的'自然物质'的赤裸裸的思想，是不存在的。'语言是思想的直接现实'（马克思）。思想的真实性是表现在语言之中。"

斯大林否认"赤裸裸的思想"。什么叫"赤裸裸的思想"？就是说，思想无所依傍，没有质料也没有形式，是自然而然出现的那么空灵玄妙、难以捉摸的东西。斯大林说那样的思想"是不存在的"。思想决不是无所依傍的，思想依傍语言。思想有它的质料，就是语言的材料，就是语汇。思想有它的形式，就是语言的规律，就是语法。无论想得粗浅的，想得精深的，都摆脱不了语言的质料跟形式。无论这个民族的人，那个民族的人，他想的时候都摆脱不了他那个民族的语言的质料跟形式。一个人学会了旁的民族的语言，他也可以依傍旁的民族的语言来思维，可不能一种语言也不依傍。脱离了语言就没法思维。

再说得明白些，人在那里思维，同时就是在那里说话。起初想不清楚，那因为适当的材料（语汇）跟适当的组织形式（语句构造）还没有确定下来。什么时候才算想清楚了呢？那就是适当的材料跟适当的组织形式确定下来了，能够把语言明白通畅地说出来的时候。思维活动的结果，认识活动的成果，无非是说成明白通畅的语言，简单的只消一句两句就成，繁复的就得多到几千句几万句。我惯常说这么一句话，语言是思想的定型。所谓定型不仅定思想的形式，同时也定思想的质料，因为语言里所用的材料就是思想本身的质料，那是二而一的。思想拿不出来，定型成为语言，这才拿得出来，说出来可以让人家听见，写下来可以让人家看见，人家凭你的语言就可以知道你想的什么。马克思说"语言是思想的直接现实"，大概就是这个意思。

所谓思维活动跟认识活动当然得根据实践，得根据直接间接的种种经验，经过一番活动，然后定型成为拿得出来的语言。那定型对不对，好不好，就决定思维活动跟认识活动的对不对，好不好，所以绝对不能随便。要是觉得活动的结果有些不对头，有些不大好，就得重新来过，重新定型，也就是重新说成拿得出来的语言。我们决不能说，我拿出来的只是个大概的轮廓，朦胧的影像，这就够了，藏在我脑子里的东西可要完美得多。这样把拿出来的跟藏在脑子里的分开，以为不妨让它们有些距离，其实就是承认脑子里另外有个"赤裸裸的思想"，就是承认思维是一回事，语言又是一回事。这个想法是很不妥当的，在思想交流上是大有妨碍的。

要是我的语言杂乱无章，人家决不会承认我的思想有条有理，因为语言杂乱无章正就是思想杂乱无章。要是我的语言含糊朦胧，人家决不会承认我的思想清楚明确，因为语言含糊朦胧正就是思想含糊朦胧。要是我的语言干巴巴的，人家决不会承认我的思想好像刚开的花朵，因为语言干巴巴的正就是思想干巴巴的。——照样说下去可以说得很多，不要说吧。总之，在思想交流上，我跟人家，人家跟我，关系是这样的：只有我拿出来的定型的语言对头，人家才会承认我的思维跟认识对头。反过来，我拿出来的不对头，人家就无从承认我的思维跟认识对头。这是一条明白得很的规律。要是不相信这一条规律，希望人家不要太拘拘于我的语言，希望人家在我的语言之外领会我的思维跟认识，那就未免有些主观主义了。主观主义是经常会误事的。

曾经有人说，语言，小节而已，重要的是内容。现在从思维跟语言的联系上看，知道没有什么赤裸裸的内容，又从思想交流的实际情况上看，知道思想交流不靠旁的，就靠语言，那么语言到底是小节不是，也无须说明了。这几天听了茅盾、周扬两位先生的报告，他们都强调语言的重要，茅盾先生说得尤其多。我自以为能够体会他们两位的用心。无论什么场合，思想交流总希望它尽量少打折扣，何况文学工作是思想工作里头的重要部门，更希望它完全不打折扣，收到思想交流最大的效果。所以，我们虽然不存语言是小节的想头，还是应该在语言方面多多注意。——我的前一段话到此为止。我还要补一句似乎多余的话，我并没有说应该注意的就只有这一方面。

现在再来说一段。语言原是不断的发展的，有发展就有变化。从我幼年到现在，几十年来，我觉得我国的语言变化相当大。这是可以理解的。

社会生活各方面的变化，历史上没有一个时期像几十年来那样的剧烈。剧烈的生活变化不能不影响语言，语言就相应地起相当大的变化了。这个变化不是仅仅与少数人有关的事情，可以说，每个人都参加在内。怎么说每个人都参加在内？为了需要，每个人可以创造一些新的语言，同时不可避免的，每个人都受着旁人的语言的影响。正因为每个人都参加在内，所以语言变化的面积非常宽广，语言变化的情况非常复杂。这就免不了发生分歧跟混乱。语言的发展跟变化是势所必然的，语言的分歧跟混乱却是不能容忍的。因为分歧跟混乱妨碍着思想交流，会使思想交流打折扣。

一九五一年六月间《人民日报》发表社论，号召大家"正确地使用祖国的语言，为语言的纯洁和健康而斗争"，这是很及时的，很必要的。大家提高警惕，正确地使用语言，要求语言的纯洁和健康，才可以适应语言发展语言变化的趋势，而不至于走向分歧跟混乱。在这里，我想简单地说一说怎样才是正确的使用。可以分两方面说。就语言的材料说，从实际事物出发，彻底了解彻底掌握了语汇的意义，然后使用，那就是正确的使用。就语言的组织形式说，从实际事物出发，彻底了解彻底掌握了语法的关系，然后使用，那就是正确的使用。巴甫洛夫研究人类的高级神经活动，把语言叫作信号的信号。他那后一个信号指语言，前一个信号指实际事物。他所谓信号，好比运动场上的信号枪声，砰的一响，运动员就起反应，拔脚飞跑。信号这个概念是跟反应这个概念联系着的。实际事物为什么是信号？因为它引起我们的反应，使我们的头脑作种种的思维活动跟认识活动。语言又是实际事物的信号，我们听到了语言或者看到了记录语言的文字，也起反应，跟接触了实际事物一个样。这样看来，了解语言的意义跟规律，掌握语言的意义跟规律，必须从实际事物出发，语言必须恰好地代表实际事物，不是很明白吗？所以我说，只有在这样的情况之下使用语言，才是正确的使用。

正确地使用语言原是大家的事，不仅是文学作家的事。谁能够正确地使用谁就有好处，而且好处不仅在自己。不过在这件事情上，我以为文学作家应该起带头作用，这是无须说噜噜苏苏的许多话来阐明的。光有号召，没有范例，大家未必摸得清正确不正确的区别在哪里，未必认得准什么叫纯洁，什么叫健康，什么叫不纯洁，什么叫不健康。文学作家带头来实践，写成的作品就是范例，可以拿给大家看，可以告诉大家，这样的使用就是正确的使用，这样的语言就是纯洁的，健康的。当然有许多作家在这方面起了带头作用，现在我在这里表示我的希望，希望所有的作家都来带头。要是我们的作家都来带头，那影响是不可估量的，不但社会中语言分歧语言混乱的现象可以从早消灭，而且我国现代的文学语言也可以从早形成。照目前的情形看，我国现代的文学语言还没有形成，我这个说法想来可以取得同志们的同意。

我是个出版工作者，写稿子，看稿子，改稿子，发排，校对，付印，成年累月就搞这一套。我经常有这么一个想头，我们的书出出去，让读者吸收种种知识跟经验，同时不可避免的让读者受到语言方面的影响。换句话说，我们的书对读者进行社会科学自然科学文学美术种种方面的教育，同时对读者进行语言的教育。而且照我刚才所说，语言跟内容是拆不开的，必须语言方面毫不马虎随便，才可以恰如其分地表达出那个内容。想到这些，我就不敢存马虎随便的心思。虽然因为思想的水平不够，实践的力量不充分，我跟我的工作同志没有什么比较可以满意的成绩，可是我们的认识大概是可取的。语言教育固然不是唯一的大事，然而不可否认，也是许多大事里头的一件。像刚才说的，要消灭社会中语言分歧语言混乱的现象，要形成我国现代的文学语言，难道是小事不是大事？担当这件大事的不仅是学校里的语文教师，作报告的，发表演说的，广播员，戏剧演员，电影演员，写稿子登在报上的，写稿子登在杂志上的，写各种各样的书稿出版的，翻译各种各样的书稿出版的，全都担负着语言教育的责任，就影响的范围看，语文教师的影响限于学校里，其他的人的影响普遍到整个社会。要是其他的人不跟语文教师配合，不负起语言教育的责任，那么语文教师即使不至于徒劳无功，也必然会事倍功半。可是，其他的人只要想到语言是所谓"公器",是大家使用的工具,这个工具必须磨炼得无往不利,才可以拿来作各方面的斗争,就会觉得责无旁贷,就会把语言教育的责任认真地担负起来。其中文学作家的责任感一定会比旁人更强,因为文学作家是灵魂的工程师,文学是语言的艺术。——我的后一段话到此为止。

我的理解很浅薄,非但浅薄,可能错误,可是我的心是诚恳的。刚才说过,语言教育固然不是唯一的大事,然而是许多大事里头的一件。我相信这个看法不至于错误,所以有机会总愿意说一说我的理解。今天,各方面的作家,文学工作的领导同志,差不多都在这里,这在我是个难得的机会,所以我不说别的,光说这个,请同志们指教。我愿意跟在同志们的后头,共同努力。

叶圣陶1953年在中国文学艺术工作者第二次代表大会上的发言,发表在1953年10月11日《光明日报》。

6. 文艺写作必须依靠语言

就经历过、体验过、想象过的生活着着实实地想，把它想清楚，想得轮廓分明，须眉毕现——想的目的是把在生活里见到的某些东西告诉人家——想的手段是语言，让语言把想清楚的东西固定下来。

一

文艺的根源是生活。作者从生活里见到了某些东西，想把那些东西告诉人家，让人家也见到，于是拿起笔杆来。

告诉人家有各种各样的方式。大体归一归，可以分做两类。一类方式是把见到的结论告诉人家，见到东就说东，见到西就说西。一类方式是把从那里见到某些东西的一部分生活告诉人家，让人家自己去跟那一部分生活打交道。见到的某些东西或说或不说，一般的情形是不说，但是不说也等于说了。什么理由呢？作者既然从那一部分生活里见到了某些东西，现在他把那一部分生活告诉人家，根据"人同此心，心同此理"的道理，人家该也会像作者那样见到某些东西。

文艺采取的是后一类方式。

前面的话里屡次提到两个词，一个是"告诉"，一个是"说"，这一点可以注意。

作者经历过、体验过、想象过的生活藏在作者的头脑里，要让人家知道必须把它拿出来。可是藏在头脑里的生活没有办法拿出来，像从口袋里拿出一盒烟卷来那样。要拿出来就得把它化为语言。生活是根源，语言是手段。咱们说"告诉"说"说"，都是语言方面的事儿。

　　其他艺术也一样。

　　藏在画家头脑里的生活没有办法拿出来，要拿出来就得依靠线条跟色彩。线条跟色彩是绘画的手段。

　　藏在音乐家头脑里的生活没有办法拿出来，要拿出来就得依靠声音跟旋律。声音跟旋律是音乐的手段。

　　藏在舞蹈家头脑里的生活没有办法拿出来，要拿出来就得依靠身体种种的动作跟姿态。身体种种的动作跟姿态是舞蹈的手段。

　　总之，各种艺术都有必须依靠的手段，不依靠某种手段，就没有某种艺术。要是有人说他可以不依靠什么手段把藏在头脑里的生活拿出来，他固然有说这个话的自由，咱们可不能想象。

　　这一节说文艺注定是依靠语言的艺术。至于文字是语言的记录，文字跟语言是二而一的东西，所以不该说文艺是依靠文字的艺术，这些道理很简单，不必多说。

二

　　文艺既然是依靠语言的艺术，咱们就该看看依靠的情形。

　　这不用单就文艺方面看，只要就一般的情形看看就成。什么叫一般的情形？就是不搞文艺，平常时候把头脑里的东西拿出来的情形。搞文艺跟平常时候说话发表意见虽然有性质上的不同，然而同样是把头脑里的东西拿出来。

　　要是稍微留意一下，咱们就会发现一些道理：凡是立刻拿得出来的，必然是已经形成语言或者极容易形成语言的东西，凡是不能够立刻拿出来，要待想一想才拿得出来的，必然是还没形成语言的东西。

谁问我平时看哪几种文艺刊物，我立刻可以回答说"我看《文艺学习》《人民文学》《文艺报》《译文》"。这是已经形成的语言，所以拿出来就是。

谁问我吃过午饭没有，那时候我已经吃过午饭，就立刻可以回答说"吃过了"。这是极容易形成的语言，所以一拿就拿出来。

谁问我朝鲜问题跟印度支那问题的前途怎样，我就不能够立刻回答，我得好好地想一想。虽说想一想，牵涉的方面可很广，需要的知识可很多，这且不谈。想一想以后，或者想清楚了，我才能够回答（正确不正确还不一定），或者终于想不清楚，我就只好老实说回答不出。

在最后一种情形里，可以注意的是什么叫想清楚，什么叫想不清楚。

我想的时候考虑到很多的方面，运用到很多的知识，这些方面，这些知识都以语言的形式在我的头脑里出现，决不会赤裸裸的出现（就是说不形成什么形式而出现）。最后我对于朝鲜问题跟印度支那问题的前途有所理会，那理会也必然形成语言的形式，决不会是赤裸裸的理会（就是说不形成什么形式的理会）。要是我终于无所理会，那就是我对于朝鲜问题跟印度支那问题的前途终于形成不了语言的形式，换句话说，那就叫想不清楚。

可见所谓想清楚就是形成语言的形式，所谓想不清楚就是形成不了语言的形式。

咱们想无论什么东西，非常简单的或者极端繁复的，都得依靠语言，没法凭空想。依靠语言来想，想清楚的时候也就是形成语言的时候。那个时候，那些形成了的语言藏在头脑里就是知识、见解、学问、"腹稿"……要往外拿就可以往外拿，拿出来的全是语言，不管口说还是笔写。

想的过程也就是形成语言的过程。咱们想，那件事情的因果关系该是这样，不该是那样。这不是同时规定了语言的说法吗？咱们想，那个人用"聪明"来形容他还嫌不够，他简直是"智慧的化身"。这不是同时选定了应用的语词吗？古代词人看见杏花开得堆满树枝，蜂儿在花间来来往往，他想，这个景象闹烘烘的，蜂儿固然闹烘烘，杏花挤挤挨挨的开出来也是闹烘烘，这里头蕴蓄着多少春意啊！于是一句有名的词句形成了："红杏枝头春意闹。"

在前一节里说过这样的一句话：要拿出来就得把它化为语言。现在谈到这里，可以推进一步说，即使不准备拿出来，咱们头脑里的东西也必须形成了语言才成其为东西。所谓知识、见解、学问全都是以语言的形式藏在咱们头脑里的东西，"腹稿"更不成问题，正因它形成了语言的形式才叫"腹稿"。

咱们头脑里不成其为东西的东西是很多的。那些东西来无影，去无踪，飘飘浮浮，朦朦胧胧，有时候显一鳞，有时候露一爪，总之不成个具体的东西。那些东西当然形成不了语言的形式，当然拿不出来。

这一节说头脑里的东西跟语言的关系。

三

头脑里的东西跟语言的关系既然如此，文艺既然是唯一依靠语言的艺术，作者就不该说语言是小节，是小道。

这里说不该，并不是说谁说语言是小节、小道就犯了什么法，违背了什么道德。只因为这么说显然有不大注意语言的意思，显然有只要"大节""大道"就成，小节、小道尽不妨放松一点儿的意思。不知道实际是无论什么"大节""大道"都得通过语言（所谓小节、小道）才成其为"大节""大道"。好比拉紧一条绳子，要是只抓住这一头不抓住那一头就无论如何拉不紧，而这么说的人恰好采取了只抓住这一头不抓住那一头的办法。凭无论如何拉不紧的办法怎么能达到拉紧的愿望？那岂不是认错了方向，走错了道路？这里说不该，理由在此，仅仅在此。

头脑里的东西跟语言的关系既然如此，文艺既然是唯一依靠语言的艺术，作者对于经历过、体验过、想象过的生活就不能有了个飘飘浮浮的、朦朦胧胧的影子就感到满足。

飘飘浮浮的、朦朦胧胧的影子不济事，不成东西，拿不出来，必须把它想清楚才成。想清楚了，那些生活才真个在咱们头脑里形成了具体的东西，咱们才真个掌握了那些生活。想清楚了，那些生活才拿得出来，因为所谓想清楚也就是形成了语言的形式。

作者的劳动，咱们管它叫文艺写作。文艺写作到底是怎么回事呢？难道指拿着笔杆写些字在纸上这回事吗？

我想文艺写作该是这么回事：就经历过、体验过、想象过的生活着着实实地想，把它想清楚，想得轮廓分明，须眉毕现——想的目的是把在生活里见到的某些东西告诉人家——想的手段是语言，让语言把想清楚的东西固定下来。

着着实实地想，依靠语言来想，这是文艺写作最基本的事儿。

至于拿着笔杆写些字在纸上，当然也重要，不写下来就不能普遍的告诉人家，但是那究竟不是最基本的事儿。

这一节说文艺写作是怎么回事。

原载 1954 年 7 月 27 日《文艺学习》第 4 期。

7. 关于编教材（节选）
——跟江苏农村教材编辑人员的讲话

语文课本不同于其他的课本：数学、物理、化学等课本，材料是一定的，各科的"教学大纲"都规定好了，语文课本的材料是课文，课文实际上是举例的性质，"教学大纲"并未规定，所以要选。

下边说关于语文课本的问题。语文课本是进行政治思想教育的重要工具，同时有一项特殊的使命：训练学生运用语言文字的能力和良好习惯。（在这里，我不大愿意说"知识"。）这两者不能偏废，而且应当联系在一起，所以课文必须选，选内容和表达都好的文章；有的文章内容好，表达不太好，就得加工。（目前中学课本的课文都是选的，小学课本的课文有选的，也有编辑先生写的。）选课文有几种情况：一是先有框框，这不太好。譬如一定要选一篇讲模范人物的文章，就到处去找，看到题目合适就选。可是题目合适不一定是好文章，这是"拉在篮里就是菜"。一是只看作家的名字，看到作家写的文章就选，这也不太好。作家的表达自然是好的了，可是他写作另有意图，并不是为语文课本而写的，用来作课文不一定适宜，所以除了看名字，更应该看文章的内容。

语文课本不同于其他的课本：数学、物理、化学等课本，材料是一定的，各科的"教学大纲"都规定好了，语文课本的材料是课文，课文实际上是举例的性质,"教学大纲"并未规定,所以要选。譬如有两篇讲模范人物的文章,都很好,但是只要一篇,到底用哪一篇呢?就要编辑先生动脑筋了:对学生进行思想教育,看哪一篇更合适;让学生练习阅读和写作的能力,看哪一篇更有效。课文只是"举一",要学生学了能"反三",选得是否妥当,就看编辑先生的眼光是否敏锐。如果要一百篇课文,可用的文章有三个一百篇,就看你选哪一百篇了。

选的文章内容好,表达却不到家,就得加工,加工就是改文章。文章有不明白的地方,大多由于作者在写的时候想得不太明白;文章有不周密的地方,大多由于作者在写的时候没考虑周密;从这个意义讲,改文章就是改思想。语文老师改作文本,做的就是这个工作;我们编辑加工课文,做的也是这个工作。审查课本的人一般注重大的方面,看课文的政治思想是否正确;对表达是否到家,很少提出意见。我们做编辑的得负起责任来,同时注意小的方面:看到不明白的地方,就把它改明白,看到不周密的地方,就把它改周密,一句话一个字也不能放过。

加工是改别人的文章,那么自己应该有写文章的经验,知道写文章的甘苦,所以做编辑的人要经常练笔。新华社在一九五三至一九五四年搞过练笔运动;我们不一定来个运动,但是应当养成练笔的习惯。改的时候可以分成小组,譬如五个人一组,一个人读,四个人听。读语文课本的课文要带感情,其他课本的课文只要逻辑地读。光用眼睛看,往往只注意文章讲的什么,听别人读,会随时发现多了些什么,或者少了些什么,要改的正是这些部分。这个方法比一个人加工容易得多,大家不妨试试。

课文的注释是老师和学生都用得着的。设想某一句话老师教起来学生读起来有困难,就应当做注。做注单从字面作个解释是不够的。譬如"烟雨茫苍苍,龟蛇锁大江",有人把"锁大江"注作"长江比较狭窄的地方",这就注得不好。"锁"字很重要,是"扼守"的意思,没有注出来;说的是龟山蛇山夹江对峙,形势险要。再如"把酒酹滔滔"中的"酹",有人注作"把酒倒在长江里",学生还是不明白:为什么要把酒倒在长江里呢？可见这样解释还不够。老师和学生对课文不理解，不感兴趣，怎么能教得好学得好呢？编辑先生首先要自己体会课文，一定要再三读，再三体会，才能做好注释。有些地方单注个别的字不行，要整句注。譬如单注"锁"字，不注"龟蛇锁大江"，意思就讲不明白。

出练习题，过去有几种毛病：是论说文，往往要求学生把课文分段，写出段落大意，写出小标题；是文艺作品，往往要求学生指出怎样描写英雄人物，英雄人物有哪些高贵品质，为什么会有这些高贵品质。这类"怎样式""为什么式"的练习题，好处无非要学生再看一遍课文。练习题不应当只起这个作用，应当引导学生进一步理解课文，得到真的知识，提高阅读和写作的能力，练习题的作用好像开一扇门，让学生自己走进去，这就是常说的"带有启发性"。编辑先生未免太讲卫生了，只怕用伤了脑子，出练习题不肯多花心思，审读课本，应当对练习题作全面的检查。划分段落的题目是每篇课文都可以用的，编辑先生出起来也用不着动脑筋。我不是说这类题目一律不能出，遇到层次不太分明的文章，就应该让学生根据自己的理解把段落分清楚，逐步提高阅读的能力并养成习惯。

语文教学的目的之一，是培养学生运用语言文字的能力，包括阅读能力和写作能力，出练习题的人往往着重写作能力的培养，其实阅读能力也是必不可少的。不光培养能力，还得养成习惯，这就要让学生反覆练习。出的练习题有启发性，才能对学生有帮助。我们编辑应当多提供有启发性的题目，老师要多指点，多引导，不要太顾惜学生的脑子，脑子是用不伤的，只会越用越敏捷。

我不大赞成"语文知识"这个说法。把语法、逻辑、修辞之类称作"知识"，好像只要讲得出来就行，容易忽略实际运用。现在大家既然用惯了"知识"这个词，那么就得把这个词的意义扩大，把能力也包括在内。要让学生把知识化为自己的血肉，在生活中能够随时运用，教学的目的才算达到了。譬如讲语法，单讲名词术语定义是解决不了问题的，要多多培成学生把一句话切成几段的能力；把一句话切成了几段，主语、谓语、宾语、定语、状语、补语，自然就分清楚了。我曾经跟几位大学生一起读一篇《人民日报》的社论，就用"切"的方法，分清楚节与节的关系，段与段的关系，句与句的关系，句子中各个成分的关系，这样一层一层往下"切"，对社论的理解就比较深刻，语法和篇章结构方面的问题，也一一得到解决。

最后补充两点。第一点，除了语文课本，其他的课本都是说理文，尤其是理科的课本，名词术语一定要用得准确。同一个词，在同一个地方不能代表两个不同的概念。我们有些说法还不定型，而教科书有一定的体例，表达的方式不能随意，连用词也包括在内。科学的道理要用平常的普通话准确地表达出来，这就要求我们编辑对科学道理能融会贯通，在表达出来的时候还要对学生贴体入微。第二点，各科的课本虽然有分工，但受之者只是一人。因此，各科课本要注意互相联系，不能矛盾，不要重复，不论纵向横向，都应该注意。

1961 年 5 月 23 日讲

8. 为了达到不需要教

我想，教任何功课，最终目的都在于达到不需要教。

我想，教任何功课，最终目的都在于达到不需要教。假如学生进入这一境界，能够自己去探索，自己去辨析，自己去历练，从而获得正确的知识和熟练的能力，岂不是就不需要教了吗？而学生所以要学要练，就为要进入这样的境界。

给指点，给讲说，却随时准备少指点，少讲说，最后做到不指点，不讲说。这好比牵着孩子的手教他学走路，却随时准备放手。我想，在这上头，教者可以下好多功夫。

> 1977年12月16日作，为武汉师范学院所办的《中学语文》复刊题词，原载于《中学语文》1978年第1期。

9. 语文教学二十韵

教亦多术矣，运用在乎人。

教亦多术矣，运用在乎人，
孰善孰寡效，贵能验诸身。
为教纵详密，亦仅一隅陈，
贵能令三反，触处自引伸。
陶不求甚解，疏狂不可循。
甚解岂难致？潜心会本文。
作者思有路，遵路识斯真。
作者胸有境，入境始与亲。
一字未宜忽，语语悟其神，
惟文通彼此，譬如梁与津。
学子由是进，智赡德日新。
文理亦畅晓，习焉术渐纯。
操觚令抒发，二事有可云，
多方善诱导，厥绩将无伦。
一使需之切，能文意乃申，
况复生今世，交流特纷纭。

二使乐其业，为文非苦辛，
立诚最为贵，推敲宁厌频。
常谈贡同辈，见浅意殷勤。
前途愿共勉，服务于新民。

1959年8月26日作，刊《语文》第5期。

10. 自力二十二韵

疑难能自决，是非能自辨，斗争能自奋，高精能自探。

为《人民教育》月刊作

学步导幼儿，人人有经验；
或则扶其肩，或则携其腕，
惟令自举足，不虞颠仆患；
既而去扶携，犹恐足未健，
则复翼护之，不离其身畔；
继之更有进，步步能稳践，
翼护亦无须，独行颇利便。
他日行千里，始基于焉奠。
似此寻常事，为教倘可鉴。
所贵乎教者，自力之锻炼：
诱导与启发，讲义并示范。
其道固多端，终的乃一贯。
譬引儿学步，独行所切盼。

独行将若何？诸般咸自办：
疑难能自决，是非能自辨，
斗争能自奋，高精能自探。
学者臻此境，固非于一旦，
而在导之者，胸中有成算；
逐渐去扶翼，终酬放手愿。
当其放手时，此才必精干，
服务为人民，于国多贡献。
扶翼获致是，宁非大欢忭？

1977年8月24日作，刊《人民教育》第1期。

11. 大力研究语文教学　尽快改进语文教学（节选）

教师教任何功课（不限于语文），"讲"都是为了达到用不着"讲"，换个说法，"教"都是为了达到用不着"教"。

前些日子《人民日报》登载吕叔湘同志的《语文教学中两个迫切问题》，引起广大读者的注意，尤其是教育工作者和担任语文课的教师。文章里说："十年的时间，二千七百多课时，用来学本国语文，却是大多数不过关，岂非咄咄怪事！"文章里说："少数语文水平较好的学生，你要问他的经验，异口同声说是得益于课外看书。"文章里问："是不是应该研究研究如何提高语文教学的效率，用较少的时间取得较好的成绩？"就这几句话，尽够发人深省的了。

我想，从前读书人十年窗下，从师读书，不管他们后来入不入仕途，单说从老师那里真得到益处，在读书作文方面真打下基础，不至于成为似通非通的孔乙己的，不知道占多少比率。向来没有作过统计，当然没法知道占多少比率。但是我武断地想，恐怕不会很多吧。从前那些读书读通了的人，那些成为学问家著作家的人，可能是像叔湘同志所说的"得益于课外看书"（就是说，脱出塾师教读的范围），或者是碰巧遇到个高明的塾师，受到他高明的引导，因而打下了坚实的基础的吧。

假如我的猜想有点儿对头，那么咱们如今的语文教学再不能继承或者变相继承从前塾师教读的老传统了。从前读书人读不通，塾师可以不负责任，如今普通教育阶段的语文教学却非收到应有的成绩不可，语文是工具，自然科学方面的天文、地理、生物、数、理、化，社会科学方面的文、史、哲、经，学习、表达和交流都要使用这个工具。要做到个个学生善于使用这个工具（说多数学生善于使用这个工具还不够），语文教学才算对极大地提高整个中华民族的科学文化水平尽了分内的责任，才算对实现四个现代化尽了分内的责任。以往少慢差费的办法不能不放弃，怎么样转变到多快好省必须赶紧研究，总要在不太长的时期内得到切实有效的改进。

实践出真知，语文教学的实践者是教师，因此研究语文教学如何改进，语文教师责无旁贷。个人研究总不及集体研究，学校里已经恢复了教研组，集体研究就很方便。几个学校的教研组互相联系，交流研究和实践的结果，那是集思广益的好途径。

语言学科的工作者有的兼任语文教师，就是不任教师的，研究的东西往往跟语文教学有关联。因此，语言学科的工作者是语文教师最亲密的伙伴，义不容辞，要为改进语文教学尽力，提供切实有效的帮助。

我在这里恳切地呼吁，愿语文教师和语言学科的工作者通力协作研究语文教学，做到尽快地改进语文教学！

至于我，以往的经历只是讲书，跟从前的塾师一个样，够可笑的。后来不当教师了，讲主题思想讲时代背景之类我都没干过，只在不多几所中学小学里参观过语文的课堂教学，只看过些中学生小学生的作文本子。参观了，看了，不免有些感想。是感想，不能不主观，又难免片面，但是也不妨说出来请同志们指教。

我还要说教师只管"讲"这回事。我想，这里头或许有个前提在，就是认为一讲一听之间事情就完成了，像交付一件东西那么便当，我交给你了，你收到了，东西就在你手里了。语文教学乃至其他功课的教学，果真是这么一回事吗？

我想，课堂教学既然是一讲一听的关系，教师当然是主角了，学生只处在观众的地位，即使偶尔举举手答个问题，也不过是配角罢了。这在学生很轻松，听不听可以随便。但是，想到那后果，可能是很不好的。学生会不会习惯了教师都给讲，变得永远离不开教师了呢？永远不离开教师是办不到的，毕业了，干什么工作去了，决不能带一位教师在身边，看书看报的时候请教师给讲讲，动笔写什么的时候请教师给改改。那时候感到不能独自满足当前的实际需要，岂不是极大的苦恼？

我又想，口耳授受本来是人与人交际的通常渠道之一，教师教学生也是人与人交际，"讲"当然是必要的。问题可能在如何看待"讲"和怎么"讲"。说到如何看待"讲"，我有个朦胧的想头。教师教任何功课（不限于语文），"讲"都是为了达到用不着"讲"，换个说法，"教"都是为了达到用不着"教"。怎么叫用不着"讲"用不着"教"？学生入了门了，上了路了，他们能在繁复的事事物物之间自己探索，独立实践，解决问题了，岂不是就用不着给"讲"给"教"了？这是多么好的境界啊！教师不该朝这样的好境界努力吗？再说怎么"讲"。我也曾经朦胧地想过，知识是教不尽的，工具拿在手里，必须不断地用心地使用才能练成熟练技能的，语文教材无非是例子，凭这个例子要使学生能够举一而反三，练成阅读和作文的熟练技能；因此，教师就要朝着促使学生"反三"这个标的精要地"讲"，务必启发学生的能动性，引导他们尽可能自己去探索。倾筐倒箧容易，画龙点睛艰难，确是事实，可是为了学生的长远利益，似乎不应该怕难而去走容易的途径。这就需要研究。此外如布置作业，出些练习题，指定些课外阅读书，着眼在巩固学生的记忆固然有其必要，可是尤其重要的是要考虑到如何启发学生，把所学的应用到实际生活的各方面去。这就需要研究。说也说不尽，总而言之，我以为学生既然要一辈子独自看书作文，语文教学就得着眼在这一点上，为他们打下坚实的基础。如何打下这样的基础是研究的总题目。

关于中学里教不教文言文，我们少数几个朋友曾经商谈过，得到几个想法，现在简单说说。

一个想法是中学里不教文言文。什么理由呢？回答是：绝大多数中学毕业生只要把现代语文学通学好就可以了，往后他们在工作中在进修中都用不着文言文。至于少数进大学学古代史、古典文学之类的，当然要跟古代语文打交道，只要他们真的把现代语文学通学好了，只要他们有足够的常识，进了大学花一年的时间集中学习古代语文，应该就能管用。如果问：现代语文里有一些古代语文的成分，怎么办？回答是：这就在学习现代语文的时候学，不必为了那么点东西花费许多功夫去学古代语文。凡是古代书籍对现代人普遍有用的，应当组织力量把它正确地改写成现代语文，让读者直捷爽快地接触它的实质，而不是凭不容易认清楚的古代语文的外貌而去揣摩它的实质。西方有中等文化程度的人都多少知道些古典的东西，荷马的神话故事，亚里斯多德的哲学，莎士比亚的《哈姆莱特》，等等，他们都不是读这些作者的原著才知道的，他们是从改写成现代语文的书本里知道的。而咱们要学生都来学古代语文，这里头仿佛含有这么个意思：你们要接受古来的遗产吗？好，你们学习古代语文吧，学通了古代语文，然后自己想办法去了解那些古东西吧。假如真是这么个用意，距离"现代化"岂止十万八千里？

我们几个朋友再一个想法是中学的语文课本全是现代文，另外编一种文言读本，供一部分学生选修。假如学制变更，文理分科，那么这个文言读本在文科是必修。

再一个想法是语文课本里还是编入一部分文言文，但是不像现在这样"雨夹雪"似的，要相对地集中（这又可以有几种集中的办法）。

至于教文言文，我们几个朋友都相信，像我曾经干过的那样逐句逐句翻译成现代语或当地方言就算了事的办法必须坚决放弃。教文言文和教现代文当然有共通之点，也必然有教文言文的特殊之点，我想，什么是特殊之点又是需要研究的一个题目。

关于作文教学，我想，大概先得想想学生为什么要学作文。要回答似乎并不难，当然是：人在生活中在工作中随时需要作文，所以要学作文，在从前并不是人人需要，在今天却人人需要。写封信，打个报告，写个总结，起个发言稿，写一份说明书，写一篇研究论文，诸如此类，不是各行各业的人经常要做的事吗？因此要求学生要学好作文，在中学阶段打下坚实的基础。至于作诗作小说，并不是人人所需要，学生有兴致去试作，当然绝对不宜禁止，但是这并非作文教学的目标。

　　从前读书人学作文，最主要的目标在考试，总要作得能使考官中意，从而取得功名。现在也有考试，期中考试，期末考试，还有升学考试。但是，我以为现在学生不宜存有为考试而学作文的想头。只要平时学得扎实，作得认真，临到考试总不会差到哪里。推广开来说，人生一辈子总在面临考试，单就作文而言，刚才说的写封信打个报告之类其实也是考试，不过通常叫作"考验"不叫作"考试"罢了。学生学作文就是要练成一种熟练技能，一辈子能禁得起这种最广泛的意义的"考试"即"考验"，而不是为了一时的学期考试和升学考试。假如我的想头有点儿对头，那么该如何给学生做思想工作，使他们有个正确的认识，也是需要研究的。

　　……

　　现在说一说命题作文。咱们平时作文，总是为了实际需要，刚才已经说过。而教师出个题目让学生作文的时候，学生并没有作文的实际需要，只因为要他们练习作文，才出个题目让他们作。就实际说，这有点儿本末倒置，可是练习又确乎必不可少。因此，命题作文只是个不得已的办法，不是合乎理想的办法。

　　我曾经想，我当教师的时候师生只在课堂里见面，出了课堂就难得碰头了；现在可不然，在课外师生也常在一块儿，因此，学生平时干些什么，玩些什么，想些什么，教师都多少有个数。有个数，出题目就有了考虑的范围；就叫学生把干的、玩的、想的写出来，他们决不会感到没有什么可写。再加上恰当的鼓动，引起他们非写出来不可的强烈欲望。那么，他们虽然按教师的题目作文，同时也是为了实际需要而作文了。命题作既然是不得已的办法，总要经常顾到学生有什么可写，总要想方设法鼓动他们的积极性，使他们觉得非写出来不可。我料想，必然有好些教师已经这么做，而且有了具体而有效的方法了；那是很值得提供给大家研究观摩的。

我又曾经想，能不能从小学高年级起，就使学生养成写日记的习惯呢？或者不写日记，能不能养成写笔记的习惯呢？凡是干的、玩的、想的，觉得有意思就记。一句两句也可以，几百个字也可以，不勉强拉长，也不硬要缩短。总之实事求是，说老实话，对自己负责。这样的习惯如何养成，我说不出方法和程序来。我只觉得这样的习惯假如能够养成，命题作文的办法似乎就可以废止，教师只要随时抽看学生的日记本或笔记本，给他们一些必要的指点就可以了。不知道我这样想是不是太偏了。

最后说一说改作文。我当过教师，改过学生的作文本不计其数，得到个深切的体会：徒劳无功。我先后结识的国文教师语文教师不在少数，这些教师都改过不计其数的作文本，他们得到的体会跟我相同，都认为改作文是一种徒劳无功的工作；有的坦率地说，有的隐约地说，直到最近，还听见十几位教师对我坦率地说。徒劳无功，但是大家还在干，还要继续干下去，不是很值得想一想吗？

改作文不知道始于何朝何代，想来很古了吧。从来读书人笔下有通有不通，因教师给改而通了的究竟占百分之几，当然没有统计过。我想，自古以来肯定作文必得由教师改，大概有个作为前提的设想在，那就是教师费心费力地改，学生必然能完全理解，而且全部能转化为作文的实际能力。这样的设想，如今在四五十人的班级里实在是难以实现的。首先得算算，四五十本作文本全都给"精批细改"要花多少时间和精力，教师办得到吗？即使办得到，把作文本发还学生就完事了吗？假如学生不完全理解你的用意，岂不就是白费？那就还得给四五十个学生说明为什么这么改，这又要花多少时间和精力？教师办得到吗？即使办得到，可是学生听了教师这一回的说明，知道了该这样写不该那样写，未必就能转化为作文的实践能力,因而下一回作文又那样写了;那岂不是照旧要给他"精批细改",再来个循环?再说,任何能力的锻炼总是越频繁越好,而教师的时间和精力有限;因而中小学的作文每学期不过五六次,有些学校有大作文和小作文,加起来也不过十次光景。就学生作文能力的锻炼说,实在太少了;就教师改作文的辛劳说,实在太重了。尽管费心费力,总收不到实效,于是来了"徒劳无功"的共同感慨。

我想,学生作文教师改,跟教师命题学生作一样,学生都处于被动地位。能不能把古来的传统变一变,让学生处于主动地位呢?假如着重在培养学生自己改的能力,教师只给些引导和指点,该怎么改让学生自己去考虑去决定,学生不就处于主动地位了吗?养成了自己改的能力,这是终身受用的。在生活和工作中,谁都经常有作文的需要。作文难得"一次成功",往往要改几次才算数。作了文又能自己改,不用请别人改,这就经常处于主动地位,岂不是好?

"改",究竟是怎么一回事呢?改的是写在纸上的稿子,实际上是审核并修订所想的东西,使它尽可能切合当前的需要。正确不正确当然是首先要审核的。此外如有什么不必说的,有什么没有说明白的,有没有换个说法更恰当的,有没有叫人家看了会发生误会的,等等,也是需要审核之点。审核过后在需要修订的处所作修订,通常的说法就叫"改"。"改"与"作"关系密切,"改"的优先权应该属于作文的本人,所以我想,作文教学要着重在培养学生自己改的能力。教师该如何引导和指点学生,使他们养成这种能力,是很值得共同研究的项目。

动笔之前想定个简要的提纲,写在纸上也好,记在头脑里也好,这是一种好习惯。写完了,从头至尾看一遍,马上自己审核,自己修订,这也是一种好习惯。写完了,站在读者的地位把自己的文念一遍,看它是不是念起来上口,听起来顺耳,这样做是从群众观点审核自己的文,也是一种好习惯。这些好习惯养成了,一辈子受用不尽。要不要让学生养成这些好习惯?我看要。那么,如何养成这些好习惯,似乎也是个研究的项目。凡属于养成习惯的事项，光反复讲未必管用。一句老话，要能游泳必须下水。因此，教师的任务就是用切实有效的方法引导学生下水，练成游泳的本领。

我说我的感想到此为止。感谢同志们听我的发言。

1978年3月在北京地区语言学科规划座谈会上的发言，发表在《中国语文》1978年第2期。

辑六

师道：语文教师的素养和"本钱"

1. 答曹承德[①]

（1959年11月17日）

"语言是思想的直接现实"，人们进行思维活动，不能离开语言这个工具。

承德同志：

今日接读惠书，非常欣慰。从手书中我知道您的造诣，觉察您的钻研的精神，首先向您致敬意。我又为贵校的孩子们感到高兴，为与您接触的老师们感到高兴，他们在您的教导和帮助之下，进步一定比较快。而您在他们中间不断努力，也将会继续提高，永无止境。

近时我们在草拟中小学语文教学大纲。修改成草案以后，将发布出去供讨论和试行。现在把有关"道"与"文"的关系的意见奉告，也可以说征求您的意见。

在语文教学中，我们认为"道"与"文"是不可分割的。"语言是思想的直接现实"，人们进行思维活动，不能离开语言这个工具。就一篇文章说，思想内容和语言形式是不可分割的。文章不是不相关的字句凑成的，是要言之有物，言之成章的，是用来记叙事实，阐明道理，抒发感

[①] 曹承德同志当时是湖南湘潭砂子塘小学的教员。

情，讲述知识的。事实、道理、感情、知识是内容，而记叙、阐明、抒发、讲述必须凭借语言作为表现形式。读一篇文章，理解它的内容和理解它的语言文字是紧紧联系在一起的。写一篇文章，正确地反映客观事物和准确地运用语言文字也是分不开的。因此，无论说"以道为主""以文为主"或者"道与文并重"，都是把"道"和"文"割裂开来，既不符合思想内容与语言形式不可分割的客观实际，也不符合培养读写能力的教学实际。那样理解"道"与"文"的关系，在教学实践中会有很大的流弊。

假如我们的意见不错，符合于实际，那么来书所叙的两种想法，分主次，分先后，都是不对的了。分主次的一种想法是以语言形式为主，以思想内容为次，这样一割裂，主次都搞不透。分先后合的一种想法是以语言形式为先，思想内容为后，那么在注重语言形式的先一阶段，势必凭空而不落实。

请您先考虑我们的意见怎么样，如果觉得有理，再考虑怎样向主张两种意见的同志们进行说服。

教学大纲尚未草定，或许还有改动，务请不要向人说这就是将要确定的教学大纲中的意见。至嘱。

专此奉复，顺致

敬礼。

叶圣陶

1959 年 11 月 17 日上午

2. 答陈敬旭[①]

（1961年6月19日）

由作文练习启其精思之途，逐渐养成良习，则其效不仅在于能作文而已也。

敬旭同志：

接读惠书，欣愉殊深。于出题目大费心思，诸题皆能深入学生心中，学生据以练习，成绩想有可观。我尝谓为教师者只须多动脑筋，经常为当前之学生设想，必能自致善法，予学生以切实之助益。足下即如是之教师也，佩佩。

有一教师尝出一题，令学生致书其友，假定其友将来北京相访，书中告以出车站而后，于何处乘何路汽车或电车，到何站下车，循何方向抵学校所在之胡同，入胡同如何辨认学校所在。我以为此是好题目。又有教师出题，令学生说明应用誊写机印刷文件之详情，令学生说明如何生火炉。我以为此等题目亦好。命题作文，不仅练笔，实为训练脑筋，使其就某一事物详悉思之。思之既明，取舍自定，条理自见。苟不为作文练习，学生于所见所闻或皆知之不详，识之不真，此于学习或从事工作，俱有不利。

[①] 陈敬旭同志当时是上海宝山横沙中学的教员。

由作文练习启其精思之途，逐渐养成良习，则其效不仅在于能作文而已也。因来书谈作文，辄以鄙见奉告，不识足下以为有当否。

手头事稍多，作答简略，幸谅之。

敬礼。

叶圣陶

6月19日上午

3. 答×××[①]

（1961年7月）

学生须能读书，须能作文，故特设语文课以训练之。最终目的为：自能读书，不待老师讲；自能作文，不待老师改。老师之训练必作到此两点，乃为教学之成功。

学生须能读书，须能作文，故特设语文课以训练之。最终目的为：自能读书，不待老师讲；自能作文，不待老师改。老师之训练必作到此两点，乃为教学之成功。又有人以为学习语文课之目的唯在作文，而读书为作文之预备，故讲读之际，喋喋言作法，言技巧。我则语之以读书亦为目的。老师能引导学生俾善于读书，则其功至伟。果能不为死讲乱讲，而养成学生读书之良好习惯，不知不觉之中自能影响作文，固不必喋喋言作法，言技巧也。至于勿教成政治课，勿教成文学课，颇有以此相询者。我谓课本之中各体各类之文都有，书籍报刊亦复兼备各体各类，故政治性之文而不言政治，文学性之文而不及文学，断无此理。所谓"勿教成"云云者，勿舍本文于一旁而抽出其政治道理而讲之，或化作品之内容为抽象之概念与术语而讲之也。苟如是讲课，学生即完全理会老师之所讲，而于本文犹生疏，或竟不甚了了，此与练习读书之本旨不合，故务必戒之也。果

[①] 此信选自《叶圣陶语文教育论集》。该书体例：书信开头的受信人称呼，结尾的问候语和署名均由编者略去。

能引导学生细读本文，获得透彻之理解，则学生非徒理解而已，其思想感情必受深切之影响。语文教学之思想政治教育之效果，宜于此求之。舍本文而大讲一通，不克臻此也。作书不能详言，大致如上述。

1961 年 7 月

4. 答孙文才[①]

（1961年11月21日）

精讲就是挑精要的话讲，不要讲一些可有可无的话，徒然扰乱学生的心思。

文才同志：

来信收到已三天，今日略有空闲，简略作答。

我个人的意见，精讲就是挑精要的话讲，不要讲一些可有可无的话，徒然扰乱学生的心思。要说得出精要的话，全在深切体会课文，同时还设身处地，从学生方面想，怎么讲可以给他们启发，怎么讲可以增进他们的理解。总之，老师讲课，必须使学生真正受用，任何时候都要记住这一点。记住了这一点，方法可以多种多样。发挥创造性，自能找到种种方法。

五个环节，大致是不错的，但是不宜拘守，拘守了，就成为框框。不妨看课文如何，看班上学生的实际情况如何，或者减去一两个环节，或者移动环节的次序。前一环节到后一环节，宜乎自然，不宜死板地划开。如果老师心里老记住现在第一环节过去了，要开始第二环节了，这样呆板地

[①] 孙文才同志当时是吉林浑江师范学校的教员。

教课，成绩大概不会怎么好的。

　　承你和其他老师鼓励我再来创作，深感厚意。我杂事多，精力渐衰，虽欲再事尝试，至今未能动笔，良为惭愧。偶尔作些短文，介绍近时的较好作品，也是受杂志社的督促，逼出来的。短篇小说看过了。森林景色大有可写，你这一篇引起我的想望，有机会到东北森林里看看多好啊。我说不出什么"指教"的话，只希望你自己多考虑，多修改。自己写成初稿，认认真真修改一回，比另外写一篇习作有好处，容易得到进步。布局如何，材料取舍如何，语言如何，拿自己的东西作为研究的对象，研究得到结果，然后动手修改，那一定会改得比初稿好。

　　敬礼。

叶圣陶
11 月 21 日上午

5. 答孙文才

（1962年1月4日）

> 文道统一之切实做到，我以为首要在教师之透彻理解课文。

文才同志惠鉴：

来信读悉。承贺新年，深感厚意。我未备贺年片，请于此奉祝工作顺利，德才并茂。

我将离京出外一行，诸事须料理，于尊询诸点，仅能简略作覆，希谅之。

古书读音，我以为大体只能从今。如"叶公""滑稽"，若依古读，听者将茫然。唯如"卿大夫"，"大"还宜读如"大小"之"大"，因"大夫"读"代夫"，今特称医生矣。

于古文批判过甚，各地均有此情形。我意只宜着重说明某些观点想法非今世所宜，使学生明晓，即亦可矣。苟斥为无一是处，学生将生疑怪，如是无益有害之作，何以必令彼辈诵之习之乎。选材之际，诚宜特加注意，其文果颇多谬误，即不应入选也。

文道统一之切实做到，我以为首要在教师之透彻理解课文。教师透彻理解一篇之主旨，指导讲授之际，完全针对主旨，不脱离文篇之思路发展与语言运用，不放开文篇另外说一番道理，另外说一番篇章结构之类，学生即当于思想品德方面有所感受，于读法写法方面有所长进。此仅为我之设想，言之又不具体，因承问及，作书以奉告，未必有当也。

依理而言，师校语文水平确应特求其高，因为师范生毕业之后将为人师。高中不必措意如何教人，而师范生于在学之时即宜留意将来如何教人。至于如何教好师范生，其全在师校之教师矣。

语文刊物暂时恐尚未能恢复。师校语文本总须编，唯今年未必能出。

请止于此。

敬礼。

叶圣陶

1月4日上午

6. 答梁伯行[①]

(1962年7月23日)

> 所谓本钱，一为善读，一为善写，二者实相关而不可剖分。

伯行同志：

惠书并总结两份诵悉，欣愉之情，非可言状。为别年余，未尝通信，而时闻社中同志相告，足下教学日进，誉声颇著。今岁之初到无锡，曾思奉访，而参观时迫，离去匆匆，怅未如愿。今读惠书及印件，宛如对面长谈，所云欣愉，盖以此也。

总结两份之内容，大部分皆足下在此之时社中同志所恒言者，而足下又益之以近获之经验，故能深切著明若是。我唯有欣然领受，别无意见可提，印件则留置案头，俾得随时重观，以资沾溉。

年来常与景山、二龙路、丰盛胡同三校之语文教师接触，时或往观授课，颇感教师增加本钱，最为切要。所谓本钱，一为善读，一为善写，二者实相关而不可剖分。去年尝写一短文曰《"教师下水"》付《文汇报》，希望教师经常练笔，深知作文之甘苦，盖即添本钱之意。而除课本以外，经常认真看书读报，熟悉阅读之道，是亦添本钱也，我尚未为文言之。此

[①] 梁伯行同志当时是江苏无锡机械学校的教员，人民教育出版社曾借调他到北京工作。

添本钱之说实至寻常。唯有老师善读善写，乃能导引学生渐进于善读善写。苟非然者，学生即或终臻善读善写，断非老师之功。足下精研语文教学，敢以浅见奉告，乞断其所思当否。

循诵印件，觉其强调教师精究课文，讲透课文，此固非常必要，而于同时导引学生自动理解课文，为他时阅读任何书籍文篇作准备，言之无多，似感不足。及读至从多讲到少讲，从讲到不讲之处，乃知足下与同事诸君固已注意及之。于此我欲进一言，可否自始即不多讲，而以提问与指点代替多讲。提问不能答，指点不开窍，然后畅讲，印入更深。而学生时常听老师提问，受老师指点，亦即于不知不觉之中学会遇到任何书籍文篇，宜如何下手乃能通其义而得其要。此如扶孩子走路，虽小心扶持，而时时不忘放手也。我近来常以一语语人，凡为教，目的在达到不需要教。以其欲达到不需要教，故随时宜注意减轻学生之依赖性，而多讲则与此相违也。

我颇有零星想法，如获晤面，逞臆而言，可历数小时。而累累书之，则为时力所弗许，幸谅我书之简略。何日大驾来京，或我有再到无锡之便，必当谋作半日之谈。无锡景物宜人，足下居之，想至安适。余不多及。即请

暑安。

叶圣陶

7月23日上午

7. 答孙文才

（1963 年 1 月 15 日）

古文与口头殊异，读之至熟，实即学习古文之语言。

文才同志惠鉴：

　　来书早读，迟至今日作复为歉。承告工作与生活之情形，皆感欣慰。已得麟儿，遥致祝贺。所询数点，简答如下。

　　传统的语文教学方法，我未尝说过。有人言之，恐各有其概念，所指未必尽同。从前注重读，此至有道理。古文与口头殊异，读之至熟，实即学习古文之语言。必熟乃能写，亦如今时儿童熟习口语，乃能说连贯之一段话也。今时教古文，自亦宜熟读，虽不求其能写，而熟习其语言乃能深味其意义，较之仅仅看一两遍好得多。在此意义上，现代文亦须熟读，即不能篇篇熟读，亦宜挑若干佳篇读之。

　　为活动而活动，当然不好。任何事情，遗其本旨，流于形式，均属不好。教课之本旨并非教师讲一篇课文与学生听，而是教师引导学生理解此课文，从而使学生能自观其他类似之文章。既曰引导，自须令学生有所事情。使彼练习，向彼提问，皆其事也。若此之练习与提问，当不致流于形式。

　　《夜》另有所据，据实事而益之以想象。瞿秋白所说，与《夜》无关。

《略谈作文批改》已看过。意思大体同意,唯觉说批的部分说得太多,似乎有非作种种的批不可之意。我想有可批才批,无可批即不批,不一定眉批段批总批一应俱全。批改不是挑剔,要多鼓励,多指出优点,此意甚好。请容我老实说,此篇写得较粗糙,似未经仔细斟酌,故颇有欠妥当之语句,如"眉批的针对性强,能把批语落实到具体的病例中",即其一也。足下如仔细重观,当能逐一发现不妥之处。率直奉告,谅不以为忤。余不多叙。即颂

近佳。

叶圣陶
1月15日下午

8. 答王承辉[①]

（1963年1月22日）

> 至于批改，无论全班改，轮流改，重点改，必须使学生真正明晓教师之用意，且能用之于此后之实践，乃为有效。

承辉同志惠鉴：

来信诵悉。承询之事，简略奉告如下。

我在座谈会中所言，原属个人意见，供教师参考，非欲强人必须照办。此点想尊处亦已知之，不待我之详细解释。

作文教学欲期收效，欲令学生获得实益，最重要之一点在提高教师之业务水平。教师业务水平高，讲读课教得好，作文课指导得好，批改得好，学生自能日有进益。帮助教师不断提高业务水平，我以为是文教科之重要工作，不知足下以为然否。

至于批改，无论全班改，轮流改，重点改，必须使学生真正明晓教师之用意，且能用之于此后之实践，乃为有效。尤须所批所改无不中的，悉得其当，使学生受真正之实益。如何使学生真正明晓，此教学方法之事，未可忽视。如何则所批所改无不中的，此系于教师之业务水平，尤关

[①] 王承辉同志当时在四川垫江县文教科工作。

重要。

　　教师必须兼顾全班，使全班学生均有进益，此是天经地义。我并非反对全班改，我只以为于全班改之外，兼采其他方法，既节教师之劳，不损学生之益，似亦未尝不可试行。此所谓其他办法，教师可以本其经验而为创造。轮流改、重点改之外或更有他途。如以某一学生之文为材料，书于黑板，师生共改，而教师于此际起主导作用。全班学生如真能人人用心，其受益必不鲜矣。

　　至如本本批改，而所批所改或当或不当，询之学生，学生又不尽明晓教师之用意，如此者即属劳而少功，我未能同意者也。

　　余不多及。

敬礼。

叶圣陶
1月22日上午

9. 答张自修①

（1963年7月27日）

阅读教学之目的，我以为首在养成读书之良好习惯。

自修同志惠鉴：

接读来书已月余，近又获诵第二书，延迟作报，良为歉疚。选辑若干文篇供学生阅读，此事自属可行。盖课本选文不能多，而学生诵此少量文篇实嫌不足，别有选本俾自为诵习，正应其所需。至于多诵文篇，故有裨于作文，然目的不仅在练习作文。阅读教学之目的，我以为首在养成读书之良好习惯。教师辅导学生认真诵习课本，其意乃在使学生渐进于善读，终于能不待教师之辅导而自臻于通篇明晓。课外更读选本，用意亦复如是。果能善读，自必深受所读书籍文篇之影响，不必有意摹仿，而思绪与技巧自能渐有提高。我谓阅读为写作之基础，其意在此。若谓阅读教学纯为作文教学服务，则偏而不全矣。

……

匆匆奉复，即致

敬礼。

叶圣陶

7月27日下午

---

① 张自修同志当时是陕西横山中学的教员。

10. 答孙文才

(1964年1月2日)

> 不要教成政治课者，不要从课文中抽出其政治道理而空讲之也。不要教成文学课者，不要从课文中概括出若干文学概念文学术语而空讲之也。

文才同志：

来书以今晨读悉。承相念，深感。我身体尚好，无甚毛病。堪以告慰。所询各点，我亦未必知之深切，详尽言之，此书将极长，只得简略言之。

一、此一点我曾在京与一部分教师谈过。大意谓语文教学之一个目的为使学生练成读书之本领。此种本领不能凭空练，故令阅读课本而练之。课本必须善读，一也，因善读课本而自能读其他书籍报刊，二也，二者皆能做到，乃为达到目的，教学成功。——课本中有各类文章，包括政治性之文章与文学作品，皆须善读，由语言文字而深明其内容，且有裨于思想之提高，品德之修养。故凡篇中之内容，决不可随便放过，此其一。又不可脱离文篇，作不相干之发挥，致违循文求义，练成读书本领之旨，此其二。而前此数年，一般教者有置课本于旁，另外发挥一通之习惯。今纠其弊，乃提出"不要教……"之说。不要教成政治课者，不要从课文中抽出其政治道理而空讲之也。不要教成文学课者，不要从课文中概括出若干文学概念文学术语而空讲之也。学生但听空讲，弗晓本义，无由练成读书之本领，所以其法不足取也。

二、布局谋篇，我想是一个意义就两方面说。譬如造房子，某室放在东南角，某室放在西南角，此是布局；而现有多大地皮，意想中要造成如何用途如何式样之房子，此是谋篇。

三、文章深浅恐不能以时期分。先秦之文亦有较浅易者。唐宋作者大多摹古，而选词造语，或平易或艰深，殊不一致，即一人之作，亦复互有浅深。我思读文言，最当令学生明白同一个字而意义有古今之别。次则须令熟习常用之文言虚词，熟习常用之文言句式。此数者皆于读课文时训练之。训练得好，学生读课本以外之文言自能大体通晓。自己能读《资治通鉴》，若悬为高中毕业之标的，我想良师善教，学生勤学，或可做到。

四、评点的办法，做得好，确于读者大有助益。出版社编辑者尚无力及此，有心的教师不妨试为之。

五、《古代汉语》[①] 稿本我看过。其中语法问题与他家有相异之处，各大学亦有提出者。我意中学不妨照课本教。

简答如上，皆个人之见，未必尽当，聊备参考耳。即颂新年佳胜。

叶圣陶
1月2日

[①] 指王力先生所著《古代汉语》。

11. 答滕万林[①]

（1964年2月1日）

> 彼时同人之意，以为口头为"语"，书面为"文"，文本于语，不可偏指，故合言之。

万林同志惠鉴：

来书接到已久，延至今日作报，良深歉疚。"语文"一词，始用于一九四九年华北人民政府教科书编审委员会选用中小学课本之时。前此中学称"国文"，小学称"国语"，至是乃统而一之。彼时同人之意，以为口头为"语"，书面为"文"，文本于语，不可偏指，故合言之。亦见此学科"听""说""读""写"宜并重，诵习课本，练习作文，故为读写之事，而苟忽于听说，不注意训练，则读写之成效亦将减损。原意如是，兹承询及，特以奉告。其后有人释为"语言""文字"，有人释为"语言""文学"，皆非立此名之原意。第二种解释与原意为近，唯"文"字之含意较"文学"为广，缘书面之"文"不尽属于"文学"也。课本中有文学作品，有非文学之各体文章，可以证之。第一种解释之"文字"，如理解为成篇之书面语，则与原意合矣。简略作答，希审其当否。顺颂

[①] 滕万林同志当时是浙江乐清中学的教员。

教绥。

叶圣陶
2月1日上午

12. 答朱泳燚

（1964年7月15日）

写作系技能，不宜视作知识，宜于实践中练习，自悟其理法，不能空讲知识。

泳燚同志惠鉴：

五日手书诵悉，作答稍迟为歉。我之文集未必再版，足下所见修改疏漏处，希便中抄示，俾据以核对，自知其谬。

尊撰提纲阅过，略提意见如下。"前言"一项中谈"修改是怎么一回事"，似可说明修改非语言之事，实为思想认识之事。作者检点其所叙所论，觉识之未真，思之未谛，乃援笔修改。改动者固为文字，推其根源，则思想认识有异于初时之故也。……我甚望足下此作，不偏于文艺，而兼及各类文章。目的在使读者得所借鉴，勤自练习，达于通顺之境。无论撰文艺，其他类文章，固同以通顺为之基也。

关于农中课本，来书"体裁"一项中有"以记叙文说明文为主"之语。我觉说明文极重要，说一种机械，说一种操作方法，说一种原理，皆学生必须学会者。此类文章首须准确，次须明白。而选材至不易。报刊所载，类多不耐仔细揣摩，准确明白两皆有违。语文以外之其他课本大多为说明文，似可选少数章节入语文课本也。尊处所得之篇章，希以其目抄示，并书明其出处，我社亦将据以考虑选入普中课本或否。至于文言诗文，我亦主张"索性不选"。写作知识短文不列在单元末尾，甚好。写作系技能，不宜视作知识，宜于实践中练习，自悟其理法，不能空讲知识。或以为多讲知识即有俾于写作能力之长进，殊为不切实际之想。……书之已多，请止于此。即颂

撰安。

叶圣陶

7月15日上午

13. 答江亦多①
(1972年9月10日)

备课时，看些参考书是必要的，但看完后，还要自己多动心思，想想这篇课文的主要意图到底是什么，你的学生读起来会有什么困难，你应当在哪些地方给以引导和启发。

亦多惠鉴：

在语文教学中，你要学会自力更生。一方面是找些字典、辞源之类的工具书，以备查阅；另一方面，要靠实践出真知，和老师们共同研究，交流总结经验。

备课时，看些参考书是必要的，但看完后，还要自己多动心思，想想这篇课文的主要意图到底是什么，你的学生读起来会有什么困难，你应当在哪些地方给以引导和启发。

语文教学的目的，一是要教会学生自己能看书读书，不断吸取精神养料，一是要教会学生把所想的东西用嘴用笔表达出来。教师的讲课就不只是一篇篇的课文了，而应当着眼于教会学生看书写文章。

教会学生独立看书作文是每一个语文老师的责任，至于怎样才能教会

---

① 江亦多同志是叶圣陶表妹，当时师范学校停开教育学，改教语文。

学生，我看不但要靠自己钻研，还必须和老师们讨论研究，集思广益。

　　我要给你提个小意见，字要写得端正清楚些，对学生尤其要清楚，因为你是语文老师，得做学生的表率。字不好不要紧，笔划不清楚，叫看的人费心力眼力，就不合乎群众观点了。祝
不断进步。

圣陶
9月10日

14. 答李业文[①]

（1973年3月19日）

> 我一向不赞成教什么什么知识。

业文同志：

来信昨日上午收读。今就所问四条，简答如下：

一、如何向初中学生讲解诗歌知识？

我一向不赞成教什么什么知识。拿诗歌教就是了，引导他们体会，他们不了解的，简要地给他们说一说，多读几遍，读熟更好。切不要离开具体的诗歌，空谈什么是诗歌，怎样写诗歌，诗歌有多大意义多大作用，等等。

二、学生中说话、作文普遍存在的毛病是词汇的枯燥、生硬，不会引用确切的词汇表达丰富的思想感情，对此应如何解决？

作文就是用笔而不是用口来发表意见，抒发情感。根本在于学生有没有意见要发表，有没有情感要抒发。如果没有，那是整个学校教育的失败，不仅是语文教育的失败。学生都成为木头，岂不是整个学校教育的失败。如果有，那不妨先让学生说说看。口里说得出，说得清楚明白，笔下

[①] 李业文同志当时是江苏常州丁堰公社农村业余教育专职干部。

写出来也必然不会差。词汇少，用词不确切，都是平时习惯了的事，要在平时给他们训练。平时不管，单在作文的时候希望学生怎样怎样，当然只有失望而已。

三、语文课的教学，应侧重于章段结构的分析，还是词义的讲解？

我以为最紧要的是让学生真正理解课文的主要意思。讲词义和章段结构都是为这个目的服务的。

四、怎样才算是做好一个语文教师？

当语文教师要帮助学生养成认真（不是马马虎虎，粗枝大叶）看书读书的好习惯。写东西也一样，不论写个纸条，写封信，写一篇墙报的文章，都要正确、老实、实事求是，不瞎说，不乱说，不糊里糊涂地说。看书读书写东西都是要干一辈子的事儿，养成了好习惯，不仅是个人的益处，对于社会生活和各项工作也大有益处。假如不养成好习惯，那就反过来，对个人、社会、工作总有或大或小的害处。

教师要帮助学生养成好习惯，教师自己就得有看书读书写东西的好习惯。这是当然之理，道理很简单，不用多说的。

我就写这样几句话，算是回答你的期望。请你想想。是不是有点儿用处？

祝你们好！

叶圣陶
3月19日下午

15. 答吴海发[①]

（1978年1月11日）

我常想，观摩教学，老师相互听课，自是好事情，可是不先想想这么做究竟为什么，就会出偏向。

海发同志：

稿子只看了一页，眼睛就很不舒服，这是勉强用力注视所致，只好放下不看了。实情如此，希望得到你原谅。

我常想，观摩教学，老师相互听课，自是好事情，可是不先想想这么做究竟为什么，就会出偏向。教课的抱着大显身手的态度，务求说得详尽有劲，博得人家的喝彩；听课的抱着入场看戏的态度，欣赏台上演员的一举一动，一眼一板：这就是偏向了。为什么是偏向？因为双方都把学生忘掉了。无论教育和教学，都为的学生，要学生进步和成长。那么，在观摩教学的时候，教课的就该不管旁边有多少人在那里听，专心致志在给学生指导和启发上用功夫；听课的呢，注意于教课的教师怎样指导和启发，尤其要注意于学生是不是真正从教师的指导和启发中得到了益处。观摩教学的时候双方都着眼在学生，接下来再开个座谈会，彼此谈谈优点和缺点，

[①] 吴海发同志当时是江苏无锡市第四中学教员。

仍然着重在学生受益与否，这才使观摩教学真起了作用了。要不然，观摩教学就没有多大意思。

上面一段话我久已藏在心头了。因足下给我看这篇稿子我不能看，就把这点意思写出来，作为小贡献，聊解我自己的抱歉。请看我的意思怎么样？

稿子收到后请来一信，俾免悬念。

叶圣陶
1月11日

16. 答田稼①

(1978 年 12 月 20 日)

田稼同志：

本月十三日手书，昨日接读。承时时垂念，感不可言。

《爱的教育》原著确不差，夏先生翻译此书，当时对教育界颇有影响。现在三联书店正在编辑夏先生的文集，收入他的语文方面的论文、创作小说和散文，《爱的教育》也收在里边，这个消息想来是足下乐于听到的。②

来信说到"以身作则"，这真是极端重要的守则，任何人都应当如此，教师尤其应当如此。教师如不能以身作则，天天念思想政治的经毫无用处。来信说学生怕班主任，我想这就可见班主任没有能以身作则，尽到熏陶的责任。使学生怕的教师决不是好教师。

语文教师不要做说书先生。讲课文，课前空讲一通之后，接着句句讲，段段讲，越讲越起劲，学生越不动脑筋，自己不动脑筋，怎么会得益呢？所以要尽量少讲，学生领悟不到之处才给说一说。再如教学生作文，老师自己先要明白为什么作文。作文不是为了考试，作文不是生活的点缀，而是生活的必需。作文就是说话，用笔来说话。日常生活中，各项工作中，一个人连话都说不好，是绝对不成的。说话联系到思维，联系到语

---

① 田稼同志当时是四川重庆第十一中学的教员。
② 《夏丏尊文集》后来由浙江人民出版社出版。

法，所以在作文教学中要注意思维和语法。还有，教师自己如果说话和作文都不怎么讲究，教学生也就没有把握了。所以教师要永远留意，口头和笔下都要求其准确和干净。——说得太多了，就此停住。请足下看我这些浅见还要得吗？

我身体尚可。在寓时多，难得出门。书报几乎不看，因为看不清。写信通常是寥寥几句，这封信算是比较长的了。

即问

近佳，并贺新禧。

叶圣陶

12月20日